国家自然科学基金资助项目(51108073)
江苏省高校优势学科建设工程资助项目

苏南乡村空间集约化政策分析
Policy Analysis on Intensive Use of Rural Space in Southern Jiangsu

王海卉 张倩 著

东南大学出版社
SOUTHEAST UNIVERSITY PRESS
·南京·

内 容 提 要

土地集约利用是在资源约束下保持经济发展的手段。研究乡村空间的土地集约利用政策，可以把政策效应分解为在居住用地和产业用地上产生的影响。以政策系统的思想，首先关注集约化政策的经济社会、土地产权制度、乡镇管理体制等方面的背景，以及由此形成的乡村空间利益格局。进一步明确经济取向的集约化目标，提炼相关评价标准，并通过梳理政策演变过程，探索政策变化趋势。重点以价值分析、质量分析和与其他政策的兼容性分析为三个基本维度，分别对土地整治、土地流转、村庄建设管理、工业用地管理和区划调整等政策手段进行讨论。其后的五个案例，则有选择地展示了上述政策的细节。最后从集约化政策上升到乡村空间政策系统的探索，虽然是框架性的，也能依稀展示政策未来的方向。

本书适合城乡规划与管理、土地利用规划与管理的专业人士及对乡村空间政策感兴趣的人士阅读。

图书在版编目(CIP)数据

苏南乡村空间集约化政策分析/王海卉，张倩著.
—南京：东南大学出版社，2015.6
ISBN 978-7-5641-5476-9

Ⅰ.①苏… Ⅱ.①王… ②张… Ⅲ.①农村—土地政策—研究—苏南地区　Ⅳ.①F321.1

中国版本图书馆 CIP 数据核字(2015)第 017962 号

苏南乡村空间集约化政策分析

出版发行	东南大学出版社
社　　址	南京市四牌楼2号　邮编　210096
出 版 人	江建中
网　　址	http://www.seupress.com
电子邮箱	press@seupress.com
经　　销	全国各地新华书店
印　　刷	兴化印刷有限责任公司
开　　本	787mm×1092mm　1/16
印　　张	15.25
字　　数	371 千
版　　次	2015 年 6 月第 1 版
印　　次	2015 年 6 月第 1 次印刷
书　　号	ISBN 978-7-5641-5476-9
定　　价	58.00 元

本社图书若有印装质量问题，请直接与营销部联系。电话(传真):025-83791830

目 录

绪 论 ··· 1
 为什么研究土地集约利用 ··· 1
 为什么从政策的角度研究 ·· 1
 为什么研究苏南乡村地区 ·· 2
 对"集约化"认识和实践上的误区 ·· 3
 研究的线索和结构 ·· 4
 典型研究方法 ·· 5

第一部分 乡村空间集约化政策的环境研究

1 苏南地区经济社会和空间发展状况 ··· 9
 1.1 经济发展特征 ·· 9
 1.2 社会发展特征 ··· 10
 1.3 空间发展特征 ··· 12

2 农村土地产权制度背景 ·· 17
 2.1 概况 ·· 17
 2.2 农村土地权利的基本特征 ··· 18
 2.3 土地产权制度基础 ·· 21
 2.4 土地产权制度走向 ·· 27

3 乡镇管理制度背景 ·· 31
 3.1 制度变革的理论依据 ··· 31
 3.2 现实背景和主要矛盾 ··· 31
 3.3 乡村公共物品 ··· 32
 3.4 乡镇管理体制改革的手段及观点 ····································· 33

4 乡村空间中的利益关系 ·· 36
 4.1 空间利益主体分析 ·· 36
 4.2 空间利益关系分析 ·· 44

第二部分　乡村空间集约化政策的制度分析

5 政策目标与评估体系 ··· 53
　5.1 乡村空间集约化的内涵 ··· 53
　5.2 乡村空间集约化的目标 ··· 56
　5.3 集约化程度的评价 ··· 58
　5.4 集约化政策的合理性 ·· 61
　5.5 美国控制蔓延政策的启发 ·· 63

6 集约化的制度演变 ··· 68
　6.1 集约化相关政策的梳理 ··· 68
　6.2 集约化相关政策的制度变更 ······································· 73
　6.3 集约化相关政策的发展趋势预判 ································· 78

第三部分　乡村空间集约化政策的方案分析

7 方案分析框架 ··· 83
　7.1 方案分析的基本架构 ·· 83
　7.2 政策主题和评价方法 ·· 84

8 土地整治政策 ··· 85
　8.1 政策发展线索 ··· 85
　8.2 方案的价值分析 ·· 89
　8.3 方案的质量分析 ·· 91
　8.4 兼容性分析 ·· 97

9 土地流转政策 ··· 99
　9.1 政策发展线索 ··· 99
　9.2 土地流转的类型和特征 ·· 101
　9.3 方案的价值分析 ··· 103
　9.4 方案的质量分析 ··· 105
　9.5 兼容性分析 ··· 109

10 村庄规划建设管理政策 ·· 111
　10.1 政策发展线索 ·· 111
　10.2 方案的价值分析 ··· 113
　10.3 方案的质量分析 ··· 117

  10.4 兼容性分析 120

11 乡村工业用地集约利用政策 123
  11.1 政策发展线索 123
  11.2 工业用地非集约利用的原因 124
  11.3 工业用地集约利用的政策类型 126
  11.4 价值总体分析 131
  11.5 政策手段之一：工业用地集中 132
  11.6 政策手段之二：限制最低地价 136
  11.7 政策手段之三：投入和产出门槛限定 140
  11.8 政策手段之四：鼓励二次开发 143
  11.9 政策手段之五：对闲置和低效用地的清退 144
  11.10 政策间的一致性 146

12 镇级区划调整政策 149
  12.1 政策发展线索 149
  12.2 方案的价值分析 149
  12.3 方案的质量分析 151

第四部分 乡村空间集约化政策的案例分析

13 镇江新区案例 157
  13.1 政策发展过程 157
  13.2 "万顷良田"项目方案与实施 158
  13.3 政策的价值分析 160
  13.4 政策的质量分析 168

14 溧水区东屏镇案例 182
  14.1 与农地和农民居住用地集约相关的政策 182
  14.2 与农地和农民居住用地集约相关的政策评价 186
  14.3 工业集中区发展政策评价 191

15 溧水区白马镇案例 196
  15.1 与农地和农民居住用地集约相关的政策 196
  15.2 与农地和农民居住用地集约相关的政策评价 198
  15.3 工业集中区发展政策评价 201

16 南京市高淳区案例 ··· 203
- 16.1 乡村空间集约化建设的基础条件 ··· 203
- 16.2 与农地和农民居住用地集约相关的政策 ··· 205
- 16.3 农村社区规划调整方案 ··· 207
- 16.4 农村社区规划方案评价 ··· 208

17 无锡市惠山区案例 ··· 215
- 17.1 万顷良田项目规划和实施 ··· 215
- 17.2 政策评价 ··· 217

第五部分 乡村空间政策系统探索

18 集约化政策系统 ··· 223
- 18.1 手段 ··· 223
- 18.2 反思 ··· 223
- 18.3 未来 ··· 225
- 18.4 建构 ··· 226

19 乡村空间政策系统 ··· 227
- 19.1 乡村发展的基本价值观念 ··· 227
- 19.2 乡村治理的基础 ··· 229
- 19.3 乡村发展主体的重新定位 ··· 231
- 19.4 乡村空间决策的变革趋势 ··· 233

结　语 ··· 238

绪 论

为什么研究土地集约利用

进入21世纪,土地集约利用常常与中国经济增长方式的转变相提并论。事实上,国内相对发达地区取道工业化发展之路,经历了持续三十余年的经济快速增长,土地资源和环境的耗费已经达到了空前的水平,其约束也日益增强。在此背景下,推动空间集约化已逐渐成为共识,对应着改变土地依赖式增长的诉求。有了共识,如何去做却是极大的挑战。

在各种政策文件中,"集约化"已成为流行话语。2004年,《国务院关于深化改革严格土地管理的决定》中明确"实行强化节约和集约用地政策"。2008年,《国务院关于促进节约集约用地的通知》中,将"集约"放在了标题位置,同年出台了《国土资源部关于开展开发区土地集约利用的评价工作的通知》。2009年,《国土资源部关于促进农业稳定发展 农民持续增收 推动城乡统筹发展的若干意见》中,重点强调了推进土地整治和促进农村宅基地的集约利用。2012年,《国土资源部关于大力推进节约集约用地制度的意见》中,积极鼓励地方层面进行制度建设的创新突破。同年,《国土资源部关于严格执行土地使用标准 大力促进节约集约用地的通知》又继之出台。2014年的《国家新型城镇化规划(2014—2020)》,依然强调"实行最严格的耕地保护制度和集约节约用地制度"。同年国土资源部发布的《节约集约利用土地规定》则是我国首部专门就土地集约利用进行规范和引导的部门规章。

与土地集约利用对应的政策,旨在通过调整土地配置结构、控制用地强度、强化用地管理等实现提高土地效能的核心目标。集约化的行动并不局限在城市,与乡村地区有关的政策在推动镇区建设、引导村庄居民点调整、进行农业用地整理等过程中作用显著。各地也在国家政策的大框架下开展了多样化的实践。在有了经验的积累之后,有必要也有条件对已有的政策进行梳理,实施对政策的监督和反馈,将政策行为的效果与预期目的相比较,反思政策本身的合理性,为未来政策的制定寻找方向和手段。

因语义上的相近,书中将空间集约与土地集约利用的概念混用,不做明确区分。同时,书中提到"集约"一词,除非特别指定,均指空间集约或土地集约。

为什么从政策的角度研究

本研究拟从政策的视角入手,是政策分析的系统思想在空间规划和土地管理领域中的尝试运用。因为属于政策科学范畴的政策分析有较为成熟的构架,而规划和土地管理本身具有公共政策的属性,所以一种研究方法和特定主题的结合就是自然而然的了。

系统的政策分析方法在乡村空间中的运用,还较为鲜见。既可能是因为对其重要性认识不足,也可能是对其内容上的繁杂望而却步。还可能存在一种担忧,认为政策分析的强时效性限制了其在发展迅猛的今天的运用,做政策分析的人很可能得不偿失,跟不上时代的节奏。本研究定位于此,是基于对未来的判断,相信目前粗糙的、快节奏的、不注重反省的空间决策会逐渐被精细化的、注重过程合理性的决策方式所替代,对政策分析的需求会相应提高。同时,研究的目的也有程度上的递进关系。次者是将研究成果本身仅作为一种记载,记录乡村空间演变背后的作用力,特别是政府的推动力,以一种历史主义的观点,对历史进程进行解读;进一步的,则是能够影响乡村空间管理的政策历程,提高政策制定的合理性。

政府决策背后往往混杂了学者们的冷静思考、积极讨论甚至盲目鼓噪。如果认识到权力和知识结合并以所谓"真理"的堂而皇之的面孔出场有时恰恰是极具危害性的,那么充分的信息交流和开放的讨论环境就愈显必要。在现阶段的中国进行政策研究,需要避免一种倾向,即一味地鼓励政府"多"做。当市场远远不够成熟,经历过几千年集权统治下的社会离真正的市民社会尚远,推动经济增长、缓和社会矛盾的强烈欲望容易促使政府更依赖密集的积极政策。而在疾风猛进之中,冷静地思考政策的得失,从失败中汲取教训,并和基本价值理念进行校核,却是学者必要的责任。

本书的主题,即是通过对围绕集约化的乡村空间政策的梳理,讨论集约化政策的目标,关注具体政策的合理性、可行性及实施后的成效,最终指向富有实效的乡村空间建设的解决方案。政策本身也许是枯燥乏味的,但当它指向具体的人群并对其生活和行为产生影响时,我们能发现政策上附着的一种实实在在的力。而我们要做的工作,就是探寻这种力的来源,并引导其真正发挥效用。

为什么研究苏南乡村地区

文中所指苏南地区,不限于传统意义上的苏锡常地区,而是包括南京、镇江、常州、无锡、苏州在内的"大苏南"地区,其资源环境特征、经济发展模式和空间利用形态都具有极强的地区性特色。较国内其他地区,苏南地区拥有较高的经济总量和经济产出效率,土地的潜在价值高,进一步的发展受用地指标的约束明显,在"后苏南模式"发展阶段,提高土地利用效率的要求更加迫切,对于制度创新的需求也随之提高。苏南作为经济较发达地区,推进土地利用集约化也是优劣势并存。有经济基础和现实需求是有利的一面,但可能被定义为非集约利用的空间格局中已经沉淀了大量资产,又加大了空间调整的阻力。

自新中国成立以来,中国的城市和乡村,一直以二元体制相对独立地发展。乡村地区的空间形态和发展逻辑与城市迥异。进入新世纪后,伴随着国家政策重心转移,乡村地区在多重推动力下呈现出巨大的空间变化。围绕空间集约化在乡村地区的特定内涵、表现方式、衡量标准、操作手段等的讨论刚刚开始,又因其涉及面广、影响深远而具重要性。

本书中讨论的乡村,考察乡镇行政管辖的范围,包括农业生产空间以及镇区和村庄的空间聚落。镇区涵盖居住和二、三产业发展的空间职能,并集中提供学校、医疗设施、农业科技服务等基层公共物品。研究对象里不包括县级城关镇,因为其规模和性质已经发生了根本的变化,在传统的城乡二元结构里属于"城市"的范畴。村庄一般有行政村和自然村庄两层含义。村一级集体资产在行政村层面上调配,行政村也是国家政治管理的非正式延伸,而自然村庄是最基本的聚落形态。村庄通常以农民居住为主导职能,但包括苏南在内的国内较发达地区则不同程度地承载了工业发展的需求。将"镇"、"村"作为共同的研究对象,出于以下两方面的考虑:一是延续传统概念中对于"城乡二元"的认识,"镇"和"村"本质上共同属于"乡"的范畴;二是因为作为基层农民居住地和乡镇企业生产地的可能选择,村庄和镇区建设存在着一定程度的此消彼长的密切关系。考虑到很多相关的研究、政策的制定、规划建设的实践大多都笼统称之为"农村",文中也并不拟对"农村"和"乡村"概念进行严格区分。

围绕土地集约利用,苏南乡村地区在制度创新方面有诸多可圈可点之处。多角度的探索实践提供了研究所需的素材,其空间政策亟待经验总结和说理求证。同时,因本地区政府管理的开放度和透明性较高,社会关注度高,保障了资料的可获得性,也便于展开分析和讨论。

对"集约化"认识和实践上的误区

随着"集约化"概念的推广和行动面的扩大,并不必然促使概念本身的内涵更加清晰,也不能避免概念被滥用。以集约为目标的政策制定存在以下特征和问题:

首先,存在着政策目标价值体系不明确、"集约化"概念泛化、评价标准含混的问题。"集约化"作为抽象的概念,核心表达了对土地高效利用的要求。"集约化"作为政策目标体系中的一部分,它与其他社会经济目标之间怎样耦合的困难并没有解决。甚至随着其内涵被扩充至经济社会生态效益的统一体,"集约化"也越来越难以承受多目标之累,这为政策制定带来了根本性的问题。

其次,集约化措施以空间为直接作用对象,实质是调整和控制人口、产业的布局,最终会带来全局性和深远的影响。目前,存在着政策制定缺乏系统性,顾此失彼现象突出的情况。地方政府在落实国家层面的宏观政策并制定地方政策时,往往被形势所迫,在缺乏经验和方法的前提下于短时间内迅速做出决策。结果是即使能够通过空间调整满足了上层政府对节约用地指标的硬性要求,或者达到了建设用地占补平衡,仍可能因为缺乏系统的考虑而需要付出额外的成本,在其他方面损失巨大,或者带来社会冲突等负面的影响。

再次,集约化代表了对有限的空间资源进行高效利用的必然趋势,但是其具体方案的选择、实施阶段的安排等受到现实条件的约束。现实中会因为缺乏对具体政策问题的确认和政策可行性的调查,而使部分空间政策在与现实遭遇时变形或落空,造成政策的失效。

最后,由于集约化议题本身所处的特定阶段,其根本性的不足还表现在:形式上的技术合理性遮蔽了内在的价值合理性,且技术分析能力较弱,造成整体上政策的合理性不充分。一方面,集约化政策重点考察方案带来的用地节约和经济促动力,将虚拟的"整体利益"高高置上,忽视了对真实存在的个体利益的充分尊重。另一方面,政策制定过程中,虽然经济可行性和技术可行性分析在逐步完善,但较少提供不同的政策比选方案,也难以沿用较为规范的标准进行甄选决策。譬如仅仅在对比村庄体系空间调整前后能够节约建设用地的绝对值的基础上,进行集约用地潜力评价,就得出方案合理的结论,显然过于武断。对政策分析过程完整性的要求必然促使成本—收益分析以及空间效益分析等具备更高的水准。

研究的线索和结构

书中对乡村空间集约化政策的研究将按照以下线索推进。

第一部分有1至4章,将全面铺陈政策背景,包含对经济社会状况、土地产权制度、乡镇管理制度的分析,并对乡村空间中的利益关系进行解构。分析社会经济背景,因其牵扯政策的动因和实施条件。梳理农村土地产权和乡镇管理制度,是考虑到体制与政策的紧密关联性,体制也会极大程度地影响各类利益主体追求利益的可能性及行为方式。广义上讲,政策也是体制的一部分。将乡村空间中利益结构的分析纳入,因为政策的形成直接受到利益结构的左右,政策的最终作用也必然体现为对空间利益的引导和重构,此部分为后文在价值维度里展开分析做铺垫。

第二部分有5至6章,拟进行笼统的制度研究。第5章首先明确集约化政策目标,主要解决以下问题:集约化目标在乡村空间中如何细化分解?集约化与提高民生、环境保护和发展经济等一般目标类型的关系如何?集约化政策目标在中央和地方政府之间是一致的还是错位的?总体而言,是从政策目标的明确、可行、前瞻、协调、规范等原则出发来审视集约化。第5章中还以经济价值为核心价值,尝试提出简明的乡村空间集约化量化评价指标体系。第6章从制度演变的视角,梳理政策的发展历程,分析推动政策变化的主导因素,探索政策变化趋势,为将要讨论的具体政策进行时空定位。

第三部分有7至12章,进入到对不同政策方案的具体探讨中。以价值分析、质量分析和与其他政策的兼容性分析为三个基本维度,运用相似的体例,分别对土地整治、土地流转、村庄建设管理、工业用地管理和区划调整等政策手段进行讨论。其中价值分析可细化为对不同利益体乃至社会总体的影响分析。质量分析又分解为三个次一级的版块内容,分别是政治可行性分析、经济和财政可行性分析与技术可行性分析。集约化政策与其他相关政策的兼容性分析中,着重考虑政策体系内在的协调要求。

第四部分有13至17章,为案例研究环节,以南京、镇江、无锡的五个样本点为基础,展开真实场景分析。在第三部分的分析架构的基础上,高度对接已经剖析过的具体政策,将集约化政策放在更具体而微的环境中,有针对性地放大部分细节,分析政策始末,综合多角度的信息,评价政策效应。在内容的展示上,将重点呈现个性化的选择,原因有三:一是信息有限,不是每个地区都能成为完美案例以至于能够有条件展示系统性的完整内容;二是为避免和第三部分中已经做过的类似总论的内容过多重复;三是经过选择,可以使得有个性色彩的内容能够凸显,也是对于第三部分的有效补充。基于此,单独审视每一个案例,反倒有分析逻辑不严密的嫌疑。正是因为其叙事逻辑和前述内容有紧密联系,没有对第三部分内容的深入了解,就无法体会其中孰轻孰重的分量。

第五部分有18至19章,第18章集中反思集约化政策系统在现实发展中的利弊得失,面向未来,尝试有所建构。在最后一章中,从集约化政策的专题研究拓展到乡村空间政策系统的分析。将进一步明确乡村空间政策的价值观,界定其中的政策主体及客体关系,探究政策的发展趋势。

典型研究方法

在研究方法中,最突出的是融入了政策研究的系统方法。包含了政策环境、政策利益相关者和公共政策(这里指空间政策)三个基本要素。政策分析中的核心是利益分析,利益分析的指导思想包括方法论"个人主义"(Methodological Individualism)和"整体主义"(Methodological Holism)①。从根本上,个人依赖自己的有限理性进行选择,没有对个体的认识,研究便难以贴近现实。同时,社会性的发展规律客观存在,整体主义思维是研究较大空间尺度、涉及人群的社会结构所必需的,否则会失去对全局的把握。本研究将以利益分析为重点,既从不同利益相关者的角度,也从经济、社会、政治、伦理多角度展开,区分不同的价值线索,尽量将其梳理清楚。其后并不期待用简单的加权方法进行综合评定以达致大一统的结论。牵涉不同的利益体和不同维度的利益协调是需要融合在决策过程中得以解决的。

如果论及其他国家和地区相关政策制度的可借鉴性,一方面,中国特殊的资源环境和国情,直接套用任何方法和措施,总会发生南橘北柑的错位,另一方面,考虑政府、市场、社会的关系时,则可能存在着一种普适的分析结构。所谓西为中用,重要的是分析方法,而不是分析结论的直接引用。

其他学者的观点带来了有益的启迪。如刘伯龙对于中国农村公共政策的研究方法与作者较为契合。其区分了体制视角、行为视角和过程视角,其中体制视角包括政策环境、政策目标、政策属性、政策的制度演变分析等内容,行为视角关注源于激励和社会资源配置的改变,对利益相关者和政策目标群体产生的影响,过程视角将政策过程分解为决策、执行、反馈与调整等动态环节,并在观念系统、府际关系、部门设置、技术条件和政策网络等层面上具体分析。还有贺雪峰长期的、贴地气的乡土调研让人印象深刻,其在《地权的逻辑》一书中对现实的批判明确而大胆。其他大量文献中屡屡出现的费孝通、黄宗智、李昌平、姚洋、陈锡文、周其仁、温铁军、党国英、陆学艺、秦晖、于建嵘、曹锦清等人,无论其观点的对错,其思考的内容和角度,均能使人受益。

最后需要提及,在分析过程中,统计数据、调查问卷、个案访谈、现场踏勘等支撑起案例的细节,在表达过程中,图表在必不可少的时候尽量用精练的方式呈现。

参考文献

[1] [英]F A 哈耶克. 个人主义与经济秩序. 邓正来,译. 北京:生活·读书·新知三联书店,2003

---

① 对社会现象的研究有个人主义和整体主义两种主导的方法论思路。其中个人主义强调个人的目的和偏好是分析的出发点和基石。以哈耶克(F. A. Hayek)为代表,1940 年代中期在其著作《个人主义与经济秩序》(Individualism and Economic Order)中描述的"个人主义"方法论,以反对原子论的化约论的"伪个人主义"和自我假设自成一体的"方法论整体主义"为立足点,强调个人的社会性质和个人理性有限的特征。并指出:"我们唯有通过理解那些指向其他人并受预期行为所指导的个人行动,方能达致社会现象的理解(哈耶克,1945)。"哈耶克的"个人主义",是更贴近现实的个人主义,是强调互动的个人主义。

第一部分

乡村空间集约化政策的环境研究

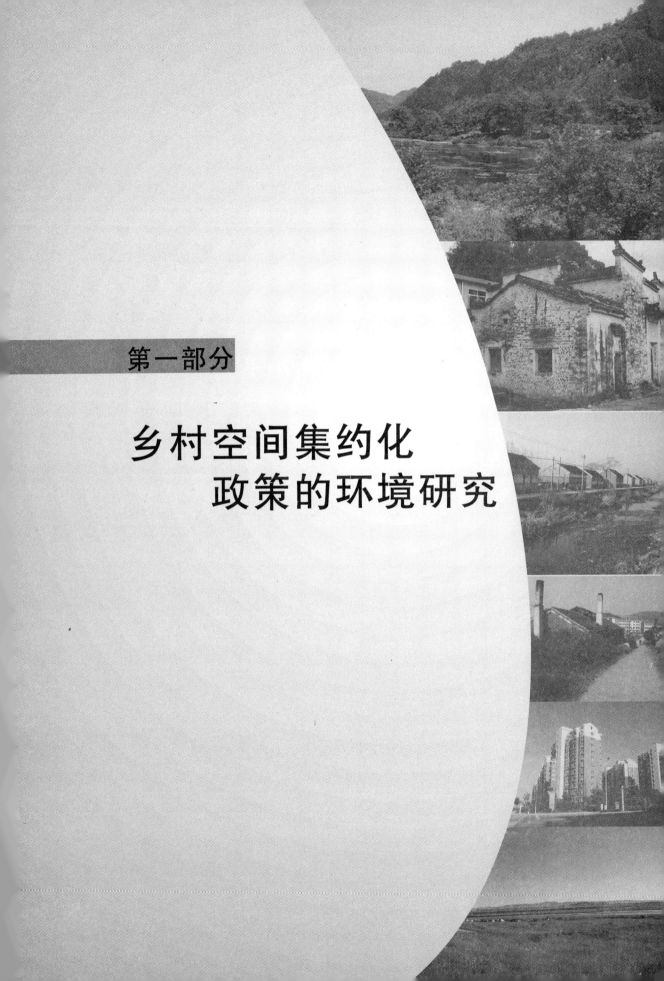

1 苏南地区经济社会和空间发展状况

1.1 经济发展特征

苏南地区在1970年代以来,特别是改革开放以后,进入到从下而上的、以典型的"苏南模式"为特征的发展阶段,集体经济得以迅猛发展。1990年代以后是由内外资共同驱动阶段,通过乡镇企业股份化改造、鼓励民营企业发展,逐渐进入以股份制经济、民营经济、外贸经济为特点,先进制造业和现代服务业并举的"新苏南模式"发展阶段。在整体经济结构升级转型的过程中,改变经济增长模式是重要抉择。1980年代以来的中国经济增长很大程度上体现为"土地依赖式的增长"。有观点认为,这种经济增长,以其非显性的土地成本,伴随着非集约的土地利用方式,带来了较高的投资收益率。建设用地空间的蔓延式扩张,着重体现为土地利用方式不合理,因数多量大而具有普遍性,其本质上是用地失控,同时伴随着空间的边界模糊(阎川,2005)。而改变了的发展思路,更加强调所谓"双保",即"保增长,保(耕地)红线"。

进入新世纪以来,苏南地区的经济发展,正在努力提高以现代服务业为核心的第三产业所占比重,第二产业发展也逐渐向更高资本和技术含量的行业类型转化。根据各市的《国民经济和社会发展统计公报》,2013年,南京、镇江、常州、无锡、苏州五市第一产业在三次产业中的占比仅为2.3%、4.4%、3.2%、1.8%和1.6%。在城乡区域范围内,虽然农业对GDP的贡献额微乎其微,但因农业的基础性作用,所以在各地的发展战略中,往往强调发展现代农业、都市农业,推进农业产业化,并将生态旅游、乡村旅游作为现代服务业中的组成部分。

《江苏统计年鉴》数据显示,2011年苏南地区耕地面积为54.7万hm^2。江苏省农委的统计数据反映出苏南同期乡村实际从业人员约660万,其中从事农林牧渔业的仅为126万,约20%弱[①]。相应可估算出按照从业人员计算的人均耕地面积仅为1.24亩,按实际从事农林牧业的劳动力计算,人均耕地面积为6.5亩,紧张的人地关系由此可见一斑。

在乡村地域范围内,原来承载的传统农业、乡镇型的工业均面临着较大挑战。传统模式中的农业为弱势产业,规模效益低下,抵御风险能力弱,社会效益高而比较利益低,从而带来两方面的直接影响:一是从农业上获得的收入低,除非能够成为种养大户,否则在有其他选择时,农业便成为农民的"副业",无助于农业机械化和规模经营的发展;二是从土地的潜在效益分析,土地农用和用于工业或房地产开发之间的利益悬殊,使农业用地极易受到冲击,也容易引发投机行为。

---

① 资料来源:江苏省农业委员会网站,http://www.jsagri.gov.cn/statfile/files/550462.asp,2012-11-24

就乡镇工业而言,苏南模式延续下来企业规模小、占地多、层次低、环境污染严重等特征或问题。在市场竞争加剧、资源约束加强、环境意识强化的大环境中,在已完成了自20世纪末开始的乡镇企业改制的任务后,企业必须进行升级改造和重组。前进过程中,有些因素可以保证乡镇企业的生命力:如与外来资本同时进入的先进的技术能力;如部分乡镇工业是本地区特色农业生产链的延伸,特色保证了竞争力;如有些地区成功地发育了产业集群,在保持经营单位小规模的基础上,充分利用了产业分工、空间集聚效应或者和市场的紧密联系,赢得了新的发展空间;也有的企业通过组建企业集团,获得了规模效益。

区域经济一体化也是苏南地区经济发展的重要特征,空间要素的区域流动会对空间集约化的内容和实现方式带来直接影响。区域经济一体化一般指伴随着区域内生产要素流动加强,体现出的产业集聚、转移、分工的深度广度强度的加大。大量研究验证了已进入工业化中后期的长三角地区区内要素流动日益增强[①]、产业空间的集聚与扩散效应明显的结论。

1.2 社会发展特征

1980年代以来,苏南乡镇经济发展在提升了乡村经济实力的同时,还有效地缓解了城乡之间因新中国成立以来的历史原因而造成的差距和矛盾。国家给予了相对宽松的制度环境,各地区凭借自身的创造力和发展欲望,通过促发乡村内部经济活力、释放乡村企业家的潜力,走出了一条独特的发展之路,乡村社会也随之发生变化。

受青壮年外出打工的影响,苏南地区留守的儿童和老人在乡村人口年龄构成中的比例超过社会平均值。2012年对无锡市21个村庄的抽样调查显示,0～14岁的人口占常住人口的14.01%,高于无锡市该年龄段人口比重10.29%的平均值。65岁以上老人占比为15.98%,远远超过无锡市9.5%的平均值[②]。

从劳动力就业及其流动情况看,苏南地区乡村劳动力的非农就业比例高、外来打工人口在经济发展强势地区所占比例高等特点显著。部分脱离农业劳动的人群,随着土地流转转化为不在地地主。无锡市锡山区2004年外来人口的统计表明,六乡镇(包括安镇、羊尖、锡北、鹅湖、东北塘、东港六乡镇,锡山区辖区内还辖东亭镇,2006年改为东亭街道)人口总数为43.3万,其中外来人口约为11万。外来人口的空间分布中,镇区为5万人,占45%;村庄为6万人,占55%。如果排除其中少数从事第一产业的外来人口,在村庄中从事非农产业的外来人口大体与在镇区就业的外来人口持平。这部分外来人口与本地兼业人口一起组成锡山地区就地非农化人口的主体。

2005年彭震伟对无锡市惠山区进行农村居民就业情况开展了抽样调查,700余份有效问卷的结果显示:务农劳动力仅占劳动力总数的3.8%,而在村内工厂、镇上工厂(在镇区或者镇级产业园区)、经商、兼业(农忙时务农,农闲时务工)、外地务工及其他就业的比例分别

---

① 无论是按照"产业成长阶段论"中将工业化社会分为工业化前期——轻纺工业为主,工业化中期——重化工业为主,工业化后期——机电一体化为主,后工业化社会——第三产业占GDP比重高于第二、一产业的分类方式,还是依据钱纳里模型采用人均GDP等方式进行判断,都可以得出相似的结论。

② 资料来源:东南大学城市规划设计研究院.无锡市乡村现状分析及人居环境改善策略研究报告,2012

为46.8%、23.7%、4.8%、4.1%、0.4%和16.4%。2005年笔者参与的对锡山区两个自然村庄400余名被调查者的问卷,也能作为有效例证(表1.1)。

表1.1 2005年锡山区自然村劳动力问卷调查统计

样本点	调查人口	劳动力结构				非农业劳动或兼业劳动的就业分布		
		劳动力人数(人)	纯农业劳动力(%)	兼业劳动力(%)	脱离农业劳力(%)	本村(%)	本镇(%)	其他(%)
宛山村	225	165	23.6	55.8	20.6	44.4	37.3	18.3
东升村	168	120	11.6	36.7	51.7	67.0	28.3	4.7

注:其中东升村村办工业较发达,而宛山村相对较弱。

农民收入对农业的依赖已经极度弱化。2005年对锡山区农户的抽样调查还显示,农业收入在总收入中的百分比仅为2.2%,且大多数农户认为:种田已经不重要,只是保证自己米、菜的供应,无人再拿它养家。合作社红利分配收入已日益成为全区农民获得财产性收入的一条稳定渠道。以锡山区为例,截至2007年年底,全区累计成立村集体经济股份合作社82家,村级组建率达到78%。全区村级集体收入2.83亿元,股份合作社分配个人股红利1759.2万元,有27.28万农民从中获得了红利分配。全区有10个村(社区)分配红利超过了50万元,分得红利最多的农户超过5000元。

乡村居民因收入水平、社会地位差距拉大,内部分化加剧。延续1980年代中后期陆学艺对农村社会结构的划分,王小章深化了对农村居民内部分化的认识(表1.2)。1990年代开始的乡镇企业改制使大多数私营企业主、乡镇企业管理者的角色合而为一,也使农村内部收入差距愈发加大。对普通农户而言,家庭里是否有出外打工者或打工人数多寡、打工收入高低,直接影响家庭收入水平。

表1.2 王小章总结的农村分化的社会结构

类别	利益基础	主要特征	收入状况
农业劳动者	对农地的使用支配权		收益较低
农民工人阶层	对自身劳动力的使用支配权	① 身份上属于农民,而在职业上却主要属于工人 ② 从就业的所有制结构来看,它包括在乡、村集体企业里从事非农业劳动的成员,也包括受雇于私营企业、个体工商户而获取工资收入的劳动者 ③ 从就业的空间结构而言,它包括"离土不离乡"在本地企业就业的劳动者,也包括"离土又离乡"的外出(包括进城)打工的农民工 ④ 一般还保留一块口粮田或责任田	主要依赖非农收入
个体工商户	个体所有的生产资料和个体劳动	① 从事某项专业劳动或自主经营小型的工业、建筑业、运输业、商业、饮食业、修理业、服务业 ② 发展壮大后可进入私营企业主阶层	收入较高
私营企业主	对资本的拥有和雇佣劳动	资本和经营的规模较大	收入高
农村社会管理者	对集体财产的代表、支配	集体经济发展水平越高的地方,地位越优越	常常有寻求"灰色收入"的空间

资料来源:本章参考文献[5]

1.3 空间发展特征

1.3.1 数量结构

1990年代以来,苏南地区产业和居住空间需求增长迅速,至2005年左右,建设空间量的扩张趋势仍然旺盛,本地区开始自觉推进区域空间结构的内部调适以满足日益增长的投资需求。朱东风2007年关于江苏省城镇建设用地扩展的研究,揭示了全省建设用地在城市、县城和建制镇不同层面的扩展状况(表1.3)。由于苏南和苏北的地域差异,其中建设空间的拓展重心集中在苏南地区。

表1.3 江苏省各类城镇建设用地扩展表

	1991—2005年		"八五"		"九五"		"十五"	
	扩展量(km²)	扩展率(%)	扩展量(km²)	扩展率(%)	扩展量(km²)	扩展率(%)	扩展量(km²)	扩展率(%)
城镇建设总用地	3 042	133.5	754.8	33.1	505.6	16.3	1 507	39.5
设市城市	1 484.5	166	214.6	24	195.9	16.5	829.9	53.6
县城	266	126.9	17.8	8.5	132.6	71.2	126.9	36.4
小城镇	1 291.8	109.9	522.4	44.5	177.1	10.2	551	28.8

资料来源:本章参考文献[6]

以2001、2005和2011年为3个时间断面统计苏南地区的建设用地情况(表1.4),可以看出,区域建设用地的空间分布在城、镇、村层面已呈现出显著的此消彼长的变化。十年间,苏南地区城市(统计口径中的城市和县城)建设用地年均增长率为8.5%,区域发展处于城市的快速扩张期。包含对周边已建设用地的直接纳入带来的增量,城市建设用地在显著增长,但是因为同期的村庄用地面积在集聚缩减,所以包含了城镇和村庄的建设用地之和的总增幅却得到了有效的控制。即使考虑统计口径不对应、统计误差、农转非的土地未按手续办理,甚至人为造假等因素,区域建设用地空间格局的转变已是不争的事实。

表1.4 苏南城市、县城、镇、村建设用地统计 单位:km²

年份	2001	2005	2011	2001—2011的增幅
城市建成区面积	919.2	1 501.3	2 137.4	+1 218.2
县城建成区面积	42.3	26.6	38.0	−4.3
建制镇建成区面积	722.5	1 047.2	1 038.2	+315.7
集镇建成区面积	4.1	—	—	−4.1
村庄用地面积	2 796.6	2 085.1	1 620.6	−1 176
苏南地区小计	4 484.7	4 660.2	4 834.2	+349.5

资料来源:根据江苏省住建厅分市县和乡镇统计资料整理。

《江苏省土地利用规划纲要(2006—2020)》中指出,2005年年底,全省城乡用地中,城市用地仅9.45万hm²,占城乡建设用地的6.6%,而农村居民点面积为93.31万hm²,比重达

65.3%。与人口比例结合分析认为,整理农村居民点的空间潜力巨大。相应提出苏南地区推进农村居民点整理工程,规划期内苏州、无锡、常州、南京等地农村居民点整理建设规模总面积约为1.13万hm^2。

2011年,苏南地区内作为基层聚落的村庄,平均人口约150～250人,人均村庄用地为150～250 m^2(表1.6,表1.7)。以无锡市两个时间点的数据进行对比,2005年,无锡市镇区人均用地高达361 m^2,村庄人均用地288 m^2。经过用地紧缩和调控政策,至2011年,无锡市镇区人均用地略降为317 m^2,村庄人均用地降为191 m^2[①]。

表1.5 全省及苏南村庄人口和用地基本情况(2011年)

地区	江苏省	南京	镇江	常州	无锡	苏州
平均村庄用地面积(hm^2)	4.78	3.80	4.34	3.33	4.55	3.32
平均自然村庄人口	—	152	206	194	238	238
村庄人均用地面积(m^2)	—	250	211	171	191	139
200人以下自然村占%	50.5%	51.1%	55.7%	64.8%	54.6%	62.7%
201～600人自然村占%	33.7%	37.0%	30.4%	20.4%	36.5%	28.6%
601～1 000人自然村占%	10.3%	9.2%	12.4%	5.8%	7.1%	6.5%
1 000人以上自然村占%	5.5%	2.8%	1.5%	9.0%	1.7%	2.2%

资料来源:根据江苏省住建厅村镇统计资料整理。

表1.6 江苏省和苏南地区村庄用地变化

年份		2001	2005	2011
全省	平均村庄用地面积(hm^2)	5.02	4.33	4.78
	人均村庄用地面积(m^2)	237.1	203.8	—
南京	平均村庄用地面积(hm^2)	4.37	4.19	3.80
	人均村庄用地面积(m^2)	241.6	274.4	250.4
无锡	平均村庄用地面积(hm^2)	3.20	4.68	4.55
	人均村庄用地面积(m^2)	227.9	288.7	191.0

资料来源:根据江苏省住建厅村镇统计资料整理。

1.3.2 形态特征

"苏南模式"引领下的乡村空间,以分散的工业化、非农人口就地转化、"离土不离乡"的生活就业方式等为特征。进入到"新苏南模式"的发展阶段后,工业企业相对集中在园区,农村社区建设受到关注并在不断探索新模式。伴随着城乡联系的不断强化,空间功能的叠合与混杂现象更为突出。包括乡村工业、新型住区、现代农业园区、与都市农业有关的乡村旅游区,甚至孤岛式的城市功能空间等交叠在乡村地域范围内。传统的农业地区,在进入新世纪后,也与新型农业组织模式相伴随,出现大批农业科技园区、农业示范区等,有部分高校、科研机构的研发基地,也有农业规模经营片区。乡村地域的功能和景观因之得以改变。居住和就业空间不匹配即"职住分离"的现象比较显著,得益于现代交通的便捷,存在着大量村

---

① 资料来源:根据江苏省住建厅江苏省村镇建设年报整理。

镇之间的通勤人口,他们同时享受着乡村生活的低成本和城镇就业的高收益,在就业非农化的同时并没有实现居住的城镇化(王兴平,2011)。

在城镇群的分布层面,由于长三角区域的要素流动进入到"大集中、小分散"的阶段,即各种生产要素从长三角区域之外源源不断地进入,同时,在长三角地区内部,随着信息化和快速交通的发展,生产条件变得越来越均质,大中城市功能迅速向外围扩散。带来的直接后果之一是城乡之间、城镇建成区与非建成区之间的空间形态界线日趋模糊,都市区日趋发展成熟(图1.1)。

图1.1 江阴市土地利用现状

资料来源:江阴市规划局.江阴市城乡统筹规划,2005

在城镇建成区内部,一方面表现为城镇功能区与传统农村居住区交错混杂,有些村庄镶嵌在工业区内,也有些城镇居住区交错在自然村落之中。这一现象主要是由于农村城市化进程加快,大量自然村落未及演变,直接纳入了城镇规划建设用地范围之中。另一方面表现为城镇不同功能用地之间的混杂,相互干扰的现象客观存在。

村庄分布散、规模小,"空心村"现象普遍存在。村庄"空心"现象是乡村经济和村落社会文化变迁在物质形态上的表现。除非本村本镇的工业企业能够留住劳动力,否则,大多数年轻人都会选择出外打工,而在家乡又保留了老宅和建房的热情,作为自己退守的屏障。所以,空关房,甚至空心村的情况就屡见不鲜。南京、镇江地区乡镇工业起步较迟,相对集中在工业园区发展,而苏州和无锡地区,因历史上的基层活力强、资金分散、政企不分等原因,即使在乡镇企业改制以及限制村级工业发展后,工业用地滞留在村庄的特征明显。村办工业较发达的地区,在就地城市化与分散式工业化的模式下,形成了居住与生产的分散式集聚现象。村级工业区与农村住区往往相邻而建,其邻接地带形成村庄公共服务中心。这种"居住—生产—服务"三位一体的结构模式成为乡村地区的分散式集聚单元。个别地区因村办工业发达而形成类似于江阴华西村的"超级村庄",为极端的现象。

资料:超级村庄的一般特征

① 已经形成以乡镇企业为主体的非农经济结构,工业产值和非农产值已占村庄全部产值的绝大多数;

② 已经形成稳定的、可用于村政和公益事业的"村财"收入;

③ 已经具有初步的"准政府"的村政结构和职能,包括经济的、仲裁的、村政的、福利保障的结构和职能,同时村政设施和公益事业发展迅速;

④ 村经济组织开始采用现代集团公司的模式,逐步形成一个经济整体;

⑤ 村内部已经形成以职业和身份多元化为基本特征的社会分层结构。

(资料来源:本章参考文献[8])

王勇等对改革开放以来苏南乡村的研究中,将其划分为3个典型阶段,分别是"三位一体"的乡村聚落阶段、"工业生产"与"农业生产+生活居住"相互分离阶段和农业生产逐步从乡村聚落中剥离阶段,较为直观地反映了乡村空间发展的总体趋势(表1.7)。

表1.7 苏南乡村空间三阶段的划分

	总体特征	开始阶段	主要表象
第一阶段	"工业生产+农业生产+生活居住"的"三位一体"的乡村聚落形态	1980年代中后期	乡村工业用地快速扩张;乡村居住用地大幅扩张
第二阶段	"工业生产"与"农业生产+生活居住"相互分离	1990年代中后期	乡镇企业全面改制和"去社区化";乡村工业逐步从多数乡村聚落中剥离出来,并在镇域及其以上空间尺度内集中,2004年左右更加趋于在县域层次上集中
第三阶段	农业生产逐步从乡村聚落中剥离		农用地流转;各种形式的土地股份合作制改革;工业生产空间、农业生产空间和生活居住空间在更大尺度空间内分化和分离

资料来源:本章参考文献[9]

以苏南为代表的国内较发达地区,客观上具备了推动乡村经济转型、实现农业规模经营、进行乡村空间再造的条件。具体包括:一,从空间利用的角度,具备了可挖掘的潜力。二,从劳动力转化的角度,小规模农业经营与非农产业之间的劳动生产率差距大,而本地区非农产业发达,已经能够消化大部分农村的剩余劳动力。三,从农业的基础地位的角度,保证耕地面积具有强制性。四,从农业参与市场竞争的角度,连接了产购销的农业产业化势在必行,越来越成熟的生产性服务能够对规模化农业提供支撑。五,从经济的可行性而言,有本地较雄厚的经济基础,加上中央及上层政府的支持,具备了施行积极政策的良好环境。

本章参考文献

[1] 阎川.开发区蔓延:成因及控制.南京:南京大学,2005

[2] 王海卉.乡村地区利益博弈与空间重组——以苏南为例.南京:东南大学,2009

[3] 彭震伟.城镇密集地区农村居住模式的思考.城市规划学刊,2006(1):18-21

[4] 陈建军.长江三角洲区域经济一体化的三次浪潮.中国经济史研究,2005(3):113 122

[5] 王小章. 转型期浙江省农村社会的利益格局. 浙江大学学报(人文社会科学版),2001,31(3):19-24
[6] 朱东风. 江苏省城镇建设用地扩展实证分析. 城市规划学刊,2007(2):51-56
[7] 王兴平,涂志华,戎一翎. 改革驱动下苏南乡村空间与规划转型初探. 城市规划,2011,35(5):56-61
[8] 陈美球,吴次芳. 论乡村城镇化与农村居民点用地整理. 经济地理,1999,19(6):97-100
[9] 王勇,李广斌. 苏南乡村聚落功能三次转型及其空间形态重构——以苏州为例. 城市规划,2011,35(7):54-60

2 农村土地产权制度背景

制度,包括社会认可的非正式约束和国家规定的正式约束以及实施机制,因其直接影响到各利益主体追求利益的可能性及行为方式,而成为乡村空间集约发展的重要背景之一。本章和下一章主要论及农村土地产权制度和乡镇管理制度。

2.1 概况

新中国成立后国内土地制度改革历经了1950年始的土改[1],1952年始的合作化建设,1958年始的人民公社,到1978年后的家庭联产承包责任制。现行农村土地制度以2004年《中华人民共和国宪法(修正)》(简称《宪法》)、2004年《中华人民共和国土地管理法》(简称《土地法》)、2002年《中华人民共和国农村土地承包法》(简称《承包法》)为正式制度基础,基本规定了土地在农村的集体所有制和以家庭承包经营为基础、统分结合的双层体制[2]。2007年《中华人民共和国物权法》(简称《物权法》)对包括农村土地在内的"物"的所有权、用益物权和担保物权进行了明确和深化。

资料:《土地法》中的相关规定

第四十三条 任何单位和个人进行建设,需要使用土地的,必须依法申请使用国有土地;但是,兴办乡镇企业和村民建设住宅经依法批准使用本集体经济组织农民集体所有的土地的,或者乡(镇)村公共设施和公益事业建设经依法批准使用农民集体所有的土地的除外。

第四十四条 建设占用土地,涉及农用地转为建设用地的,应当办理农用地转用审批手续。

第五十五条 ……新增建设用地的土地有偿使用费,百分之三十上缴中央财政,百分之七十留给有关地方人民政府,都专项用于耕地开发。

第六十三条 农民集体所有的土地的使用权不得出让、转让或者出租用于非农业建设;但是,符合土地利用总体规划并依法取得建设用地的企业,因破产、兼并等情形致使土地使用权依法发生转移的除外。

如果追随现实的变化,可以发现,1980年代中期以后,随着土地承包权改革的能量被释放,农业绩效增长速度放缓,农村土地制度无法再产生显著的正面效应。在快速城市化过程

---

[1] 1950年6月,颁布实施了《中华人民共和国土地改革法》。
[2] 土地承包经营权,指权利人基于成员资格或依承包合同取得的,对集体所有或者国家所有由集体长期使用的土地、水面等自然资源的占有、使用、收益和处置的权利,具有排他性支配权的特征。

中,农村居民与土地之间尚未完全理顺的关系反而在一定程度上制约了利益的交换和人口迁移的步伐。同时,在国内较发达地区,非农建设需求的扩张对农村土地使用产生了极大的冲击。

从经济学意义上,农村土地产权是与村民的社员权密切相关的包括所有权、承包权、使用权等在内的系列权利,从法学的意义上,则可以解析为债权、物权等不同形态。总的来说,农村土地产权有着极为丰富的内涵,对其的变革也可能在不同层面上展开。

张佩国曾指出:地权是乡村社会历史变迁的全息元(张佩国,2002)。在工业化和城市化发展进程中,地权制度变迁是影响和决定这一过程的基本力量。地权制度通过影响作为经济发展核心要素之一的土地,直接影响经济运行的效率。对个人而言,房屋、土地、自然资源等都是非常重要的个人资产,能够给个人生活带来明确的预期。好的政策体制,能保证资产的确定性,对普通居民抵御风险的能力有重要影响。

2.2 农村土地权利的基本特征

2.2.1 公权力与其密切交织

公权力对农村土地权利的渗透与新中国成立后的历史及意识形态的发展有关。发展至今,制度安排通过乡镇村行政层级的设置将国家意志渗透到农村最基层,通过立法将最实质的土地权力控制在土地行政部门手中。在实践中,国家常常具备了对于土地的"超级权力"。根据于建嵘的观点,基于国家对农民集体行使土地所有权超法律强制,使本来在法律上已虚拟化了的农民集体只能是有限的土地所有权人,国家才是农村土地的终极所有者(于建嵘,2001)。

2.2.2 存在极大局限

除了上述公权力渗透的影响,还有关于集体土地权利定义的争议。一方面,《宪法》和《土地法》中虽然规定农村土地"集体"所有,但"集体"本身在乡镇农民集体、村农民集体和村民小组之间的所有权边界并不清晰。另一方面,如果说集体的土地权利优先于农民个人的土地权利,这本身就存在法律层面上的问题。依据秦晖的分析[①],所谓"集体所有"可以区别一下,如果老百姓根据结社权自由结成民间性集体,例如农会、民间合作社和股份公司,那就是私有制(英语"private"本来就有"民间的""非官方的"之意,并不仅指个人或自然人所有,企业法人与社团法人也可以成为"private"性质的权利主体);而如果是身份性或强制性的官办"集体",例如人民公社,那就是国有的一种形式。所以说到底,不是国有,就是私有。没有"非官非民"的"集体"。秦晖的这一观点可以理解为中国的农村土地集体所有实质上是国家所有加集体共有的一种特殊形式。靳相木则认为,从理论上讲,土地集体所有制与典型的土地私有制是相通的。

土地集体所有权与土地承包经营权之间的联系一度通过农业承包合同的内部协定方式

---

① 参考秦晖. 农民地权六论,http://www.tecn.cn/data/detail.php?id=15052,2007-11-11

实现,实质上仍然是模糊的和不充分的产权。具体表现在:一、使用、流通过程中受到种种限制,即在对土地使用权的转让、抵押、出租等方面的禁止或限制。二、农民既无法独立决策,也缺乏有效的组织制度来充分实现其权利,在这样的背景下,更容易促发不同利益主体短期的利益兑现行为。三、从集体所有制的内部结构看,又含有很强的身份特征,其所有者身份的获得无须付出代价,但随着身份的丧失,相应权利立即化为乌有,表现为"退出权"的不充分,这从本质上与市场等价交换的要求是矛盾的。在上述基础上,姚洋曾将农村土地所有制称为"低个人化的农地制度"。不合时宜的土地制度极大限制了土地潜力的发挥,也直接影响了土地增值的利益分配。将农村土地比作"沉睡的资本"非常形象,其在现实中直接导致了"一户多宅""空心村""小产权房"现象的泛滥,"城中村"问题的产生与之也有密切联系。尤其是临近大中城市、有开发潜力的农村土地,往往凭借其受限制的使用权竞争实现其准市场的价值,在此过程中,存在大量的恶性竞争和不规范的行为。在进入新世纪后,对农用地的流转在逐步放松甚至采取鼓励措施,对农民合作社等的政策支持也在一定程度上推进了农民自我组织的能力,但与身份对应的集体内部权益还一直延续着。

2.2.3 与国有土地产权的对立

2004年前的土地使用模式中,农村土地转换为建设用地并进入流通环节,其间最稳妥的、几乎唯一的正式渠道是通过征地转换为国有土地(图2.1)。而城乡土地产权制度分设造成农村土地无法以其真实的市场价格使用,反而给借国家之名、侵吞农民利益带来机会。土地要素在市场上不能充分流通,造成用地的混乱,包括土地过度利用和闲置并存、基础设施投入机制不明确、土地配置不当等。

2004年国务院发布《关于深化改革严格土地管理的决定》,其中强调:"在符合规划的前提下,村庄、集镇、建制镇中的农民集体所有建设用地使用权可以依法流转"。2006年国土资源部发布了《关于坚持依法依规管理节约集约用地,支持社会主义新农村建设的通知》(简称《52号文》),明确提出了两个试点:其一,稳步推进城镇建设用地增加和农村建设用地减少相挂钩试点;其二,推进非农建设用地使用权流转试点。根据国土资源部有关部门的解释,《52号文》标志着中国对农村土地利用严格限制的政策已经开始转变,农村建设用地已经成为农村集体土地入市的主体内容。

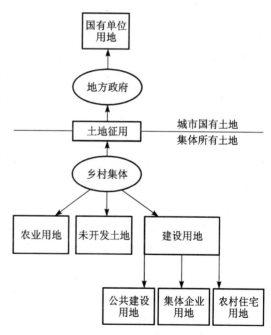

图 2.1 城乡二元土地结构示意

资料来源:肖华.农宅入市,为谁松闸? 南方周末, 2007-03-29(经济版)

2008年中共中央十七届三中全会提出"在土地利用规划确定的城镇建设用地范围外,经批准占用农村集体土地建设非公益性项目,允许农民依法通过多种方式参与开发经营并保障农民合法权益"。标志着在农村土地改变用途、进入流转方面的政策更加松动。

《国家新型城镇化规划(2014—2020)》中甚至开始提出"审慎探索由集体经济组织利用农村集体建设用地建设公共租赁住房"。

2.2.4 存在土地保障功能

现阶段农村的社会保障主要包括农村最低生活保障制度、农村合作医疗制度、养老保险制度、社会救济救助制度等。张曼的研究表明:失地农民和农民工一度被保障体系边缘化。这个群体具有农民身份,本应纳入农村社会保障体系,但又因已经失去或离开了农村社会保障赖以建立的基础——土地,而并未真正享有农村社会保障的福祉。这种保障缺失带来的问题包括:一、成为社会稳定的隐患,对于一无所有的人来说,铤而走险所需要付出的成本相对要低一些;二、不利于统一的劳动力市场的建立;三、不符合公平分配的原则,失地农民和农民工在市场初次分配过程中只能获得较小的份额,在城市再分配中又无法得到相应的补偿(张曼,2007)。随着国家加强了失地农民进社保的措施,这部分窟窿正在被修补。

宋世云在梳理新中国农村社会保障制度模式变迁过程时,提出3个典型阶段:1949—1955年的农村土地保障(家庭保障)＋国家救助模式,1956—1983年的农村集体保障＋国家救助模式,1984—2002年的农村土地保障＋国家、社区扶助＋现代社会保障试点模式。认为第三阶段中,土地保障再次成为农村社会保障制度框架的重要组成部分之一。不过,这种非正式的保障制度安排,随着市场化改革的深入、人口的增长和土地比较收益的下降以及老龄化浪潮的到来,其功能不断弱化,地位和重要性降低,而且以土地作为农民生活保障的形式也越来越阻滞着农村城市化和农业现代化的进程(宋世云,2007)[①]。

农村土地现行制度,包括在集体所有制下的平均分配制度,虽然面临着农业剩余索取权被分散和平均化的质疑,但仍被广泛认为是农民生活的基本保障。土地带来的粮食和宅基地是一种生存意义上的保障。那些进入到城市寻求发展机会的年轻人,相当一部分挣了钱不是在城市里消费,而是带回农村盖房、养老、给孩子受教育。对于这些知识程度不高、常常以体力劳动为主,且难以加入城市劳动保障体系的"身份农民"[②],面对城市里就业的竞争,农村土地确是其退守的底线。对于整个社会来说,在全民保障体系还没有完善的时候,避免更多的"赤贫"阶层出现,是确保社会稳定的前提。在苏南很多地区,农民土地被征用后,摒弃了单纯的一次性补偿措施,而是采取了建立保障基金长期发放的复合措施,即是延续了这一基本思路。

但是把保障的意义上升到不能动及现有土地制度,则可能产生问题。包括秦晖在内的学者驳斥那些以"土地是农民的最后保障"为理由反对地权归农的提法,批驳上述观点根本上是逻辑混乱、本末倒置,是一种颠倒权利与义务的怪论,是把"国家责任不能推给个人"颠倒为"国家可以剥夺个人权利"(秦晖,2007)。

所以结论是,农村土地的保障功能是现实存在的,无论是对农民个体,还是上升到对社会整体而言。但是,作为保障功能的实现并不排斥其他的创新。这里如果附加一些条件来

[①] 宋世云. 对新中国农村社会保障制度模式变迁的思考——基于新制度经济学的阐释,http://www.unirule.org.cn/secondweb/Article.asp? ArticleID=663,2007-6-26

[②] "身份农民"是笔者采用的一种简称。特指被传统体制定义为"农民"的那些人,而无论其如今是否种田。事实上,其中大多数青壮年以非农劳动为主。

做分析,可能就会避免非此即彼的粗率判断。有学者提出,如果土地租赁市场完备、农户获得教育的机会不受家庭财富的影响,则地权改革所带来的效率改进就足以抵消土地"嵌入式保险"功能的丧失。所以,现实中要加强土地租赁和约的规范,同时要注意能力低、收入低的农户最容易失去土地"嵌入式保险"功能带来的好处(姚洋,2004)。上述观点有借鉴意义,但在这种判断中,又似乎存在一种价值观的混乱,因为"保障"和"效率"追求的价值原本就不在一个层面上。当然,如果农村居民在医疗、养老等方面的社会保障全面提升,就会自然而然地削弱土地的保障功能。

2.3 土地产权制度基础

2.3.1 地租理论与土地权利

以萨缪尔森(Paul A. Samuelson)为代表的现代西方经济学的地租理论中,认为地租是为使用土地所付出的代价。因土地供给数量是固定的,因而地租量完全取决于土地需求者之间的竞争。马克思主义地租理论批判继承和改造了西方经济学早期地租理论,将地租分为三类:级差地租、绝对地租和垄断地租。在级差地租中,土地肥力和区位差异是形成级差地租Ⅰ的条件,对土地追加投资而产生的超额利润是级差地租Ⅱ。根据其分析的逻辑,对建设用地而言,和农用地相似,级差地租、绝对地租和垄断地租同样存在。

放在中国农村特定的背景中,在土地集体所有制下,绝对地租和级差地租也是存在的。如果能实现土地所有权、经营权和使用权的有效分离,则绝对地租和级差地租Ⅰ应该对应着土地所有权的实现,级差地租Ⅱ主要应该归农地使用者,对应着承包农户等实际经营者。但是,两类级差地租的形成,都有政府投资进行水利工程建设、道路建设的影响,所以一部分应归还国家或地方政府。在农地转化为非农用地的过程中,级差地租Ⅱ中的超额利润部分,同样应上缴给国家或地方政府。政府采取价格、税收、收费、财政与信贷等政策,可以对级差地租进行分配和调节。

2.3.2 国内的状况

天则经济研究所的讨论认为:中国的土地政策由一系列国家法律、政府法规条例和部门规章组成,一度形成了一个繁复的体系,但其特征却非常明显,这就是土地转用的国家垄断和政府管制,以及农村土地和城市土地、农耕用地和建设用地显著分离的二元体系。两类土地隶属于不同的权利体系,由不同的机构进行管辖和不同的规则进行规制。政府作为农地转为市地的唯一仲裁者和土地一级市场的垄断者,是农地转用后的真正"地主",拥有获得农地并将其转给城市使用者的排他权力。现行土地政策的效果和问题,大多在此基础上产生[①]。虽然具体观点有待商榷,特别是关于土地的政府垄断之说,但其立意与前文中论述农村土地权利与国有土地产权对立的提法基本一致。

---

① 天则经济研究所.城市化背景下土地产权的实施和保护(内部报告),http://www.unirule.org.cn/index.php?c=article&id=1484,2014-9-2 摘录

在国务院以下,对于农地的管理和对于农地转非农用地的管理,始终有两条平行的线索。农用地管理主要由农业部和林业部统辖,其下是省级农业厅和林业厅,再往下是乡镇农业办公室,此系统严格限定农地的承包和使用;农转非的管理则由国土资源部统辖,其下是省国土厅,再往下是乡镇国土所,此条线负责农地转用和建设用地的管理,同时有管理宅基地以及从总量上保护农地的任务。

就宅基地而言,新中国成立以来,先后经历了私有(1949—1962年)、公有私用(1962—1978年)、强化管理和限制流转(1978—   )的阶段。其具有宅基地主体的身份性、取得的无偿性、数量的限制性、期限的无期性、权能的限定性等特征(杨永磊,2012)。宅基地的流转受到严格限制,不能随意出租、出售或者抵押,即使出租也多是偷偷摸摸、不受保护的。农民所有的房屋虽然可以在村集体内部流转,但城市居民不能购买,也不能购置和占用宅基地建房,其衍生的问题即为小产权房。

在农地政策方面,自改革开放以来,其变化是向着地权权属性质物权化、权属主体个人化(准私有)和排他性强化的方向演进的,主要是加强了农户经营农业土地承包权的落实和保护,并使之逐步变成一种可以主张的法定权利。在具体表现形式上,是农地所有权、承包权和转让使用权的一定程度的分离,土地流转是实现这种权利分离的典型过程。

我国的农地非农化政策曾经是一种国家高度垄断和政府全面管制延续下来的充满计划色彩的政策。农村集体建设用地需要纳入国家计划,并经有关政府部门审批。城镇建设使用农地由政府划拨和征用,征用来的土地由政府出让给建设单位。划拨和征用的土地均按农地原用途进行补偿,有偿出让土地的收入全部归政府所有,在不同层级政府间分配。可见,同是土地,仅仅由于农用和非农用的用途不同,其所蕴含的权益不同,其运作的规则也完全两样。农民基本被排在农地的非农用之外,或者说,对于农地的非农业使用,村集体和农民的决策权受到很大的限制,其收益权也无法得到保障。前文已经提到,政策终于开始松动。与实物对应的集体建设用地使用权和建设用地指标,越来越多地进入到灵活交易的环节。

2.3.3 矛盾的典型体现——"小产权房"和土地"以租代征"

"小产权房"和土地"以租代征"是在全国范围内,特别是经济较发达地区的共性问题。二者在现实世界中,对利益相关者有较大的风险,但也有其存在的现实逻辑。它们的产生表征了在较低的交易成本下,由下而上地对土地产权进行结构调整和资源重新配置的过程。从交易成本的角度,交易涉及面窄、交易链条短和手续简化、不含过多的隐性成本,另一方面,交易的非法性和内在的风险多被买卖双方乐观的预期所低估。通过事实上的产权结构调整,这种涉嫌非法的交易实现了城市周边农村地区土地潜在的经济地租的显性化,在城市土地要素的供需关系上增加了供给,一定程度上缓解了土地卖方市场的严重问题。如果不去评判利益的分配,短期的经济效率得到了提高。但从长期看,因其破坏了既定的市场规则,造成混乱和不公平,从而将损害经济发展。

从制度变革的角度,"小产权房"和土地"以租代征"是典型的通过自发力量来寻求制度安排的案例。如果把制度的重新安排界定为生产性的或再分配性的,那么"小产权房"和土地"以租代征"应该是两者的混合形态,但以再分配特征为主。即从其缓解了市场需求,增加了住房和土地的有效供给和消费者满足的角度,带有生产性特征。但由于新增土地要素进入流通市场,仍然是在一种半遮半掩、半合法半违法的状态下进行的,并未能充分发挥其经济价值,其生产性功能也就较为有限。而从直接的利益划分上,村民、村集体、购买者、土地租用者、参与的房产商是利益获得者,因为小产权房使用城市公共物品是"搭便车"行为,地方政府对公共设施的投入未能获得利益分配,导致政府是利益受损者,同时其他为公共物品付费的正常购房者也是潜在的利益受损者,所以总体上有很强的利益再分配特征。

资料:有关"小产权房"

"小产权房"相对于"大"产权而言,广义上包括"使用权房"和"乡产权房"。其中,"使用权房"是由政府和企事业单位向居民和职工提供的带有福利性质的住房,是居住者通过租赁方式取得了使用权而不具备产权的房屋的俗称;而"乡产权房"是指在农民集体土地上建设的房屋,有村委会或乡镇政府颁发权属证明的房产,乡产权房没有国家发的土地使用证,国土和房管部门也不会给购房合同备案。人们所说的"小产权房"通常指的是"乡产权房",下文所指"小产权房"也均属此类。

具体地说,小产权房所用土地可能有两种,一种是在集体建设用地上,即原宅基地、原集体企业用地,或者通过土地整理"找"出来的用地;另一种是占用耕地进行违法建设,带有严重的非法性质。小产权房违规建设的方式有3种,一是一些村(居)未经审批,擅自组建队伍搞建设;二是部分村(居)与开发商合作,由村(居)出地,开发商出钱,双方利益分成;三是个别村(居)委会直接把地卖给开发商,非法转让集体土地使用权。小产权房多在大城市周边地区较为盛行。

对于小产权房价格低廉的原因,一般的共识为:由于不存在土地出让金、土地征用费、耕地占用费等成本,也不需要缴纳房地产开发相关的各项税费,甚至隐性的腐败成本,最终低成本导致了低价格。

对于小产权房的回应,相继出现了北京的"全面叫停"、西安的"强制拆除"、郑州的"集中查处"、广州将其定位"违章建筑"等形式。最大的争议在于能否通过补交税款和补办手续将其合法化?或是考虑到耕地保护的基本原则和法律的权威性,而坚决抵制和严厉查处?甚至还有建议,如借鉴经济适用房回购的模式,通过制定一定的标准对小产权房进行收购,并对村镇进行一定的补贴后,把小产权房变为国有性质。这样既可以保证持有者利益,也能够增加政府保障性住房来源。其他观点分别针对是否属于历史遗留问题,占地的原类型——宅基地、耕地或其他,或者根据小产权房建设的标准——别墅还是普通住宅区分对待。

从一些报道的标题——"'堵'与'疏'小产权房考验政府调控能力"、"小产权房,想说爱你不容易"、"小产权房是调控的一面镜子"、"生米早已煮成熟饭,小产权房合法化无关法律尊严"等,可以看出对此问题的敏感和争议。

(资料来源:本章参考文献[8])

资料:土地"以租代征"

土地依法审批的闸门关紧了以后,在地方用地需求仍十分旺盛的背景下产生,"以租代征"指的是一些地方政府部门通过租用农民集体土地进行非农业建设,违反土地利用总体规划和土地利用年度计划擅自扩大建设用地规模,规避农用地转用和土地征收审批手续,不落实耕地占补平衡法定义务,逃脱有关税费的违法、违规用地行为。"以租代征"现象自1999年《土地法》实施以来,就在不少地方开始滋生,后来在清理整顿土地市场秩序的过程中又进一步蔓延升级。从2004年开始,中央决定土地政策是参与宏观调控的重要手段,就是从严从紧控制农用地转为建设用地的速度、总量和时序。"以租代征"直接冲击着国家土地指标管理和耕地保护,影响了宏观调控政策的实施,并且在进一步的土地出让方面不遵循"招拍挂"的程序,严重干扰了用地秩序。从长远看,"以租代征"可能最终会损害农民的根本利益。由于土地交易是自发的,也不受法律保护,农民始终处在弱势地位,一旦发生种种法律、经济的纠纷情况,最终受损害的还是农民。2007年国务院《关于严格执行有关农村集体建设用地法律和政策的通知》中明确提出严格禁止和严肃查处"以租代征"转用农用地的违法违规行为。同年,国土资源部开展土地执法百日活动,"以租代征"即为重点对象之一。

(部分资料来源:祖国斌. 国土资源部紧急通知 阻击"以租代征"圈地运动,http://gb.cri.cn/3821/2005/08/31/107@680646.htm,2005-8-31)

2.3.4 改革的必要性

"小产权房"和土地"以租代征"等的愈演愈烈,本身就是对现有土地制度的挑战。而制度变革的可持续性如何,决定于基本行动集团的能力。"小产权房"和土地"以租代征"是典型的农村集体争取空间权利的过程,集中反映了各方对利益的诉求,尤其是农村居民和集体分享城市化红利的要求,这种利益诉求的声音已逐渐汇成一股洪流,形成一种持续的力量,将有效地推动农村土地制度的变革。

从农业的角度,有经济模型支持土地变革必要性的判断。如姚洋通过经济模型论证了:要素市场上的种种限制、频繁的土地调整和混合土地制度导致的小规模土地所有,是改进农业绩效的主要障碍因素。同时,姚还论证了地权稳定性对土地投资和土地产出这两者皆具有正向联系,他因此提出进一步的改革必须加强个人土地权利,并支持更加开放的土地政策,包括增加土地流转的自由度(姚洋,2004)。

从农用地的角度,目前在农村集体土地基础上的土地承包经营权所具有的身份权、债权、物权和行政管理权等昭示其自身仅是一种过渡性的权利,具有不稳定性(靳相木,2005)。对此的认识可进一步扩展到农村地域内的非农用地上,同样具有不稳定性。从保护农民的土地权利的角度,土地是农民的安身立命之本。如果能赋予农民更充分的土地权利,如占有权、使用权、收益权、转让权、继承权、抵押权等,有利于减少现行土地产权关系中内含的不稳定性,从而有利于农民形成长期稳定的预期,最终实现对农民权利的有效保护。

地权制度放在农业用地向非农用地转化,或者非农用地内部结构调整的背景中讨论,就提供了更多的可能。它直接影响用地转变的方式和速度,并关联到土地上所附着的利益的分配。如果承认作为个体农民所分享的集体土地权利是影响其居住、就业的基本要素,承认农村土地集体所有制在乡镇企业发展中的巨大作用,就能得出结论:土地制度是乡村发展的核心,没有对乡村土地制度的深入理解和尊重,就不可能实现空间的合理安排。修改现有土地制度中的不合理部分,对于提升经济效率、实现社会公平意义深远。

在对中国经济持续增长的认识中,从拉动内需的角度,土地制度改革将促动农民的有效资本的形成,带动其消费需求。而从延续增量式经济发展的角度,土地制度变革通过释放出更多的土地要素,能起到保障经济的稳定发展的作用。

2.3.5 已有的探索

在改革开放以来土地制度的演化过程中,有许多可圈可点的尝试,社会上较为流行的、影响面大的一些典型包括南海模式、昆山模式、重庆的"农地入股"、广东的"农宅入市",小岗村重走集体合作之路,江苏以土地换保障,以及2013年深圳首宗农村集体建设用地入市等。参考全国范围内众多名村或者名镇的资料,都可以发现其中关于农地制度变化的痕迹。如北京韩村河村、窦店村、江苏华西村、永联村、黄金村、龙山村等,农地制度变革的探索在组织模式(合作社、股份公司等)、涵盖的用地类型(集体建设用地、宅基地、农用地等)不同角度渗透。在苏南地区,因为对建设用地的迫切需求,农村土地被大量征用,引发土地承包关系频繁变动,土地承包权难以以实物形态确保,也促发了土地股份制等改革形式,如苏州、无锡两市的几个村在2004年左右即对集体土地资源进行了股份制改造试点,实践着"土地变股权、农户当股东、有地不种地、收益靠分红"的资产和利益格局的转变。

资料:全国各地土地制度的探索实践

① 南海模式:1992年,广东省南海县面对着大量投资机遇,开始试行土地股份制。即在原有的农村社区合作经济组织的基础上,在不改变土地所有权的前提下,以行政村或村民小组为单位,将集体财产及集体土地折成股份集中起来组建股份合作组织,然后由股份合作组织直接出面出租土地或修建厂房再出租,执行股东(代表)大会及董事会(理事会)管理制,村里的农民出资入股,凭股份分享土地非农化的增值收益。也就是说,原来消极的土地发包方——村集体组织成为了积极的土地经营者,代表土地所有者的股份合作组织控制着土地非农用途的转让权。这种手续简单、价格低廉且租期较有弹性的供地方式降低了工业化的门槛,引来了大量企业在南海落户生根,同时将土地的增值收益保留在集体内部,促进了南海的快速工业化和城市化。

② 昆山模式:"昆山模式"的特点是通过复垦或其他方式获得一些非农建设用地的"额度",然后向本村农户或农民成立的合作经济组织(如"投资合作社"或"富民合作社")招标,由中标者直接经营土地,包括投资修建标准厂房、商铺或打工宿舍楼向外来工商投资者出租。之所以能通过土地整理和其他途径获得较可观的用地"额度",其背景的特殊性在于昆山市用地置换的强度大,有极强的阶段性特征。反过来,这种制度的执行也给予土地置换以较大的动力,促进了用地调整的高效循环。由于土地经营权不全归集体所有,农民或农民组织也可以通过与集体签约后"单干"。典型调查显示,在一个村的范围内,可能同时存在着农民的民营公司与农民股份合作社租用集体土地进行非农建设这两种方式。农民既可以选择加入合作社按股权分红,也可以选择自己租地修建厂房然后出租出去,这样在一定程度上,形成了有效的竞争,同时更充分地利用了农民中的企业家资源。

(资料来源:北京大学中国经济研究中心课题组2004年完成的"土地制度、城市化与宏观调控"课题报告。典型案例调查对象为昆山市开发区的群益村。)

③ 重庆的"农地入股":在实践中始于2005年长寿区石堰镇麒麟村500多农户成立的"联合体",以土地经营权入股。在书面上得到认可始于2007年,在重庆市工商局发布的一份文件里,明确允许以农地经营权入股成立专业合作社、有限责任公司和独资、合伙等各种企业。重庆的土地制度改革,本身并没有特别出新的地方,在一定程度上,就是南海模式的延伸。很可能因重庆自身地位的变化,即成为全国统筹城乡综合配套改革试验区,所以格外受到关注。在对于土地政策的突破上,身为试验区,以"先行先试"、"非禁即入"、"非限即许"为基本原则的探索,具有极强的示范作用。

④ 广东的集体建设用地转让和"农宅入市":2005年6月,《广东省集体建设用地使用权流转管理办法》是南海模式的升级版或曰正式版。该办法规定:集体建设用地使用权作价入股,与他人合作、联营等形式合办企业,视同集体建设用地使用权转让。此举被业界称作"第四次土地革命"。专家的评价包括:"该《办法》允许集体建设非农用地不必经过政府征用而可通过'招拍挂'等方式进行出让、转让、出租和抵押,而且《办法》使集体土地所有权与国家土地所有权实现了同地、同价、同权"(项继权,2005)。"这种规范化的平等自由交易(顺德试点)盘活了农村土地市场,极大地维护了农民的利益。相比之下,私下进行'以租代征'的行为由于带有随意性和强制性却是变相剥夺农民的利益"(黄小虎,2005)。2007年广东的"农宅入市"则是以文件的形式规定农民合法的宅基地可上市流转,具有更大的冲击力。以宅基地作为突破口,在当时可谓冒天下之大不韪。其直接的法律依据为2007年颁布的《物权法》,其中"禁止城镇居民在农村购置宅基地"修改为"宅基地使用权的取得、行使和转让,适用土地管理法等法律和国家有关规定"。赞成者认为农宅"开权"将掀开土地改革新篇章,"农宅入市"带来灵活的土地流通渠道,减少了制度性障碍,增加了农民的选择,有助于市场的充分调节。反对者则预言这将是一场灾难的开始。此阶段的集体建设用地使用权出让虽然还有限制条件,"农宅入市"也很快被叫停,但其表征意义强,具有极强的探索意味。

⑤ 小岗村重走集体合作之路:2008年初,30年前掀开农村土地承包之大幕的安徽凤阳县小岗村,开始酝酿土地流转的可能性。村会议拿出的初步方案是以每年500元的价格,将农民的土地反租过来,统一平整,对外招租,将大片土地集中在一起,小田变大田,实现农机作业,提高农业效率。小岗村的特殊身份,在其行为并不特别出新的前提下,却仍能使其备受关注。

⑥ 江苏以土地换保障:2008年11月,《中共江苏省委关于贯彻落实党的十七届三中全会〈决定〉加快推进农村改革发展的意见》提出积极开展"双置换"改革试点,允许农民用土地承包经营权、宅基地和住房置换城镇社会保障及住房保障,实现农民向市民的身份转换。

⑦ 深圳首宗集体建设用地入市:在有了"城镇建设用地范围外依法取得的集体经营性建设用地使用权,可按有关规定采取公开规范的方式转让,与国有土地享有平等权益"的国家政策之后①,2013年12月20日,在深圳市土地房产交易所,一块原农村集体用地成功上市,实现了"地主"和"资本"的直接对接。地块位于深圳宝安区福永街道凤凰社区,占地面积为1.45万m²,挂牌底价为1.16亿元,规划用途为工业用地(新型产业用地),土地使用期30年,准入产业类别为新一代信息技术通信终端设备制造业。其最大特点包括:一、不用经过地方政府,以村、社区的名义,直接通过'招拍挂'的方式面对土地需求者。二、30%的收益归村集体,70%的收益归政府,在集体和地方政府之间划定了明确的分成比例。三、村集体入股。这次土地买卖不是一锤子买卖,协议约定村集体凤凰社区股份有限公司入股方格集团,占9.5%的股份,以分享产业快速发展的机遇。此外,土地使用期满后所有权应属于国家,而非原村集体。

(资料来源:在本章参考文献[10]的基础上增补)

---

① 资料来源:《国土资源部关于大力推进节约集约用地制度建设的意见》国土资发〔2012〕47号

2.4 土地产权制度走向

2.4.1 变革的可能性

中国封建社会漫长的历史发展过程中,土地资源配置方式经历了曲折的历程。早期,一方面体现出中央高度集权(土地的皇权和私有交融),意识形态上的差异(重农轻商),土地持续兼并和私有权的强化;另一方面存在既有框架内的多种突破,如宋代以来的公田(国家所有)、土地的典质、倚当、活卖、定额租制、永佃制(田面权和田底权等)。土地制度的创新源远流长。

立足今天,关于土地制度变革有以下几种观点:国有制、维持集体所有制、农地私有化和农地的混合所有制(国家与农民混合所有、集体与农民混合所有)。其中国家与农民混合所有是在国家所有基础上,让农民拥有"永佃权",即有限土地权利可以进行占有、使用、转让、买卖、继承等。集体与农民混合所有可以有三种方式:有限的小土地私有和集体所有的混合所有制;通过土地股份制改革,实现集体和农民的混合所有;集体所有制下的农民"永佃制"。

罗红云支持国家与农民混合所有的农地产权制度改革,其着眼点在于:废除农地集体所有制,与社会主义生产资料公有制的要求相符,容易得到执政党的认可,同时能实现城乡一致的土地所有权权属;赋予农民对土地相对完整的财产权利,有助于土地资源的有效配置,同时能培养农民的民主权利意识;国家对土地的所有权通过税收、土地利用规划等实现调控和管制;农地转让在符合国家土地利用规划的基础上由农民和用地者通过市场机制完成(罗红云,2012)。

支持农地国有的观点,主要建立在对土地私有及保持土地集体所有等观点的批判上。认为土地私有化会受到社会基本制度的刚性约束,因《宪法》中明确"国家在社会主义初级阶段,坚持公有制为主体,多种所有制经济共同发展的基本经济制度",所以政治上存在很大的风险。另外可能存在因土地兼并带来的负面效应,特别是农地私有化将提供第一动力,将农民中的弱势群体推出农业和农村。而如果保持土地集体所有,在短期内进行修补和产权完善会有效果,长期的话可能对城市化用地形成阻碍,或者陷入盲目开发建设用地的过程中去。国家所有的具体方法包括明确国家所有权的合法地位,设定无偿使用年限等。

改革开放以来,伴随着农村的现实发展,学者研究的角度也从1980年代中期始的辩论开始转向,因为对土地权利的判断在实践的范畴内已经超越了公有制、集体所有制还是私有制的争辩。根据中国渐进式改革的典型做法,为减少巨大的制度转换成本的付出,一般避免冲击力强的制度调整,即使在2000年后改革已经进入从外围向内核攻坚的阶段,其宗旨不变,主流观点以保持土地国家所有和集体所有制度为底线。更客观的是,一方面缺乏对土地私有制的乐观预期,另一方面,在现有所有权制度框架内,尚存在着腾挪的空间。

2.4.2 不同的设想

关于土地制度未来发展,在改与不改之间,已有定论,就如何改,学者从不同角度提出了相关的见解。周其仁提出试办"土地交易所"设想。其基本构想为：一方面可以利用高涨的城市化需求为新农村建设筹措资本，另一方面经由农村建设用地的节约，在严格保护耕地的前提下，增加城市化供地规模。其操作程序为：试办阶段，从农村集体建设用地使用权的交易入手，其中包括村镇公用建设用地、乡镇企业用地以及农户宅基地的使用权。试办成功后，再把土地交易所的范围，扩大到其他类别的土地使用权。其最终目的为：实现我国所有土地同制、同权、同价。其内含的困难与风险为：农民自用的建设用地权一旦经由市场竞价，可能表现为惊人数目的货币财富。如何确保进入转让过程的农民土地物权不被攫取和侵占，确保土地指标交易的公开和公正，是办土地交易所的第一难点。在此过程中应该明确，这不但是经济体制改革的试验，也是政治体制和行政体制改革的试验（周其仁，2007）[1]。其表面上是设立某种交易机构，实质却是颠覆了传统的征地批地模式。周其仁的观点中有些细节也需要在初始阶段考虑到位，即并不是所有的土地都能表现出"惊人的财富"，实际上只有靠近郊区的、通过规划赋予开发权的土地才有机会，远郊的土地不具备这种可能性。此外，土地的用途管制，包括在土地利用规划和城乡规划中的要求在交易所制度下如何体现，以及地方政府对土地的投资回报如何体现等没能说明。

靳相木认为应沿着"土地承包经营权物权化、土地集体所有权法人化和村提留地租化"的思路，循着地权和地税两条线索在法律层面上展开（靳相木，2005）。其中，集体所有权保障了社区共同的社会发展目标，股权保障了农民基于土地的基本利益，土地承包经营权则以经济效率最大化为目标。同时，传统土地集体所有制将向现代土地集体所有制转化，即在宪法的界定和根本保障下，集体的土地所有权与国家的公权力彻底分离，在法律规定的范围内，集体得以排他性支配其土地并享受其利益，集体成员的权利和义务通过法人治理结构表现出来。在保留现有农村土地集体所有制的前提下，具体包括三方面的内容：一是集体组织成为独立的经济活动主体；二是集体组织将是基于契约而形成的经济组织；三是农村土地将面对一切农业经营者，以契约化的、开放的结构进行流转和使用。总的来说，关于土地的合法财产权将逐渐转移和让渡给具备法人资格的专业化、技术化组织或社会成员个体手中，实现农村"从身份到契约"的革命。秦晖也确信，现有土地使用权是个非常模糊和有漏洞的权属关系，地权改革不能久拖。同时，应以维护农民权利为核心推进地权改革（秦晖，2007）。这其中很强调农民个体的权利和作为弱势群体的农民集体权益。

或者如武建东所总结的，土地制度变革的趋势为：建立土地使用权在市场经济结构中的长期法律准则；确保农村集体建设用地为法定不动产，促使其转让必须按照不动产转让的规则进行；确保全国土地使用权的转让采用依法登记的要式行为转让，确保全国土地使用权统一的买卖、交换和赠与的转让方式。建基于不同土地所有权而保留统一的土地使用权制度应该成为中国农村集体土地使用权设定的基本方向，由此将形成中国比较统一的土地使用权法律权利特征，即有偿性、期限性、平等性、出让方的单一性和受让方的广泛性（武建东，2008）[2]。

---

[1] 周其仁. 变革土地制度的时机已经成熟. 南方周末, 2007-10-11(C13-14)
[2] 武建东. 百万亿农村建设用地入市 第四次土地革命揭幕, http://finance.jrj.com.cn/news/2007-03-07/000002042404.html, 2008-4-10 摘录

2.4.3 未来的趋势

虽然土地市场二元割裂有其历史背景,关于未来,总体的发展趋势是形成城乡统一的建设用地市场,以提高经济效率和社会总福利水平。现实中农村土地使用权流转的实践,反映了中国实行全面的市场经济体制、城乡并轨转型必须面临的土地和住宅的两项基本问题:其一是如何解决村镇住宅的权利法定和商品化房改问题,由此将形成公开化的中国村镇房市和构建中国房市的全流通格局;其二是如何建构全国统一的土地使用权体系,使土地使用权以全新的商品权利身份重构市场结构。在原有的制度框架下,农村集体土地使用渠道狭窄,现实中已经产生了多角度的突破。个别地区的试行只要其是符合利益调整趋向的,就会被仿效,被放大,并逐渐得到正式制度的承认和接纳,真正发挥诱致性制度变革的作用。

确定的趋势之一是土地资产更多向资本转化,也是在不打乱农村集体土地承包格局下把农村土地要素推向市场的方法。根据张跃进的分析,此过程将同步带来财富效应、资本替代效应和耕地保护效应。制度经济学中有以下典型观点:如果产权有足够清晰的界定,并得到有效保护时,就可以使用市场价格准则进行交易,在市场交易下资产的使用会带来最高的资产价值,即土地得到最有效率的利用①。根据科斯(Ronald Coase)定理,在交易费用为零时不论最初产权界定给谁结果都一样,在真实的交易费用不为零的世界中,产权的界定要遵循交易费用较低的一种方式。对于土地产权而言,界定给原有农村土地的承包者和农村集体一方可能是交易成本较低的。按照这种逻辑,土地制度改革的目标会向着产权清晰并充分流动的方向发展。如果从束缚和保障的关系看待农村土地制度变革,可以预见,如果农民能够获得更多的对土地处置的自由权利,同时,不会丧失原来的土地保障功能,或者土地保障功能被其他保障所替代,其变革的方向就是正当和合理的。

资料:张跃进关于土地使用权资本化的效应分析

财富效应:农村土地使用权资本化以后,所有的农户家庭现有资产就立刻上升。根据2005年1%人口调查数据,全国有农村家庭户近23 000万户,这样,平均每个农村家庭户凭借其承包的土地即可获得大约4.4万元人民币的财富价值,相当于2005年其家庭收入的4倍(根据国家统计局资料推算)。这就是农村土地使用权资本化给每个农村家庭户直接带来的财富增值。这笔财富的长期影响意义或许更大。当农民向城市迁徙,向非农产业转移的时候,他再也不会像现在一样,放弃耕种多年的土地而毫无所获和得不到任何补偿,相反,他通过出售土地使用权会获得一笔可观的资本收益,这笔收入无疑会增强他迁居的能力和改善适应城市生活的条件。只有当农民可以并且可能自由地向城市转移,中国的农业人口才可能迅速下降。

资本替代效应:土地使用权资本化一方面使劳动力要素得以不断流出土地,离开农业,减少农业人口在总人口中的比重;另一方面,又使得资本要素能够大量地自由进入土地和农业,打破长期以来制约我国农村发展的资本制约瓶颈。这就是世界农业发展史上曾经有过的资本对劳动的替代(美国为典型)和资本对土地的替代(荷兰、日本为典型)过程(Hayami,1996)。这样,我国农业劳动力人均耕地面积和人均资本占有量两者都可以得到大幅提高,

---
① [美]R 科斯.社会成本问题//R 科斯,A 阿尔钦,D 诺斯,等.财产权利与制度变迁——产权学派与新制度学派译文集.刘守英,等,译.上海:上海三联书店,1994

从而农业劳动生产率得以向世界先进水平看齐。

耕地保护效应：耕地保护主要涉及两个方面的主体：土地的使用者——农民，土地征收者——地方政府。在现有制度下，前者倾向滥用土地（公地悲剧），后者倾向掠夺土地（乱征滥占），尤其以后者为耕地大量减少的根本和直接原因。土地使用权资本化以后，农村土地包括耕地的市场价值提高，使得每个立志务农的农民格外珍视土地；那些准备迁徙和到城市就业的农民也必须注意维护他即将放弃的土地，因为好的土地"品相"可以在转让土地使用权时卖得更高的价格。另一方面，地方政府通过行政权力任意规定土地价格，然后再确定给予农民的土地"补偿费"的做法将被市场和享有市场主体地位的农民所抛弃。如果确实因公益事业的需要而必须征收农民的土地，政府必须按市场通行的土地资本支付对价。政府与农民之间将是一个民事交易的契约关系，"公平""足额""及时"任意一条做不到，农民都可以依法停止交付土地。这迫使政府合理、经济地利用现有城市土地。

(资料来源：本章参考文献[13])

与地租理论关联的土地收益必须通过土地权利得以实现。原有的农村土地产权制度，因违背了经济实体独立、交易自愿和充分的价格实现原则，所以在总体上是缺乏效率的，但其仍然保有维持社会稳定的功效。同时，笼统地以所有制形态的标准来判断土地产权制度是否合理是缺乏说服力的。因为"产权"本身包括了"所有权"、"使用权"及其相关的一系列权利，土地产权制度的突破也可能基于不同的角度。借助于经济学的分析可以对不同制度基础上的经济效率进行判断，同样，还需要进行社会公平和保障意义上的价值判断。

将农村土地制度上升到国家与社会的关系层面，翻开历史可以发现，当代中国的改革以土地制度为代表，从农村发端而后逐步向城市拓展和深入，其中蕴含着很强的政治含义。关于土地制度变革，更多是规范层面上的问题。由于我国正处在经济、社会转型期，需要新的伦理和政治哲学的支撑。下一步的农村土地产权制度改革，本质上是调整农村内部不同主体的利益关系，可能会导致空间发展主体及其行为模式随之改变，这是分析空间决策问题的出发点。

本章参考文献

[1] 靳相木. 中国乡村地权变迁的法经济学研究. 北京：中国社会科学出版社，2005
[2] 张佩国. 近代江南乡村地权的历史人类学研究. 上海：上海人民出版社，2002
[3] 毕宝德，柴强，李铃，等. 土地经济学(第六版). 北京：中国人民大学出版社，2011
[4] 于建嵘. 转型期中国乡村政治结构的变迁——以岳村为表述对象的实证研究. 武汉：华中师范大学，2001
[5] 张曼. 农村社会保障——关注农村民生问题. 北京：中国社会出版社，2007
[6] 姚洋. 土地、制度和农业发展. 北京：北京大学出版社，2004
[7] 杨永磊. 城乡建设用地增减挂钩机制研究. 北京：中国地质大学，2012
[8] 王海卉. 从"小产权房"看农村土地制度变革. 规划师，2008，24(4)：51-54
[9] 靳相木. 中国乡村地权变迁的法经济学研究. 北京：中国社会科学出版社，2005
[10] 王海卉. 乡村地区利益博弈与空间重组——以苏南为例. 南京：东南大学，2009
[11] 罗红云. 中国农村土地制度研究(1949—2008). 上海：上海财经大学出版社，2012
[12] 原玉廷，张改枝. 新中国土地制度建设60年：回顾与思考. 北京：中国财政经济出版社，2010
[13] 张跃进. 返田于农——农地私有化抑或使用权资本化//中国制度经济学年会会议论文集，2007

3 乡镇管理制度背景

乡镇管理体制决定了乡村空间中政府角色的设定,以及其对空间进行管制和引导的基本框架。1980年代以前的苏南乡镇机构,基本上是对传统计划经济时代机构设置的一种继承。1980年代末开始,以建立适应社会主义市场经济的行政管理体制为原则,苏南乡镇管理机构以经济发展为中心,在转变职能、理顺关系、强化服务、精兵简政、提高效率等方面进行了全方位的改革。面向未来,适应经济社会的发展进行优化调整,还会有更多的制度创新。

3.1 制度变革的理论依据

提高行政效能方面受到西方国家理论与实践的影响。1970年代以来,新自由主义思潮在西方国家盛行,其经济理论基础为"新古典经济学"。在相关认识中,就包括认为较小规模的政府通过提高经济效率可以提高社会总体福利。在英国撒切尔(Margaret Hilda Thatcher)夫人引领的政府改革过程中,裁减庞大的政府部门成了重头戏。

如果说新自由主义思潮总体上要求政府和市场处理社会事务的均衡点更多向市场靠近,则自1980年代中期盛行于西方国家的新公共管理(或称管理主义)更具操作意义。其一改传统韦伯(Max Weber)官僚制模式中对于过程、程序的关注,以公共选择理论、委托—代理理论等为基础,方法上引进市场的考核标准,以注重结果和公共管理者的责任为核心,追求行政的绩效。这种观点关注组织内部,特别是人事方面进行实质性的变革。奥斯本(David Osborne)和盖伯勒(Ted Gaebler)的《改革政府》作为此类观点的典型代表,积极为塑造"企业型"政府出谋划策。在新管理主义对传统公共部门的抨击中,首当其冲的就是公共部门的"规模"。新公共管理运动本质上是西方国家针对战后凯恩斯(John Maynard Keynes)主义影响下出现的国家过度干预经济社会的一种修正。

虽然新公共管理在发展中国家的适用性方面存在较广泛的争议,不能否认的是,近些年来,新公共管理的思想在国内行政体制变革的过程中产生了愈来愈大的影响。如果客观地评价其两面性,其中的正面价值集中在顾客导向和追求效率,但在发展中国家,没有相对完善的市场机制,其效率可能被大大地打上折扣。从负面来看,缺乏健全的民主制度和绩效评价监督手段,最终能否实现行政部门的自主性和其责任之间的平衡被质疑,因为片面强调自主性,只能导致公共责任的丧失,最终导致"公平"的沦丧。

3.2 现实背景和主要矛盾

1990年代以来各阶段的乡镇管理体制变革,不同程度地伴随着财政制度改革、农村税费减免政策等共同展开。早在 1985 年后实行独立乡镇财政,1994 年国家实行分税制改革①,财政分灶吃饭给予各级地方极强的发展动力。分税制也使财力向中央、省、市三级倾斜,造成地方财政分成比例减少,对于乡镇一级而言,由于处于行政架构的最底层,其财政汲取能力最弱,改革在一定程度上促使其状况恶化,迫使其转向土地财政。2000 年以后的农村税负减免等相关的制度改革进一步削弱了地方的财政实力,"吃饭财政"在一些地方特征明显,上面来的转移支付也不能弥补虚空。苏南地区有着强劲的经济基础,市县和乡镇财政能力较强,但仍然受到一定程度的冲击。新世纪里的乡镇体制改革较为集中解决财政困难和政府职能缺位、错位的问题。在"后税费时代"里,乡镇层级"减人减事减支"显得迫切和现实。

乡镇政府是最基本的政府层级,由于各省市对于乡镇体制改革有一定的自主权,各地乡镇政府的现实发展便存在差异。乡镇政府责任和权力的核心在于对乡镇进行管理、制定地方性制度、生产地方性公共物品、服务基层民众、支配公共资金等。现行乡镇管理普遍对上有明显的依附性、对下保持一定的强制性。现实中,市县级政府往往通过上级职能部门设在乡镇的"站"、"所"(传统意义上以"七站八所"的架构出现)来肢解乡镇政府的权力和财力。在这种意义上,乡镇政府并不是一级责权相统一的政府。伴随着村民自治的发展,乡镇政府逐渐成为自上而下行政支配性体系的末梢,再往下,则行政体系的支配关系不再具有合法性。所以,当市县与乡镇继续维持着原来的行政支配关系,另一方面,乡镇政府又面临着自下而上乡村自治力量发展的挑战,两种不同的力量同时在乡镇层次上交汇,不但暴露和激化了乡镇本身的体制性矛盾,而且还将农村的其他一些问题也聚集到乡镇一级(吴理财,2004)。

3.3 乡村公共物品

围绕有形的公共物品,在乡村地域范围内可以区分较为纯粹的公共物品和准公共物品。前者包括大型骨干水利工程、大范围的病虫害防治等,受益者广,影响面大,一般由国家和上级政府承担。后者为一些小范围的、受益主体较为固定、外溢性较小的公共物品,包括地方性水利设施、学校、医疗设施、乡村道路等。准公共物品可以由受益群体自主联合实现供给。

中央与地方分税制改革带来的一个直接后果,就是中央政府在一定程度上放弃了对农村公共物品的供给职能,将其转嫁给地方政府,地方政府因利益驱使,不仅将有限的公共资源转向工业和城市,而且不断汲取农村剩余资源。农民出于生产和生活的需要不得不填补中央政府、地方政府在公共物品供给中的缺位,形成缺位的公共物品的"个体化"供给,加重了农民负担。进入新世纪后,中央对农村进行大量的财政转移支付,重新定位了中央与地方在公共物品供给中的责任,使情况有了很大改观。

基于消费者的分散状态,如果用经典的市场门槛相关分析模式,可以发现,在农村很多市场自发的产品和服务很难成立,只能依赖政府。对苏南地区而言,企业的回报曾是公共物

---

① 参考:《关于实行分税制财政管理体制的决定》,国发〔1993〕85 号,其核心内容是调整中央与地方、地区之间的财力分配关系。

品供给的重要来源。但随着乡镇企业改制,后一种源头变得更加不稳定,难以期待。

对公共物品供给模式的分析应从"质"和"量"两个角度进行。道路等级、医院和学校建设的级别等表现了"质"的方面,布点的数量、空间距离的远近、交通站点布局的密度等与"量"相关,"质"和"量"一定程度上又存在着此消彼长的关系。典型如小学布局,传统的村办小学多为非完全小学,校舍条件差、教员缺乏、学习氛围不浓、教学质量无法保证,缩并是提升其质量的不二选择。一般来说,中小学、医院、文化体育设施等在苏南乡村地区布局具有一定的共性特征,除非村级经济过强能支撑村级公共设施,多数地区的中学主要集中在镇区布局,小学在2000年以来连续缩并,除了镇区以外,布点越来越少,或仅以教学点的形式存在,其他文化体育设施普遍缺乏。因乡镇撤并,造成公共设施愈发集中。

在获得国家大力支持之前,乡村公共物品长期存在总体供给水平低下的状况。一方面是上级政府支持不到位,乡镇自身供给能力有限,如果管理和服务对象空间分布过于分散,会使困难加剧。另一方面是由于公共决策体制存在问题,导致公民对农村公共物品供给的参与不足、监督不足。借助于公共选择经济学的理解,即个体的偏好无法有效地合成整体融入到决策过程中。总体而言,公共物品的缺失与公共物品缺乏"公共性"并存。进入新世纪后,国家的大量资金投入极大地改善了农村公共物品供给状况。但在批判者的眼里,认为由于各地的工业化道路仍然保持了巨大的惯性,造成资金投入的结构性偏离,生产性公共物品供给远远大于生活性公共物品供给。除了部分规范了用途的专项资金,生活性公共物品供给仍然不力。

因农民参与不足导致的供给不足,反映出来的问题主要是农民在现行的决策体制下,不能有效地表达自己的偏好。相应的,公共物品无法体现对民众需求的回应。而政府作为理性人,在追求自身利益最大化的目标支持下,其提供的公共物品往往是出于自身的利益,如官员升迁,而很少考虑农民的真正利益和需求。在这样的利益导向偏差下,必然会出现政府在公共品供给中"既重又轻"的现象:即重视有形的上级要求达标升级的公共产品供给,如道路桥梁建设,而忽视农业信息发布和农业科技推广等无形的公共产品提供;重视短期的能直接利于绩效评估的公共产品,而不重视投资期限长的公共产品;重视新立一批投资项目,而忽视对已有的公共品进行维修(吴永健,2006)。这样就会出现农民迫切需要的公共产品得不到合理满足的错位现象。所以现实中常常出现乡镇为招商引资进行公共财政配套,甚至负债搞基础设施建设,而普通居民的公共物品难以满足的情况。

反观改革开放后的三十余年,农村公共物品制度主要是传统经济体制下供给制度的延续,其特征是供给不足、自上而下的决策体制以及决策主体与受益主体二者的分离等。这些特征表明,农村公共物品供给制度与乡村治理模式不能实现有效统一,从而导致了农民负担加重、乡镇政府债务危机、城乡差距进一步扩大以及农村公共物品供需失衡等问题。

3.4 乡镇管理体制改革的手段及观点

目前可以观察到的乡镇管理体制变革具体通过区划调整(撤并乡镇)、机构调整和职能定位变化(如扩权强县)、减员增效(很大程度是与区划调整并行的)、转变乡镇财政收入和支出机制、发展村级自治,以及整理行政条块关系等实现。

从全国层面上看,根据国家统计局网站的数据资料,即使过了1980年代后期和1990年代初期的高峰时段,自1995年到2005年,因区划调整造成全国乡镇总数从4.71万减少到3.55万。2005年至2010年,速度放缓,乡镇数略有减少至3.40万。同时,乡镇政府机构调整和职能整合以典型的"三办一中心"为主体,即党政综合、经济发展、社会事务和(农业)服务中心。

"扩权强县"则是将权力越过地级市,直接下放到县一级,从而减少管理层次,降低行政成本,提高管理效率,实现留利于县。因为县与乡村地域的关系更加紧密,"强县"也更有助于带动乡村。与之相似的还有"扩权强镇",对乡村的带动则更为直接。

资料:扩权强县的推广

1992年,为了在经济上和上海对接,浙江对13个经济发展较快的县(市)进行扩权,扩大基本建设、技术改造和外商投资项目的审批权。1997年浙江又进一步在萧山和余杭等县(市)试行部分地级市的经济管理权限,扩权的力度明显提升。2002年浙江又将313项审批权下放给绍兴、温岭、慈溪等17个经济强县(市),把地区一级的经济管理权限直接下放给县(市)。从2007年起,浙江又实行强镇扩权战略,选定141个省级中心镇,赋予部分县级经济管理权限。四轮放权后,义乌市被媒体称为"权力最大县"。在浙江尝到了"扩权强县"的甜头后,吉林、河北、湖北、江苏、黑龙江、河南、广东、江西、辽宁、山东、福建等省从2002年起先后开始"扩权强县"改革。

(资料来源:本章参考文献[5])

成员通过民主选举、民主决策、民主管理和民主监督的方式处理共同事物是自治的典型形态。为使权力受到一定程度的制衡,"自治"成为现阶段改革基层政治形态过程中高举的旗帜。就乡村地域而言,"村民自治"已由1998年的《村民委员会组织法》在法律制度层面上做出了保障,在现实中结合实践讨论的比较多的是村民自治的资源和组织形式等方面。但地方自治究竟在哪一级层面上能够实现,还颇有争议。现实中最普及的是村干部直选,在乡镇一级也开始实行公推直选的方式。据调查,目前村级选举中,在候选人的设定、选举的程序等方面都还存在一定的问题,即虽然具备了形式上的村民民主选举,但由于选举程序的不完善、人口流动等原因,距离真正意义上的自治还较远。从上而下的政府层级设置及其职能规定,与从下而上的民众自治要求之间的均衡,现在还是一边倒的局面。"原子化"的生存状态下的农民能否真正凝结起来形成现实中的有效力量,在现阶段还不明朗。

一边是现实中景象的不够乐观,另一边仍然有理论对推崇乡镇层面自治进行支持。如吴理财借鉴黄宗智的"第三领域"概念,认为无论是"国家化"或"去国家化"的改革思路,都没有看到乡镇政府事实上处于国家和乡村社会之间的"第三领域"的特征。进一步提出"乡政自治"的理念,意欲将乡镇政府改造为"官民合作"的组织。同时,大多数"市镇"论者提出的理由主要有两方面:一是村一级人口过少,不足以支持地方公共物品,而大城市人口过多,异质程度高,市民间难以建立有机联系,也难以充分表达意愿;二是传统上地方社会、经济、文化活动多数是以市镇为基础展开的,有历史的传承性。同时,市镇是自发形成的,而不似县以上层级,依赖行政权力汲取资源[①]。

---

① 参考:秋风."强县"不如"市镇化".南方周末,2007-11-1(E30)

乡村公共服务市场化改革的思路一定程度上可以融入新自由主义的思想,在传统公共服务领域引入市场化机制,目的是拓展供应渠道、减轻政府负担、提升服务质量。其前提是公共物品具有一定的内部性特征,或者可以切分成具有内部收益性的条块,然后引进企业和竞争,这样,可以在政府监管的情况下,利用市场资金和能力,使(准)公共物品的生产效率最大化。但是,由于乡村事物的聚集性不强,公共服务的供给难以形成聚集规模,大多数都不具备盈利的可能,引入市场的可能性微弱,只能由政府自己承担;又由于乡村环境的复杂性与多样性,服务提供常常不存在竞争,即市场不完全,也带来实践中的巨大困难。

就乡镇管理体制如何改的措施层面,曾有对立的4种意见:一是将现有乡镇行政建制撤销,一律改为县级人民政府的派出机构;二是在撤并乡镇的基础上,转变职能,重新配置乡镇的权力运行机制和监督机制;三是划小县级行政区划,取消乡镇一级建制,用小县制履行目前县乡两级政权的职能;四是实行乡镇自治,即在将农村社区事务与国家事务适当区分后,国家通过强制性法律预期方式,将基本的社会规范和目标确定下来,社区在法律的框架内实行广泛的自治(詹成付,2004)。张新光指出,中国下一步的乡镇改革方向和目标,是建立精干高效的基层行政管理体制及运行机制和覆盖城乡的公共财政制度,提高整个社会的管理和服务水平,并按"撤市、强县、精乡、补村"的整体改革思路推动农村政治体制改革的发展(张新光,2005)。

如张新光所言:下一步,乡镇改革实质和核心问题是解决我国过去在传统计划体制下所形成的政党政治与政府政治互相交叉,国家政权与农民自治互相渗透,"条条"垂直管理与"块块"统一领导互相分割,乡镇"事权"与"财权"互相脱节等历史遗留问题。它不仅需要解决乡镇政权自身的问题,如乡镇的建制规模、机构设置、职能定位、人员编制等等,而且需要解决整个体制方面的问题,如国民收入的再分配、财政体制、户籍制度、城乡就业制度、农民义务教育和农村公共产品供给体制等等。总之,只有进一步明确哪些事情应该归中央、省级和县级政府来管,又有哪些事情应该归乡镇政府来管,接下来,才能考虑乡镇机构设置、人员编制、经费供给、管理体制等一系列的问题。所以,中国下一步应站在政府体制创新与经济市场化进程相适应的高度去推动农村政治体制改革的发展(张新光,2005)。

本章参考文献

[1] 陈天祥. 新公共管理:效果与评价. 中山大学学报(社会科学版),2007,47(2):71-76

[2] [美]戴维·奥斯本,特德·盖布勒. 改革政府. 周敦仁,译. 上海:上海译文出版社,2006

[3] 吴理财. 官民合作体制:"乡政自治"//李昌平,董磊明. 税费改革背景下的乡镇体制研究. 武汉:湖北人民出版社,2004

[4] 吴永健. 市场化:一种可供选择的农村公共品供给方式//中国制度经济学年会论文集,2006:131-141

[5] 袁浩. 你所不知道的冰冷的经济真相. 北京:中国发展出版社,2012

[6] 詹成付. 关于深化乡镇体制改革的研究报告//李昌平,董磊明. 税费改革背景下的乡镇体制研究. 武汉:湖北人民出版社,2004

[7] 张新光. 论中国乡镇改革25年. 中国行政管理,2005(10):16-19

[8] 谭同学. 乡镇机构生长的逻辑//李昌平,董磊明. 税费改革背景下的乡镇体制研究. 武汉:湖北人民出版社,2004

4 乡村空间中的利益关系

政策形成受到利益博弈的影响,政策效应也必然体现为对利益关系的引导和重构。对乡村社会的主体分析,可以抽象地分解为国家、农村居民、连接国家和个人的组织三方。在乡村地域中,居民大部分都还是"身份农民",少部分纳入城镇社区管理。农村居民既可能仍居住、劳动在乡村地域,也可能选择了两栖型生活,即平时就业生活在城镇,农忙过节等时候回乡来,还可能在保留了农民的身份同时已经彻底迁居城镇。国家权力通过中间层次的地方政府,延伸向终端的乡镇政府和准政府权力机构的村委会,村委会同时带有一定的自治性质。在乡村地域的各种合作社、农业协会等成为农民个体对外联系的组织形式。随着现实的发展,各类企业进入到乡村,也对乡村空间产生了显著的影响。

本章对影响乡村空间的利益主体进行界定,依据其对土地资源的占有形式、支配能力、利益趋向和行为方式等方面进行分析,揭示出各种力量的结构关系,并通过对利益冲突的分析,挖掘出空间变化背后的原动力。梳理不同的时间背景下乡村空间利益主体的力量对比和博弈格局的变化,是为了找出其中的内在规律。

4.1 空间利益主体分析

在进行价值分析的过程中,以"经济人"为基本假设,分析判断各主体的行为模式。这里的"经济人"以个人利益最大化为基本原则,做出自己的"最优"选择。但由于受环境和个人能力制约,人们永远不可能在洞察一切的条件下做出选择,信息不充分成为最大的局限条件,因此,主体做出的选择均是在局限条件下的利益最大化选择,是有限的选择,对个人可能是"次优"而非"最优",即使是个人的"最优"也并不一定是社会的"最优"。对价值的分析,不局限于经济价值,还有非财富价值,其体现的是除了经济最大化的目标以外,个人对社会地位、名誉等非经济利益的诉求。

在分析过程中,同时参考"公共选择理论"的观点,并不简单假定政府是公共利益的代表,政府也会在权力范围内寻租。经济过程不再是单纯地进行个体选择或者总体的资源配置,而演变为较为复杂的交易过程。由此,在现实中真正实践着的往往更近乎"政治模型",即个体从自己的偏好出发,通过政治过程决定集体行动,即使在这种过程中丧失了整体的效率。

基础性的工作包括对影响乡村空间发展的多重利益主体进行界定,并理解各利益主体的驱动力和行为趋向。事实上,即使同属一类利益主体,也会存在不同的价值指向。对农民来说,寻求发展的机会还是较为稳定的生活可能有矛盾,保留传统的生活方式还是追求现代生活的多元包容也会有冲突,停留在自家耕作还是参加合作组织成为不同的选择,对基层公共物品在"易达性"、"质量优"和"价格低"等方面最多只能取两者的确让人犯难……就上述差异性而言,不同类型个体的现实诉求可以通过后面章节中统计学意义上的分析从而部分得以反映。

4.1.1 国家的利益诉求及其行为模式

一般而言,国家代表整体利益,国家要求集体和个人利益服从国家利益。国家的利益诉求是多重的,包括发展经济、保障社会稳定、保护耕地资源和生态环境等。依据主流的认识,目前中国农村的现状很大程度上是几十年来国家对乡村资源过度提取造成的结果。2000年以后,为改变经济结构失衡、城乡差距悬殊的不良局面,中央政府对于农村发展的政策有了重大转型,突出以"新农村建设"旗帜下的系列改革,核心包括减免农民税负、加大财政转移支付力度等。国家的利益诉求也试图逐步脱离对城乡进行差别对待、对乡村资源过度提取的依赖,此过程正在进行中。

国家控制着中央财政、行政资源等,并制定基本政策制度。总体上,中央政府通过强有力的行政手段,运用政策杠杆调整国家、地方、乡村集体、农民之间的关系。就经济利益而言,国家运用税收、价格及其购销政策等手段取得部分剩余产品或收入,并利用其分配职能,通过直接的、间接的方式,在地区之间进行支付转移,给予物质产品或货币资金。在行政的层次上,目前的行政决策程序和官员任命制度造成上层对地方的强干预,其政治权力直接渗透到乡村地区。对于土地利用,国家采取土地使用许可制度、规划许可制度等引导和约束基层发展。从农业的角度,国家要为农业产业定性,制定农业的发展战略和政策,进一步决定政府对农业的投入和国家对农民利益的分配。

2000年以后,中央向地方分权力度加大,国家的责任更多地向宏观调控转化。就集权与分权的关系而言,西方理论普遍认为,分权的利处在于有助于促进居民参与当地事务、有利于促使地方政府对本地居民负责、有利于发挥地方政府的灵活性和及时性、有利于制度创新、有利于缩小政府的总体规模;分权的弊处在于难以产生更广泛的社会、经济效益,只能提供地方性的公共物品和服务,难以克服跨地区外部效应问题,不利于解决收入再分配和宏观经济问题。另外,如果权力过多下放到基层,可能会增加道德危害的可能性,也会使高层的、涉及大局的目标难以实现。

4.1.2 地方(省、市、县)政府的利益诉求及其行为模式

地方政府与中央的关系具有两面性。一是需要执行中央政策,特别是有强约束力的政策,另一方面,也会为谋求地方发展和保障地方利益而与中央争利。尤其在1994年分税制改革后,地方有了更加强烈的发展欲望,同时也具备一定的斡旋空间。中央以下政府层级,不单纯是国家政权的代表者,已成了依附于国家而又独立于国家利益的社会行动者。

当十一届三中全会明确把党和国家的工作重点转移到经济建设上来,"以经济建设为中心"成为政府的主要职能,经济增长情况也成为考核干部的硬性指标,因此一度强化了官员追求政绩、以土地换增长的激励。在其所属地域范围,因政府聚敛和官员自利,极易转向依赖土地财政。据统计,土地出让金一度占到小城镇建设财政来源的35%,有的甚至高达60%。同时,由于卖地的收益和成本在不同任期的官员之间分配失衡,往往是在任官员得到收益,接任的官员承担成本,这种激励机制的存在刺激每一届地方政府拼命卖地。政府聚敛

重心在于追求财政最大化,政府供地成为财政最大化的手段之一。尼斯卡兰(Jr. Niskanen)的官员效用理论也对此做了解释。他认为,官员追求的目标是他在任期内获得最大效用,而官员的效用函数包括薪金、机构或职员的规模、社会名望、额外所得、权力或地位。其中大部分目标都与政府预算规模有单向正相关关系。据此,尼斯卡兰导出预算约束下,官员提供的产出量比消费者所愿意消费的数量大得多,造成福利损失。由此就不难解释地方政府对于供地的热情了(阎川,2005)。

地方政府依靠直接的行政权力、管理程序、制定地方政策等实现其利益。在空间上施加影响的方式除了土地征收、储备、供应以外,还包括建设基础设施、提供公共服务、通过规划控制土地使用性质和强度、进行项目审批、项目直接投资、划定各级开发区、撤县并区、撤乡并镇等。在土地资源的配置过程中,涉及土地一级市场和二级市场,也牵扯到地方政府是"裁判员"还是"运动员"的角色,诸多矛盾由此而来。

4.1.3 乡镇政府的利益诉求及其行为模式

第3章中,已经对乡镇管理体制的背景做了阐述。总的来说,乡镇政府本身有追求经济增长、增加财政能力的要求。和市、县政府一样,在现实的体制环境里,乡镇官员有"为官一任、造福一方"的良好愿望,也有科学的或不科学的政绩观,甚至个体或群体的寻租,圈占土地是其典型行为之一,因为这是在分税制下增加地方财政收入的主渠道。

普遍的意义上,于建嵘曾就乡镇干部的行为模式总结有以下特征:一,受传统科层制的影响,乡镇干部的行为表现为行政压力体制下的被动模型;二,更多利用人际关系处理乡村事物;三、激励机制欠缺,更容易使其行为具有短期性和获利性(于建嵘,2001)。

曾经的苏南模式与温州模式相比,乡镇政府的角色差异显著,苏南乡镇政府的"强势"一直比较明显。从1980年代起,乡镇政府就担当了乡镇企业发展主体的角色,并一度伴随着乡镇企业的发展历程。相对来说,"强政府、弱社会"特征明显,社会性组织缺失。借用金耀基先生的"吸纳"范式推演,这是政治化的政府"吸纳"了社会,非政府权力得不到充分发挥的结果(吴新叶,2006)。1990年代后期,苏南乡镇政府在传统苏南模式发展高潮时期的"中介"和"桥梁"作用已经转变,"地方政府公司化"的状况随着乡镇企业改制已出现根本性的变化。

无论是上级地方政府,还是乡镇政府,都不同程度地处在传统公共行政向现代治理转变的过程中。因为传统的责任体系意味着官僚组织不直接向民众负责,只是机械地执行上级的决策,其运作就不可能适时、适地的有效,也助长了政府聚敛和官员自利的行为。而新公共管理、现代治理等理念正是针对此类弊病而提出的,其中包含了从代议制民主到参与式民主、从对上负责到对下负责观念的转变,也意味着政府行为模式由简单的自上而下向更多的水平网络化方向转变,从管理到服务的趋势也愈加明显。

4.1.4 农民的身份、利益和社会保障

农民一般指具有某个村集体成员身份的个人。关于农民身份识别需要强调两点,一是苏南地区的农民大部分都只是保留了农民的名分,而并不从事农业;二是与其身份对应的,每位农民都有着相应的土地权利。其中既包括所谓抽象的"集体"成员所分享的土地所有权,也包括非常现实的土地承包经营权等。如果存在其他集体资产,集体成员也享有收益的

权利。从身份和权利的对应关系分析,农民的集体成员角色是"他致性"而非"自致性"的结果。即隶属于某个村集体,由出生、婚嫁决定,而非农民自身选择的结果。

农民一般以家庭为乡村社会基础性的生产单位,土地是农户最基本的利益载体,农民土地权利的具体表现方式是村民的承包经营权,以及当土地以其他方式实现其价值时的利益分配权。作为乡村集体成员的土地权利,可以理解为"平等权"和"优先权"。"平等权"指每一个成员在集体内部,通过占有和使用集体资产以获得劳动收益并分享剩余的权利;"优先权"指区别集体内外而言,任何一个集体成员较非集体成员而言,具有优先使用集体资产以获取收益的权利。同时,作为一种不完整的土地产权,与土地关联的利益仅和身份对应,农民的自愿退出机制、退出保障机制等还不够完善。再和外界不完善的劳动力市场和土地市场结合起来看,两者之间存在着互动关系,更易导致一些低效行为、矛盾和冲突。虽然有《承包法》等的制度保障,村民对自身权益的认识往往很不明确。

农民的经济利益可能包括以下几方面:一,在特定的价格体制和流通体制下,通过农产品生产获得的收益。二,土地用途转变或者经营方式变化带来的可选择的利益。三,在苏南等较发达地区,基于前阶段发展已经积累的集体资产上所附着的利益。除了经济利益,对农民而言,还存在改善生活、生产条件的广泛需求,需要更完善的公共物品。

农民拥有的社会保障包括医疗保险、养老保险、最低生活保障、失地农民社会保障等。随着苏南地区经济实力的总体提升,政府有能力逐步为农民提供较为全面的保障体系。资料显示,2007年,无锡全市农村养老保障覆盖人数达到165万人,综合覆盖率达到87.5%;农村低保对象应保尽保率达到100%;新型农村合作医疗人口覆盖率为99.63%[①]。这些百分比的数据虽然还没有完全填补城乡居民之间待遇的鸿沟,但差距在缩减。在昆山,顺次经历了低价征收土地—经济增长—政府完善社会保障制度—使农民受益的渐进过程,政府已经有实力采取对农民的反哺模式。其采取了一些有创造意义的操作方法,如改变对农民的一次性补偿办法,转为分年度补偿;用部分征地费用建立基金,长期保障农民的利益;用土地换保险等,较以往减少了风险。

4.1.5 农民的行为模式

农村社会结构的内部分化在第1章里已有阐述,其必然与农民的行为方式相关联。卢福营等对于农村社会的分层研究表明,农村社会成员对目前农村发展状况的评价和对农村发展形势的预测,与其社会公平感受程度呈现一定的相关关系,即贫富差距感受越是明显,相对剥夺感越是强烈,对目前农村经济发展状况的评价越低,对农村发展总体趋势的预测越倾向于悲观。同时,总结认为非农化是农村社会分层的动力,目前的社会分化体现出多元、过渡性的特征(卢福营等,2005)。

在农业的投入方面,如是否购买大型机械,是否采取能够保持土壤肥力的耕作方式等,与农民对土地的预期即土地权利的稳定性密切相关。这可以在理论模型中验证,也可以在现实中观察到。同时,农民关于自身未来择业的预期也影响到对农业的投入。

在就业与居住选择方面,除非有兴趣和能力进行农业规模化经营,成为真正的农场主,

---

① 《中国无锡》编辑部. 希望,在田野上孕育——全市社会主义现代化新农村建设综述,http://www.wuxi.gov.cn/news/govinfo_news/20082/133668.shtml,2008-2-29

否则大多数农民会毫不犹豫地进入到二、三产业的就业渠道。在苏南地区,由于本地非农就业消化能力较强,所以劳动力大多采取离土不离乡的生活居住方式。随着城镇户籍吸引力的减弱和农业户口含金量的逐渐上升,苏南地区的农民也缺乏动力在放弃土地权益的前提下进入小城镇居住。在 2005 年对锡山区村民进行的迁居意愿调查中,针对"若要迁居,你愿意迁往城镇还是附近的农村社区"的问项,选择去附近农村社区的占 56%,去城镇的占 36%,其余表达出无所谓的态度。陆希刚对常熟市辛庄镇村民进行的居住地选择问卷调查显示,作为发达工业乡镇,约 1/2 的人选择原村庄,约 1/4 选择城镇(陆希刚,2008),反映了农民在心理上对于农村地域的依赖。彭震伟在无锡市惠山区对农户进行住房与迁居意愿调查显示:被调查者中 18.4%的农村家庭在镇区拥有住房,意愿迁居与否的比例约为 1:1,而选择居住地的影响因素结构如表 4.1 所示。

表 4.1 惠山区农村家庭选择居住地的主要原因抽样调查结果

	子女上学方便	上下班方便	居住环境好	生活方便	经济负担少	熟悉周围情况	手续方便	其他
调查总数的占比(%)	23.3	21.2	18.5	18.2	10.6	5.6	2.4	0.3

资料来源:本章参考文献[10]

在对生活状况的评价和未来的期待方面,苏南地区由于整体经济水平较高,乡村地域设施较完备、信息通达,所以农民对生活的整体满意度评价处于较高的水平。对未来,即使是年轻人也没有太明确的指向,集中在较好的就业机会和较高的收入方面。

4.1.6 农村集体组织的类型和利益

参考王景新的分析,概括而言,农民组织作为最基本的民众组织(草根组织)可以分为以下 4 类:一、基层传统正式组织。包括乡镇政府、村党支部、村民委员会、村集体经济组织(村经济联合社或其他类型)、村民代表大会或村民议事会等,这些组织属于体制内组织,具有很强的政权特征,因此得到政府支持和法律保护。其中村级正式组织是国家政权组织,但不是政府组织。二、新型合作组织。包括社区性合作经济组织(如土地股份合作社、资本型股份合作社等)、专业合作经济组织(如能人和大户带动型、农技部门牵头型、龙头企业联结型等)、专业协会(如经营性专业协会和服务型专业协会等)。三、维权型民间组织。如农协等,这类组织没有正式地位,如果引导得法,它将为表达和维护农民权益发挥重要作用。四、社区性民间组织。如红白理事会、宗族家族组织等,保留较强的传统意味。农村非政府组织的发育,是内生与外生的产物,其中包含了一些特定的背景,包括农村经济发展对自组织能力的需求加大,产权制度变迁提升了民众的维权意识等。同时,一个典型规律为:越是经济发达,富村、能人的经济性联合就越多。

《宪法》第一百一十一条规定:"城市和农村按居民居住地区设立的居民委员会或者村民委员会是基层群众性自治组织。"《村民委员会组织法》(1998 年公布,2010 年修订)标志着以村民委员会为管理机构的村民自治制度的正式建立。2003 年的《中华人民共和国农业法》中确立了农民合作组织的地位。2006 年,《中华人民共和国农民专业合作社法》正式颁布执行。在经济加速运行的大背景下,各地尤其是经济较发达地区各种合作组织的发展进入加速时期。

近年来,国家在推进农民合作社建设等方面持积极的态度,往往有直接的经济资助。资料显示,自2009年,南京市计划每年投入千万资金扶持农民合作组织发展①。2011年南京市农民专业合作社名录中,累计有582家,横跨蔬菜瓜果、茶叶、畜牧养殖、农机服务等多种类型②。2013年中央一号文件中,有"鼓励和支持承包土地向专业大户、家庭农场、农民合作社流转,发展多种形式的适度规模经营","新增补贴向主产区和优势产区集中,向专业大户、家庭农场、农民合作社等新型生产经营主体倾斜"等内容。

根据吴新叶的分析,中国农村的自组织目前虽然处于起步阶段,但具备以下特征:一、营利取向明显,类似于准利益群体。二、政府介入痕迹明显,类似于准政府组织。部分组织是在政府职能转换、向民众让渡部分权力的背景下形成的,如一些专业技术协会。或者是政府顺应市场趋势,引导村民自组织的发展,并创设有利于其发育的条件,此种路径下组织的发展也是政府理性设计的结果。同时,吴新叶认为,现实中农村组织化的再度发展,有国家层面的推动,包括各种民间社团存在合理性的法律确认;有基层政府的扶持,并重视它们的作用;对农民自身来说,重新依靠组织进入到公共领域,在经济层面上分析,很大程度是对市场的敏感和忧虑(吴新叶,2006)。

总的趋势是农民组织合作的方式越来越多样化、发起的主体越来越多元化、合作的内容和领域在不断拓宽、内部管理日趋规范化等(李小云等,2004)。另外,在某种意义上,社区性合作经济组织是对村级集体经济组织的替代,摆脱乡村政治和经济一体的格局,实现了跨行政地域的经济联合。

4.1.7 村集体的特征及其行为模式

《土地法》中明确农村土地"农民集体所有",法律意义上的"农民集体"有三种形态:村农民集体、乡(镇)农民集体、村内两人以上的集体经济组织,在现实中主要落在行政村一级。法律上的不严谨带来对土地监督和管理的困难。为贴近现实,文中把抽象的"集体"简化理解为"村集体",分析其经济属性和地域性的社区属性,也关注其权力结构和决策过程。

在新中国成立后的历史发展过程中,"村庄"是人民公社退出后的制度成果之一。村集体作为独立的经济组织,占有和支配村界范围内的土地,组织和协调其中的农业生产活动,是一个由全体村民结成的风险共担、利益均占的经济共同体。因共享土地利益而凝结成的村集体中,土地是村民的共有财产,以土地为核心的"村籍制度"具有一定的内向性和封闭性,表现为对自我利益的保护和对外人流入的排斥。所以,村庄又是一种非契约性的经济组织,其内部要素之间的结合具有"先赋性",农村成员对村庄有人身依附,这种特征通过影响村委会的代理特征进而影响到其在经济网络中的运行效率和内部的公平性。

"行政村"的概念,内含了其政治属性,村庄作为"最基层行政区划"是不争的事实。而在国家的制度设计中,村委会是作为农村基层的非政府公共组织、村集体社区的自治组织而存在的。如果认可村庄是当代中国农村社会的单位和基础,是国家对农村社会进行政治经济文化生活全方位调控和治理的基本单元,那么村委会就化身成为行政管理延

---

① 根据南京市农工委网站资料摘录整理,http://boss.njaf.gov.cn/col66/col86/2009/01/2009,2009-1-30
② 根据南京市农工委网站资料整理。

伸的触角,具有准政府的特性。村党支部和村委虽然是国家给予了一定政治地位的乡村权力中心,但由于国家实行了严格的科层制度,他们的权益与国家的利益缺乏真正的直接联系。而在经济关系和社区利益方面,村委会又成为村集体的代理者,和乡镇政府相似,其双重角色有内在冲突。当村委会异化成乡镇政府的臂膀,其对本村村民代理的合理性就应该遭到置疑。这里既有制度设计的缺陷、外来因素的干预,也有村委会成员主观上的原因。

村委会的职责包括村级事务的管理和协调、为村集体争取利益、为村民提供公共品和服务、管理和分配村集体财产。现实中,村干部的权力或者极度弱化,或者因拥有对土地较大的调配权和资产收益的分配权而强化。尤其是城郊地区的村集体,或者是类似于苏南等城乡一体化发展迅猛的农村地区,在土地大量的农转非的过程中,存在较大的寻租空间,相应村干部的权力比较突出。相对落后的地区,随着村级财力短缺和村委权利的弱化,部分地区仅以"一事一议"①、筹资筹劳的方式解决村内问题,村干部也仅能起到有限的组织协调作用。

包括苏南在内的部分地区,"承包权股份化"已有长时间的发展,即承包权在账面上均分到户,使用权留给种田大户,土地流转收益按承包面积折算的股份分配。但"承包权股份化"并未发展为"土地股份制"。很大程度上是由于在委托经营中,村集体可以截留土地收益,如果进化到更加纯粹的"股份合作制",可能会极大程度地限制村集体参与利益分配(王景新,2005)。

1980年代以后乡镇企业兴起的阶段,当村庄从传统意义上的"道义型共同体"转向"利益型共同体",一度出现村集体和村干部基于对新增资源的控制,在"准行政经济模式"(和前面提到的"地方政府公司化"类似)下,有一定的集权特征,并藉此维持村庄的秩序。乡镇企业改制后,企业经营模式转变,村级经济基础发生变化,村内的组织形式也相应发生变化。由于村办经济经过一段时间的发展,往往积累了一些村级资产,以厂房、土地出租收取租金,或者以股份权益的形式体现,如无锡地区就是村级经济实力强的典范。

虽然有着较多集体资产的村级组织仍保有相当的凝聚力和农民的关注度,对于大多数地区而言,2000年以后农民本位取向的国家政策使村组制度型权力一步步被弱化。"集体经济"持续虚化,核心只剩下农户家庭经营这一个层次,集体经济集中于一部分"机动地"和以出租土地和厂房获得的"集体资产"上②。农村村民向着更加原子化的生存状态演化。其中很重要的原因在于经济利益的冲击和乡村自治的羸弱,并叠加上精英的减少和传统的弱化。

资料:农村集体手中的"三资"

农村集体资金是指村组集体所有的货币资金,包括现金和银行存款。

农村集体资产是指村组集体投资兴建的房屋、建筑物、机器、设备等固定资产,水利、交通、文化、教育等基础公益设施,以及农业资产、材料物资、债权等其他资产。

---

① "一事一议"制度是指在遵循村民自愿、直接受益、量力而行、民主决策、合理限额原则的基础上,按照《国务院办公厅关于转发农业部村民一事一议筹资筹劳管理办法的通知》(国办发〔2007〕4号)执行,地方上有对农村"一事一议"公益事业的财政奖补政策。

② 江阴的华西村等属于例外,其保留了集体化的典型特征,在广泛不被看好的情况下,仍保持着较强的发展势头。

农村集体资源是指法律法规规定,属于集体所有的土地、林地、山岭、草地、荒地、滩涂、水面等自然资源。

(资料来源:网上资料整理)

4.1.8 企业的利益诉求与行为模式

在乡村空间中,需要区分一下典型企业的类型。一种是属于第一产业的农业生产经营企业、一种是属于第二产业的制造型企业,还有属于第三产业的房地产开发、旅游开发等企业。其中既有由原村集体企业改制而来的企业,也有新建企业或从外部流入到本地区的企业,各自逐利方式不同。

对苏南地区而言,其中较为特殊的为改制而来的企业,这种企业往往具有根深蒂固的社区属性,甚至还保留村集体的股份。其在自身发展之余,往往也分担了为集体发展做贡献的义务。新建企业则具有很强的不确定性,与社区的关联性较弱,资本的流动性却相对较强,其在成本—收益核算方面更加纯粹。企业经营发展到极致可能会出现"村企合一"、"企业兼并村庄"或者"村庄公司化",第1章中提及的"超级村庄"为其中的典型示例。房地产企业的进入过程中偶发性的投机成分更加显著。除常规的房地产开发项目,还有争议颇多的"小产权房"开发。

资料:村庄公司化在非苏南地区的示例

安徽芜湖蔡塘村企业兼并村庄(自然村)案例具有较大影响。具体内容是:1996年,在安徽芜湖的蔡塘村,66户农民要求"化零为整"集体并入企业。同年4月金田集团要求《兼并蔡塘村的工程建议书》得到了政府的批准。兼并采取的是反租倒包形式。协议规定,蔡塘将土地经营权出租给"金田"经营,承包期限为40年,金田支付承包租金给蔡塘,分40年付清,不计息。在承包期间,金田享有对1 223亩土地的经营使用权,有权按农业集约化经营要求进行规划改造治理。兼并后全村成立金田农业开发公司,由集团派出工作人员与原村干部组成领导班子,公司下设农业、工业、林业、养殖4个车间,实行企业化管理、工业化生产、集约化经营。全村山水林田路统一规划,66户230口人全归公司管理,每年每人发给600元保障费,劳力全部转为集团职工。所有田地由公司发给村民承包经营,四六分成,六成归公。承包人分男女每月发给基本工资。

(资料来源:网上资料整理)

如果说,乡镇企业改制后新建或新进入乡村地区的企业与村级组织之间属于市场交易关系,由原乡镇企业脱胎而来的企业与村级组织的关系较为复杂。在1996年的《乡镇企业法》里,对乡镇企业的定义是:"农村集体经济组织或者农民投资为主,在乡镇(包括所辖村)举办的承担支援农业义务的各类企业。"同时,对乡镇企业做出了相应的款项要求:"乡镇企业从税后利润中提取一定比例的资金用于支援农业和农村社会性支出,其比例和管理使用办法由省、自治区、直辖市人民政府规定。"改制前,除了戴"红帽子"的企业,村办企业就是集体的,村干部往往就是企业的直接管理者。改制后,企业与集体的关系发生了变化。经济精英成为在一定程度上可以与传统的行政精英(村干部)相抗衡的一股力量。经济较发达地区,企业家出任村主任或书记成为普遍现象,导致民营企业家和村庄政治精英身份的重合,企业和集体之间的地位发生转变,从而使村庄权威的运作带来越来越多的个人意志的印记,村庄领导就可能凭借自己的经济实力,经营"个人化自由政治空间",极端的还会出现"庄主经济和庄主政治合一"(宋婧等,2005),最终改变农村的政治形态。

4.1.9 对利益主体的小结

在分别对各种利益主体进行分析的基础上,以横向对比的方式总结其主要特征如表4.2所示。可以发现以下几个显著特征:一,利益主体多元,以土地获取利益的需求仍然旺盛;二,长时间以来,农民对土地利益的诉求不明确,期望值在不同的政策环境中时时调整;三,农民组织性差异大,与集体资产强弱有关,也受到政策的正面激励;四,国家和政府始终具有强力。

表4.2 各种利益主体主要特征总结

	乡村土地资源占有形式	资源支配能力	土地利益趋向	相关行为方式
国家	以国家名义征收	宏观调控	经济增长、土地集约利用、保持资源和环境	国家强制力保证,政策规定、管理体制变革、专项资金引导等
地方(省市县)政府	以国家名义征收	中观调控	地方经济增长、提高地方竞争力	具有两面性,中央政策的贯彻执行和制定地方政策,存在以土地获利的行为
乡镇政府	以"乡镇集体"名义所有	直接控制	土地是乡镇预算外收入的重要构成,发展地方经济的重要载体	执行国家和地方政策,存在与土地相关的官员个人牟利和政府聚敛
村民	身份性所有,个人在集体之后	以投票形式进行间接支配	土地是农业生产的基础或股份收益的源泉,也可获得直接的土地增值收益	农业耕作、承包权入股、"小产权房"的冒险等,个人利益通过组织化的过程部分得以实现
村集体	以"村集体"名义所有	在符合国家规定的范围内直接支配	村集体收益最大化	在乡镇指导下成立村委会组织,同时建立其他类型的合作组织,存在干部的个人寻租和代理的内部问题
企业	租用	市场调节,但有企业的社区属性做缓冲	企业利益最大化	农业公司、农工贸一体化、"村企合一"、参与"小产权房"建设等,存在企业精英争取政治地位等典型行为

4.2 空间利益关系分析

4.2.1 空间决策结构的发展历程

大规模的社会变革涉及两个相关的过程,一个是体制的变革,一个是社会力量构成的变化(孙立平,2006)。伴随乡村空间的发展,各种力量的强弱对比始终处于动态变化之中。如果结合政治管理体制变革和乡镇企业发展的阶段划分,可以从1978年始,针对苏南地区,不太精确地划分4个阶段,进一步来解析其中利益关系的变化(表4.3)。

表 4.3　1978 年后乡村力量对比四个阶段的划分

时间	政治管理体制核心内容	乡镇企业发展	重要的相关制度变化	各种力量变化的主要特征
1978—1983 年	人民公社	草根工业发展，以社队企业形式发展	农业家庭联产承包制；农产品流通制度改革，引入"价格双轨制"；1979 年颁布《关于社队企业若干问题的规定》	农民从事农业的动力增加，利益纷争不显著
1984—1993 年	乡镇政府体制建立	受到金融政策支持，改名为"乡镇企业"	1987 年，城市土地使用有偿出让，对农村土地使用产生冲击；农产品实行合同订购制度；1984 年《关于开创社队企业新局面的报告》；1984 年"自理口粮"户籍制度诞生	乡镇集体企业成为乡村经济主体；乡镇领导成为"威权主义"的代表
1994—2003 年	乡镇机构改革、广泛的撤乡并镇	乡镇企业改制	1998 年正式颁布《中华人民共和国村民委员会组织法》；正式取消粮食统销制度、向市场单轨制转变；1994 年《乡镇企业产权制度改革意见》，1996 年《乡镇企业法》	经济成分多元化；乡镇政府的控制力削弱，服务职能增强；农民个体变得日益分散
2004—今	持续的乡镇机构改革	乡镇企业升级换代，向"新苏南模式"转换	减免农业税；"三集中"政策的推进；国家土地政策收紧；2006 年，《中华人民共和国农民专业合作社法》正式颁布执行；新农村建设系列政策推进	乡镇政府事权财权不对称，资金成为掣肘；农民的土地权利在更本质的意义上逐步得以确认；乡村空间内的经济成分更加多元化；各种类型农村组织兴起

1978—1983 年，改革初期阶段——农业家庭联产承包制给农村地区注入发展活力。国家权力收缩，农民获得了诸如土地和其他农业生产资料的使用权、经营权、分配权、职业选择权等，普通村民农业收入增加，品尝着土地改革的成果。社队企业有初步发展，主要为小企业（草根工业），带动了一些非农就业，但对经济的影响和乡村空间的占用均不显著。乡村空间基本保持传统形态。由于上下协作，利益纷争不显著。

1984—1993 年，乡镇企业主导阶段——苏南地区于 1983 年撤销人民公社，建立乡镇政府，其下相应改为行政村和村民小组。"自理口粮"政策的实行，改变了城乡人口迁移的方式，推动了小城镇的建设。基于其集体属性，乡镇企业与村民和地方联系紧密，以非农就业的工资支持农业建设、代缴税费和摊派，甚至直接补贴村民，给地方居民带来利益。对集体资源的控制掌握在乡村干部手中，成为干部进行控制和动员的杠杆，在一定程度上导致了地方威权主义。经济活力和实力使乡镇企业在乡村社会中占据重要地位，使"配置性资源"和"权威性资源"急剧增长[①]。在政府扶持下，乡镇企业发展的手脚逐步放开，规模扩大。乡村空间使用过程中，乡镇政府鼓励"三就地"（就地取材、就地加工、就地销售）企业发展，既促使了乡镇镇区规模的扩大和空间结构的变化，也带来了分散的乡村工业化。乡镇企业具备对空间占用的绝对发言权。同时，由于是自有土地，大手大脚使用现象严重。基于发展的客观条件，乡镇企业产业结构层次低，环境负面效应显著。

1994—2003 年，乡镇企业改制阶段——部分发展势头好的企业向规模化、集团化进军，

---

① "配置性资源"指对物质性工具的支配，主要包括物质产品以及在其生产过程中可予以利用的自然力，这里也包括土地空间。相对的概念为"权威性资源"，指对人类自身活动形式支配的手段。相应把对配置性资源的支配视为配置性权力，把对权威性资源的支配视为权威性权力。

苏南地区城镇建设异军突起,工业园区、市场等均较为发育。改制后的乡镇企业,脱去了发展目标多重化的障碍(社会责任,包括公共物品的供给),与农村社区的关系部分疏离。资本的流动性更强,但在一段时期内还保持着一定的社区属性。企业制度变革的直接影响,是参与乡村空间建设的主体发生了变化,多元投资的趋向,使模糊的"集体"利益,转变为具体的私人、企业,甚至集团的利益。虽然改制后的很多企业相当长一段时期会保留其根植性,甚至出现企业家获利回报乡亲的感人故事,但大多数企业的逐利本性,使其不会长期停留在传统的社区属性上,而会成为空间的竞争者。同时,1990年代以来,各地陆续进行着程度不等的区划调整,涉及空间、财政资金等资源的再分配和整合利用问题,也涉及基层配套设施如学校、医院等的迁并。

2003—今,农村税费改革后阶段——乡镇政府在财政实力受到削弱的情况下,面临相当的困境。持续的乡镇管理体制改革,着重在于重塑基层政府职能。乡镇层面的区划调整仍在进行,继续直接冲击着乡镇的利益。农村税费逐渐减免,极大地改变了农民对土地权利的要求。原来有些农民已经将名下土地抛荒或交还给集体的,现在纷纷回头要还自己的土地权利。在此过程中,存在利益的再调整。国家对于土地控制增加,一定程度上遏制了乡镇粗放建设的势头。就空间发展而言,为提高资源利用效率、减少环境负面效应,苏南继续推进"三集中"策略,尤其是对村办工业的限制逐步严格起来。更多鼓励性的政策、更加宽松的环境,使更多资本进入到乡村空间中,伴随着利益趋向明显的各类农村组织兴起,使得利益主体更加多元。

4.2.2 空间利益联盟

利益联盟是利益表达和争取的重要途径。在现实中,有些是长期、有正式和非正式制度保障的,有的可能只是临时性的、追求短期的合作,结果可能是一拍两散。各种联盟的形成,既有正当地保护自身利益的目的,如村民个人与行业协会间密切合作以扩展自身的利益,也有肆意侵占他者利益的企图,如企业和村代理者之间合谋,通过挤压村民的利益空间使自己获利。以下列举了几种代表性的利益联盟类型。

第一种是"农民个人+农村集体组织"。这是一种内在的利益共同体,保障这种利益的一致性恰恰是"村民自治"意欲实现的内容。现实中欠缺的是农民的自组织能力和委托—代理关系的完善,让集体组织能够真正代表村民的利益。

第二种是"农民集体组织+地方政府"。这里"农民集体组织"更确切地指农民集体的代理者。由于现实中村委成员的产生与乡镇政府有很大的关系,乡镇政府在选择候选成员的时候势必会首选那些愿意和上级合作的人员。藉此,乡镇可以更加顺利地汲取村级资源。此种利益联盟形成的目的就是能够从分散的农民那里获取利益,在土地非农化过程中包含较多的增值收益时体现得尤为显著。否则,如果双方可交换的资源局限,那这一层关系里包含的利益成分也较为有限。

第三种是"农民+农村集体组织+企业"。在利用乡村资源进行开发活动时,农民、农村集体组织与企业合作,企业可以利用基层的资源,尤其是土地和廉价劳动力资源,农民集体(主要是村一级)得到集体收入,居民得到就业机会和收入。其典型行为包括"小产权房"的开发、村办企业回报村、公司合并村庄(村庄公司化)等。如果是由原乡镇企业改制而来的企业,这种合作的概率会更高,程度也会更深。

资料：常熟市海虞镇徐桥村村企一体化

徐桥村工业发展特征鲜明，以常熟台板厂为首的企业集团是全村经济的龙头企业。该厂创办于1979年，是一个从葫芦棚里发展起来的村办集体企业，1980年代以生产缝纫机的台板为主。1992年，又开始缝纫机零件的生产。1998年，乡镇企业改制，将生产台板、机架、零件的5个村办企业组建成企业集团，标志着这个村办集体企业向规模化经营的现代企业成功转型。它吸引了全村90%的劳动力，工业产值占全村第二产业总值的95%以上。从台板厂的股份收入中，村里每年可支配数百万元用于村中心、基础设施和绿化建设等。

（资料来源：网上资料整理）

第四种是"地方政府＋企业"。就官员个人行为而言，容易出现企业家收买一些以权力寻租的干部以获得优惠和特权。地方政府（主要是乡镇政府，也包括市县政府）作为整体，如果其发展的目标导向是GDP、税收等，在对企业招商引资的过程中采取低门槛的策略，甚至采取极为亲商的举措，不惜将公共资源偏向于改善投资环境，而不是民众生活环境的方向，就会在资源分配上助长地方政府商业化的倾向，带来政府职能的错位和广泛的不公平，甚至引发矛盾和冲突。

4.2.3 空间利益博弈

权利主体一旦发现了与空间相关的潜在利益，就会有采取行动的动力。围绕土地利益，在不同利益主体间存在着不同类型的纷争。

纷争首先出现在国家和地方之间。土地产权不清，不仅存在于农村集体土地内部，各地建设用地的蔓延与中央政府与地方政府之间对于土地的产权界定不清也有关系。法律规定城市土地属于国家所有，这里的国家指中央政府，但是地方政府同样是国家机器的重要组成部分，由于土地分散在各地，土地开发利用、出让转让都由地方政府实施，带来诸侯经济的特征。所以，一方面国家层面一再强调土地资源保护、加大土地监察力度，另一方面，地方作为相对独立的利益主体是本地区经济发展的组织者，并非对涉及全局和长远的利益负责，所以乐于以地生财，而疏忽履行保护耕地的职责。在很多城镇总体规划、开发区规划的项目讨论会上，地方土地部门不满却又微弱的声音曾经是普遍的现象。地方对中央要求保护耕地的法律、政策和各项措施采取"上有政策，下有对策"的做法，如用"化整为零"的方式非法批地；在中央要求清理各类开发区后，各地还普遍采用更改名称等做法间接抵制清理。较国家而言，地方政府因为具备"现管"的优势，所以在地方政府与中央政府的博弈中，地方政府可以占上风。国家和地方之间的土地争夺从建设用地必然前溯到农用地转非农用地的过程。总的来说，在实践的意义上，地方政府圈地，进一步造成对乡村空间的冲击，有其现实的逻辑和合理性。

纷争其次出现在城镇之间。虽然有专项用地指标申请的补偿渠道，市县受非农用地指标和基本农田保护指标限定的压力很大。在现有行政层级下，不同级别的城镇享有不同的权力，直接体现在土地指标的优先权上。乡镇一级是否为重点中心镇或是作为市县级工业集中区的选点，往往影响到用地指标的划拨，所以在各级城镇之间存在明争暗斗。城镇在进行总体规划修编时，也总是雄心勃勃，拟建成区的版图越圈越大。有时，一些个人化的因素，如某镇的党委书记同时又是县级常委，因充分的话语权，在争取特殊政策和土地指标时，优势不言而喻。政府加入"圈地运动"之后,在发达和欠发达地区之间,曾采取"买指标"(基本农田指标和建设用地指标)的形式来满足现实需求,如苏南向苏北地区的购买行为。藉此能够将行政单元的身份权力转化为市场上可兑现的利益。其后在江阴等地出现的"飞地经济",也是以对土地的开发权利来兑现利益的举动①。

城乡之间是矛盾直接冲突的焦点。在土地农转非的操作过程中,一种可能是城市或乡镇政府通过有用地指标支持的正式渠道,以代表公共利益的面目,在履行城镇规划法令性的程序之后,通过带有一定强制性的征地手段,直接"吃掉"村集体用地。在面对拆迁安置补偿的时候,因为身份攸关,农民的"假离婚"或者"快速结婚"都成了应急之举。拆迁安置时的"造假"成了村民心照不宣、相互仿效的行为,以提高和政府讨价还价的筹码。另一种可能是基层有实际用地需求或者相关的利益诉求,但苦于不能合法进入征地渠道,所以采用"以租代征"或"小产权房"的形式,冒违法的风险,继续开拓建设用地,同时对政府和法治提出挑战。

乡村内部同样有利益纷争。集体利益(包括土地和集体资产的增值收益)分配的标准和原则成为焦点。家庭人口数、年龄构成和土地资源本身的不均衡性都会成为需要考虑的因素。尤其作为人的要素,随婚丧嫁娶带来的人口增减的变化,又在一定程度上使得初始的分配方案面临调整的压力。对土地承包权的争夺曾出现波折。在农业税费减免后,原来大家已经视如无物的土地耕作权力忽然身价陡增,以至于在保持稳定的前提下,以人口、家庭、劳动力等各种标准作为土地划分的依据成了争论的核心。同时,对于苏南地区,在集体资产总量增加,而居民个人的流动性日益增强的前提下,集体成员对明晰集体资产产权的要求也随之增强。土地承包权竞争和集体资产划分本质上是村民之间的零和博弈。进入二轮土地承包期后,人口增减不影响土地承包,在保障了稳定性的同时,也有一定的不公平性。总之,农户之间利益的纷争在最微观的层面上展开并持续。

比较而言,村集体较之乡镇政府、村民个人较之村干部为"代理者"的村集体,两者均为弱势一方。同时,拥有直接的土地操作权利的利益主体往往能够占据上风。利益博弈过程中,基于法治不健全,还不能充分保障村民的个人权利,也不能保障企业的自主权利——除非一些规模企业已经与政府形成了利益联盟,强势政府给予其更多的权利空间。对于村民来说,虽然并不完全是如某些学者描述的"原子化"的生存状态,但其组织能力低是不争的事实,利益表达权缺失,政治诉求没有正常的渠道,整体上造成村民的弱势。农民因务农收入本来就低,对征地也抱有期望。市县为获得土地的增值利益和发展经济鼓励大开发,而保护耕地的职责却更多停留在国家级的政策层面,在地方层面上难以阻止各种变相行为。

4.2.4 空间博弈对制度变更的诱导

乡村的空间博弈过程有其鲜明的特征,之所以很多空间建设行为会在合法与非法的定性上引起争论,源于法治的不完善,也源于时代本身的进步,大环境的变迁造成原有法规的不适应。博弈过程同时对制度变迁能够产生积极的影响。根据制度经济学中的分类,制度

---

① 江阴经济开发区靖江园区是自2003年始,江阴、靖江两市跨市跨江联合投资开发的省级经济技术开发区,地处靖江市南侧,总体规划面积60 km²。园区将依托丰富的长江岸线资源,建成以船业、机电、冶金、能源、物流、研发、商贸为主导产业的具有临江产业特色的重要国际制造业基地、临港特色制造业基地和区域性商贸物流中心。

变更分两种基本类型,分别为诱致性制度变迁和强制性制度变迁。诱致性制度变迁指现行制度安排的变更或替代或者是新制度安排的创造,是由个人或一群人在响应获利机会时自发倡导、组织和实行。强制性制度变迁是由政府命令和法律引入和实行。就国家或政府层面看,如国家收缩土地政策作为宏观调控,或者地方政府尝试宅基地收费政策,以抑制农民盲目扩大的建房热情,均属于强制性制度变迁。强制性制度变迁可以在较短的时间内推进,并可能以强制力降低制度变迁的成本。就诱致性制度变迁分析,经济发展的过程中社会阶层的分化,个体间的异质性加强更可能导致对制度的不同需求。前面已经述及土地制度面临的挑战,还有城乡人口迁移的压力、基层行政管理的困境等都会成为制度变迁的源头。就中国的现实而言,虽然在改革开放之初,甚至在相当长一段时间内都是以强制性制度变迁为主,但随着经济社会的进步、社会能力的增强,会出现越来越多的诱致性变迁。

在实质性地进入乡村空间集约化探讨的主题之前,花了大量笔墨来勾勒苏南地区的社会经济背景、空间利用现状、土地产权制度的现实基础及其发展,以及乡镇管理体制的演变,并从空间利益主体的分类着手,分析了不同利益主体的利益诉求与行为模式,目的是为后文的讨论准备好底图,建构起一种话语体系,所有的论述都将在这样一幅图景中展开。

本章参考文献

[1] 邹农俭. 农村税费改革:国家、乡村集体、农民的利益博弈. 经济社会体制比较,2006(5):105-110
[2] 阎川. 开发区蔓延:成因及控制. 南京:南京大学,2005
[3] 吴理财. 官民合作体制:"乡政自治"//李昌平,董磊明. 税费改革背景下的乡镇体制研究. 武汉:湖北人民出版社,2004
[4] 吴新叶. 农村社会非政府公共组织研究. 北京:北京大学出版社,2006
[5] 于建嵘. 转型期中国乡村政治结构的变迁——以岳村为表述对象的实证研究. 武汉:华中师范大学,2001
[6] 陆道平. 乡镇治理模式研究. 北京:社会科学文献出版社,2006
[7] 姚洋. 土地、制度和农业发展. 北京:北京大学出版社,2004
[8] 卢福营,刘成斌,等. 非农化与农村社会分层——十个村庄的实证研究. 北京:中国经济出版社,2005
[9] 陆希刚. 从农村居民意愿看"迁村并点"中的利益博弈. 城市规划学刊,2008(2):45-48
[10] 彭震伟. 城镇密集地区农村居住模式的思考. 城市规划学刊,2006(1):18-21
[11] 王景新. 现代化进程中的农地制度及其利益格局重构. 北京:中国经济出版社,2005
[12] 李小云,左停,叶敬忠. 2003—2004中国农村情况报告. 北京:社会科学文献出版社,2004
[13] 孙立平. 博弈——断裂社会的利益冲突与和谐. 北京:社会科学文献出版社,2006
[14] 宋婧,杨善华. 经济体制变革与村庄公共权威的蜕变——以苏南某村为案例. 中国社会科学,2005(6):129-154

第二部分

乡村空间集约化
政策的制度分析

5 政策目标与评估体系

本章从乡村集约化的内涵和集约化政策目标入手,以明确政策问题的边界。在摒弃了现有的繁杂的评价指标体系之后,尝试构建与目标对应的量化评价体系。考察市场对集约化的推动作用,再寻找政策可能作用的方式。本章将集中回答以下问题:集约化目标在乡村空间中如何细化分解?为什么要依赖政府推动集约化?集约化与提高民生、环境保护和发展经济等一般目标类型的关系如何?

5.1 乡村空间集约化的内涵

5.1.1 土地集约的经济学内涵

承继大卫·李嘉图(David Ricardo)在地租理论中提出的基于农业的土地集约利用概念,对土地集约利用最普遍的理解是指:在一定土地上,集中投入较多的生产资料和劳动,使用先进的技术和管理方法,以求在较小面积土地上获取高额收入的一种经营方式。按照一般的分类方式,将土地归属为自然资源,将劳动和资本归属为社会资源,则集约对应着经营过程中自然资源的使用趋向于少而社会资源趋向于多的方向。

传统的经济增长的因素可以分作两类:一类是自然资源、劳动、资本等生产要素投入量的增加,一类是技术进步、规模经济、结构优化、科学管理等引起的生产率的提高。在经济增长总量中,由要素投入增加所带来的增长部分,一般被视为"外延增长";而由于生产率提高所引起的增长部分,一般被视为"集约增长"或称"内涵增长"。这种理解中,土地和劳动力、资本等一起被划分为生产要素投入的三大类型。从经济增长方式上分析,对应集约型经济增长,一般以实物资源的低消耗率为特征,表现为一定量的物质产出消耗较少的物质资源。在价值生产形态上,以高附加值为特征。当把"土地"和"集约"联系在一起时,核心表达了降低单产的土地消耗的诉求。延伸的内涵中,则与技术、工艺的进步,以及取得更高的附加值的要求有关联。

土地、资本、劳动力、技术等生产要素之间存在着密切关联,也会形成不同的组合关系。如果现实状况为地少人多,则合理的要素配比是较少的土地上吸纳更多的劳动力,如资本和技术要素间,常常可以通过资本购买技术而替换。又如技术进步在提高土地效用的同时(产量或者附加值,在农业上更多的是附加值),因其要素替代效用,可能会使劳动力就业问题更加严峻。所以在强调减少土地消耗的同时,不能忽略要素之间的平衡。

从农业土地集约利用扩展至包括建设用地在内的土地集约利用,内涵发生了重大转变。从空间经济学的角度,除去传统的经济增长的因素外,比较优势、规模经济、集聚经济等也对经济增长起到了重要的作用。特别是促使工业城市和综合性大城市发展的地方化经济和城市化经济中,产业的集聚成为重要条件,而并不仅仅在于要素的投入和技术流程的改进。因而,要素的投入和经济产出之间的关系就变得难以衡量。

王爱民考察集约利用对象从农地延伸至城市土地的过程,认为集约利用的内涵发生了若干变化,其中包括:一,投入与土地关系的结构性变化;二,土地投入与土地产出或土地收益的因果逻辑关系不一样;三,对集约的测度周期不同等。其中,第一个变化可以结合地租理论进行理解,反映在绝对地租和级差地租上。第二个变化中提及的关于测度土地投入与产出之间的关联性,部分可以借用地价分析进行。

总体而言,集约利用表达了土地资源消耗量少而利用效率高(与空间组织方式、利用强度、经济产出相关联)的状态。在利用效率方面,不同类型的使用(居住、产业等)之间存在着差异性。

资料:农地集约经营到城市土地集约利用的内涵转变

第一个变化是,投入与土地关系的结构性变化。土地是区域社会经济活动的载体,在农业土地经营活动中,土地既是生产资料又是生产对象,土地的自然力与投入的劳动、管理、资本、技术力共同在起作用,我们把与"地力"密切相关的这类投入称为"参入性土地投入"。城市土地主要是以空间载体功能和生产资料形式支撑社会经济活动。依据投入的指向性,可将城市载体上的投入解构为两大部分:一是城市建成环境(人工环境或立地环境)的建设与运营投入,包括土地开发("七通一平")、基础设施和构筑物建设等,这类投入与城市土地的开发建设有不同程度的联系,可称之为"土地关联性投入";二是在建成环境中进行的各种社会经济活动运营的投入,具有"非土地关联性投入"特征。

第二个变化是,土地投入与土地产出或土地收益的因果逻辑关系不一样。在农业土地利用中,土地投入与土地产出具有直接的因果函数关系,在城市中,尽管我们可以辨识出"土地关联性投入",但这一投入增加的土地收益难以测度。土地收益是"土地关联性投入"与"非土地关联性投入"的产物,由此也造成了土地投入与产出关系的裂变,不管是GDP、社会商品零售总额,还是工业总产值,它们与"土地投入"已失去了对应的因果逻辑关系。这正是城市土地集约利用理论上难于突破的根本原因。

第三个变化是,对集约的测度周期不同。农业土地集约利用的概念与表征十分明确:"对已利用的土地增加劳动和资本的投入",土地集约利用程度表现为投入强度的差异,可以年为计算周期。而对于城市用地,资本耗费是个跨年度的累计概念,难以明确。

(资料来源:本章参考文献[2],经整理)

5.1.2 土地集约的微观经济分析

参考陈银蓉等的研究,以下通过对生产过程中要素的投入分析,可以详解土地和其他生产要素的动态关系。

首先是当生产产品产量维持不变情形下土地与其他生产要素的投入分析。假设只有两种生产要素,土地(L)和资本(K),使用一单位的价格分别为P_L、P_K。土地价格的变化会影响土地和资本的投入量。如图5.1所示,随着土地供求矛盾的尖锐,导致土地相对资本的价格上升。在一定的时期内,若企业仍保持生产的产品产量(Q_0)不变,则面临的选择是增加土地支出或加大资本投入。图中,C_0、C_1是价格上涨前后的等成本曲线。假定保持产品产量不变,即:$Q_0=Q_1$,则要素配置的均衡点从E_0移动到E_1,此时,资本的投入量从K_0上升至K_1,土地的使用量从L_0减少到L_1。最佳生产要素组合满足条件是:$MPK/MPL = P_K/P_L$。MPK、MPL分别代表企业花在生产要素K、L上最后一元的边际产出。这时,以资本生产要素的增加替代了土地生产要素的减少,使得用地集约利用水平得到提高。

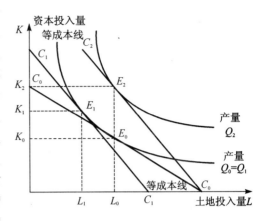

图 5.1 生产要素投入的决策分析

在上述分析基础上,如果同样是土地相对价格上涨,而土地面积固定,分析为提高产品产量而带来的生产要素投入的变化。产量增加需要加大生产要素的投入,选择又被限制在只能增加资本等其他生产要素的投入。假定生产厂商在一定时期内,为使产品产量从Q_0提高到Q_2,如图5.1所示,资本投入量从K_0上升到K_2,要素配置的均衡点由E_0移动到E_2。这种情形下,随着产量增加,单位土地产出效益得到提高,也意味着用地集约利用水平的提高。

还需要理解不同土地报酬阶段下生产要素的投入产出状况,毕竟土地利用效益与要素投入之间存在着复杂的线性关系。依照土地报酬递减规律,在技术不变的前提下,一定时期内,对相同面积的土地不断增加资本或劳动时所带来的土地报酬的增量(边际报酬)起初会逐渐增多,当其他要素投入超过一定的界限时,趋势会发生逆转。累计的3个阶段中,土地的边际报酬、平均报酬和总报酬次第发生负向转化(图5.2)。

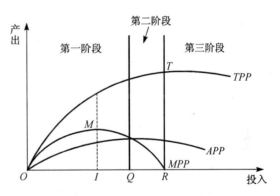

图 5.2 土地报酬递减规律的呈现

5.1.3 土地集约利用的扩展内涵

现实中对土地集约利用的理解,从仅考虑要素投入关系的层面,已往土地利用的效果方面延伸。在此过程中,既有只考虑经济效益的,也有扩展至社会、环境效益的。如马武定认为:城市土地利用集约化不能简单地理解为土地利用的高强度开发,而是土地利用达到的最有效状态,即在区域范围内(或城市范围内)通过用地结构与空间结构的高度有序化合理组织,以土地为载体的各类建筑和城市设施相互之间以及与外部环境之间,无论从使用功能上、效益上、后续发展或形象景观上,都达到结构严谨、组织有序、相容性好、功能互补并能自我修复的状态,最终带来城市的高质量和土地的可持续发展(马武定,1997)。类似的概念扩展虽然大大丰富了"集约"的内涵,也使得概念自身的指向性变得模糊不清。同时,在不同的空间层面上,对集约的内涵的理解也在持续发生变化。

土地集约和非集约,在历史发展过程中是个相对的概念。从时间轴上看,与经济结构升级有关,也与土地制度变革相联系。在同一个时间断面上,因资源条件差异、所处经济发展阶段不同、土地经营方式不同,可能造成不同地区间土地使用效能显著差异的情况。

5.2 乡村空间集约化的目标

5.2.1 "集约"在乡村建设中的诉求

国家对土地集约利用的重视,对应提高土地利用效能的要求,出自于保护资源环境的根本目的,与中国严格的耕地保护制度密切关联。2006 年,根据中国的耕地数量、人口数量、城乡建设用地数量、耕地后备资源数量和粮食需求数量综合计算出来的"18 亿亩耕地红线"被写进"十一五规划",自此成为农地资源保护的底线。2008 年出台的《全国土地利用总体规划纲要(2006—2020 年)》明确要"守住 18 亿亩耕地红线",提出全国耕地保有量到2010 年和 2020 年分别应保持在 18.18 亿亩和 18.05 亿亩。而地方政府在快速城镇化背景下,仍保持着对建设空间的旺盛需求,城乡之间的矛盾因此常常聚焦在能否有更多的农用地转非农用地的指标上。解决方案就包括在用地的量和质两方面作文章,既可以对城镇已建设用地进行升级改造或二次开发,也可能在乡村内部进行挖潜,通过土地整理,寻求建设用地指标,双管齐下地推进土地的集约利用(表 5.1)。

表 5.1 《江苏省"十二五"国土资源开发与保护规划》中的土地节约集约利用目标

指标	"十一五"完成情况	"十二五"规划目标
地均地区生产总值	37.31 万元 /hm²	61.11 万元 /hm²
开发区工业项目投资强度	—	苏南、苏中、苏北分别为:不低于 350、280、230 万元 /亩
开发区工业项目亩均产值	—	苏南、苏中、苏北分别为:不低于 520、320、280 万元 /亩
城镇用地在城乡建设用地总量中的比例	34.52%	42%
大中型矿山比例	22%	25%

资料:全国土地二次调查资料推翻了 18 亿亩的提法

二次调查数据显示,2009 年全国耕地 13 538.5 万 hm²(203 077 万亩),比基于一次调查逐年变更到 2009 年的耕地数据多出 1 358.7 万 hm²(20 380 万亩),主要是由于调查标准、技术方法的改进和农村税费政策调整等因素影响,使二次调查的数据更加全面、客观、准确。

(资料来源:国土资源部. 关于第二次全国土地调查主要数据成果的公报,2013)

所以要回答"为什么要推进土地集约利用",逻辑上可能包括这样几方面,一是国家的战略考虑,尤其在涉及用地农转非的问题上格外慎重,从总量上要保障基本农田;二是力求实现资源的高效配置,无论是通过强化管理还是促进市场发育。在这个层面上,需要进行双向分析,一方面看土地集约利用是否是经济发展、产业结构演进、市场自发作用的结果,另一方面,关注引导土地集约利用对经济能否产生激励。基于前面已经提到的土地投入与产出的复杂因果关联性,建设用地中的问题一定会更加复杂。

要推进土地集约利用,需要明晰是什么因素造就了土地的非集约利用。最直接的,可以从广义的土地经营方式上寻求答案,包括产权的构成——是否多头,土地的流转——是否受限,用地的管理等——规划和管制是否合理等,经济发展阶段等只能作为背景因素。

对于乡村空间而言,土地利用效率的提高可以分两个层面来理解,一是分不同类型用地的效率评价,二是不同用地整合后的综合效益。对于第二个更为宏观的层面而言,需要在城乡一体的背景下,考察城乡的互动,进一步来理解乡村的合理空间结构,涉及的价值范畴也较为宽泛。而在第一个层面上,乡村空间内的用地类型主要包括镇区建设用地、村庄建设用地和农地,还可能包括城镇飞地、旅游和交通用地等,各自承担的功能不同,集约的目标和途径也迥异。

乡村空间中提供了以农业为主、兼有二三产业的经济活动空间,也承载了农村居民居住就业的社会活动空间。在产业活动中,空间集约利用具备经济学意义上的可能性。在居住生活中,空间集约可以对应人均建设用地量的降低和设施的高效利用。本研究拟在农地、农民居住用地和乡村工业用地三个方面展开讨论。其中农地和乡村工业用地同属于产业用地的范畴,其立足点是通过促进要素投入结构的改变,以提高土地利用效率。农民居住用地的集约,是通过改变居住空间形态,最终反馈到盘活用地存量、提高土地利用价值的经济层面上。这三方面的用地集约虽然面对的对象不同,评价标准有异,但彼此之间关系密切,有联动效应。确定三类研究对象,也因其在现实中有较多指向集约化的再造潜力。

5.2.2 三类研究对象的集约化目标和实现方式

农地的集约化,这里可以简单理解为通过增加或改善其他生产要素的投入,追求单位面积农地上产出量的增加或者产值的提升。在现实背景下,其实现途径包括:一、增加土地肥力。在经历了长期人多地少的紧张的人地关系后,其潜力有限。二、提升农业耕作外部条件。交通、水利设施的改善有正面促进效应,但对农业发展较为成熟的苏南地区而言,同样潜力有限。三、利用农业新品种,从事高技术含量的农产品生产,此项潜力较大。而融入较高技术含量的农产品的生产,需要有一定的资金、技术实力、承受风险和开创市场的能力,传统的分户生产模式难以适应,则需要农民自组织成立合作社,或是引入现代企业,这也就引出了第四条路径,即升级耕作管理方式。

农民居住用地的集约化,一般通过改变居住用地形态,或者说改变住房及相关设施建设的空间结构,以实现在居住质量提升的前提下,人均占地的相对减少。其具体途径包括:一、严格控制宅基地和相关配套建设用地。既然已经超额占有宅基地的状况无法追溯,新成长起来的人口又有分户建房的要求,此方法仅具有消极控制的意义。二、改变农民居住模式,推进农民集中居住。特别是以城市化的建造方式推进的居住集中,可以将人均占地快速削减。以集中居住实现的用地集约化,需要以就业与新型居住相匹配为前提。此外,大规模推进农民集中居住需要大量的资金保证,还需要兼顾农民的意愿,否则有可能造成社会链条断裂等问题。

乡村工业用地的集约化,也是通过增加其他生产要素的投入,或促进企业的空间集聚,以追求单位面积用地上产出量的增加或者产值的提升。地方政府更看重单位面积工业用地带来的相对税收,说相对税收,因为要考虑地方政府的公共服务支出。工业用地的集约化实现途径更加多样,在土地供给、制定产业目录、用地管理、提供激励性政策等方面广泛展开。

5.2.3 作为目标还是手段的集约化

在前文的论述中,已经反复说明,集约化政策的制定和实施,是希望控制和引导包括土地在内的要素投入,来提高土地利用效率。大量研究表明,虽然经济增长会直接推动土地集约利用,但集约化对经济的反作用不显著。也就是说,通过空间集约利用意图对经济发展形成"倒逼机制",可能潜力不大。如郑华伟等人对江苏省的研究表明,土地集约利用与经济发展之间相互作用的效果存在明显差异,土地集约利用对经济发展带来的冲击响应强烈,其解释力度达到85%,而经济发展对土地集约利用的冲击响应较弱,其解释水平仅为2%(郑华伟,2012)。翁翎燕等人对无锡市的研究表明,土地集约利用与经济增长间存在单向因果关系,即经济增长是土地集约利用的直接驱动力,因经济结构的变化和产业结构调整对土地利用方式和效率产生深远影响,而土地集约利用对区域经济增长没有推动作用(翁翎燕等,2010)。对于土地市场发育状况与土地集约利用的关系,杨红梅等的观点认为,总体上土地市场发育对土地集约利用有正向的促进作用,但也有阶段性的差异。在工业化初、中、后期,弹性系数会发生显著变化(杨红梅等,2011)。

既然如此,再次来梳理关于土地集约利用的逻辑就变成了:我们希望获得持续的经济增长,我们也希望尽量减少建设用地的扩张,经济增长就只能在土地要素投入增加有限的前提下进行,也就迫使我们改变要素的投入结构,例如进行资本对土地的替代,对应的过程就是土地的集约利用。至此可以明确,与土地集约利用有关的政策的终极目标是"保护资源环境+保持经济增长"。在积极的意义上理解土地的集约利用,属于主动干预的手段,可以有具体的、多样化的操作方案;在消极被动的意义上理解土地的集约利用,则是一种现实发展的表征,是被经济发展和市场发育所推动的一种规律的呈现。虽然很多政策文件将土地集约放在了政策目标的位置上,也只是起到了对具体手段的引领作用,并不是政策的终极目标,否则就是犯了舍本逐末的错误。

对集约化的理解可以适当分解并在乡村空间上对应,但因为集约化不存在理想的状态,也不是集约化程度越高越好,还是要和人的需求、经济的发展相适应。脱离了人本主义的价值理念,技术至上的空间集约化的概念就会泛化和虚化,而没有实际的意义。所以,本研究所关注的集约化行动,是在满足资源环境的宏观要求下,在与民生问题协调的基础上,适应经济发展需求的政府的控制和引导行为。作为手段的集约化,归根究底还是为塑造更良好的人与环境的关系服务,也并不妨碍其成为某项政策、特别是具体的执行性政策的目标。当集约化成为政策目标时,需要保证其满足政策目标的明确、可行、前瞻、协调、规范等原则。

5.3 集约化程度的评价

对土地集约利用的内涵达成共识,并不意味着已经有了明确的判定标准。相应的有以下问题:如何判断目前土地是非集约利用的?如果强调集约的动态内涵,问题转化成如何判断前后两个阶段集约化水平得到提高?有什么量化的指标?因为到目前为止,始终存在着"集约化"概念泛化,评价标准含混的问题。如果这个问题不能回答,中心论题就成了伪命题。中国的经济发展路径是如此独特,以至于难以找到可资对比的国际案例,也难以将处在不同发展阶段的不同地区进行直接对比。在缺乏标准的前提下,关注开发地区圈而不用、用地松散的状况,以及年均数量巨大的新增建设用地,粗略地判断用地非集约的状态,似乎只是出于一种焦虑。或者是在经历了产业的初级发展阶段之后,在产业升级的内在动力下,因为迫切需要对土地资源进行重新配置,就将非集约利用刻意地树为一个靶子,成为批判和改造的对象。

对乡村居民点用地集约度的评价,和农地及乡村工业用地的逻辑显著不同。下文在对三类研究对象的用地集约度评价方法进行初步梳理之后,抛开难以量化,或者说难以在一套价值体系中进行综合的社会、环境等效益的评价,尝试提出对乡村居住用地、农地和乡村工业用地的、简化的、经济价值维度的评价指标。

5.3.1 已有的集约度评价

现有研究一般集中在对土地利用结构、土地利用强度、土地利用效率等的综合评价和比较,各种量化研究方法纷纷呈现。计量分析中的层次分析法、多因素综合评价法等均有不同程度的运用,GIS 的空间分析方法也被适时采纳,PSR 模型及在其基础上的修正模型 DP-SIR 使用压力—状态—响应这一思维逻辑,模拟体现了人类与土地之间的相互作用关系,基于 LiDAR 数据也可以自动进行土地集约评价。相关的量化模型这里不再赘述。

对农村居民点用地的集约度评价虽然案例众多,但去除其中涉及经济产出、公共设施等外围的庞杂内容后,能够有针对性地反映用地集约度的指标,多还是集中在人均农村居民点用地面积上,或者反过来为单位土地上的人口分布数量,其实质是要求作为生活必需的用地耗费在合理的范围内尽量减少,其他指标还有居民点的用地综合容积率、宅基地闲置率等。

对于产业用地,既可能考察空间利用状况和资金投入情况等,也可能关注单位用地的产出如 GDP、产值、税收等,甚至扩展到解决就业方面的社会效应,如单位面积的就业人口。因为内含了一种逻辑假定,即土地利用强度高,或者空间结构合理,则土地的产出效益就高,所以投入和产出两个维度之间又是高度相关的。

其中,对农地集约利用的评判指标研究中,最为典型的如特奥多尔·布林克曼(T. Brinkmann)在其《农业经营经济学》提出的土地集约利用公式:$I = (A+K+Z)/F$,式中:I 为集约度,A 代表工资费用,K 代表资本耗费,Z 代表资本所需支付的利息,也可以忽略不计,F 代表耕作面积。其他评价体系中如使用有效灌溉率(有效灌溉面积/耕地面积)、旱涝保收率(旱涝保收面积/耕地面积)、复种指数(农作物播种面积/耕地面积),以及单位土地面积劳动、化肥、农药、农膜、农机的投入量等指标,均可以因与资本和劳动力耗费进行关联而等效处理。同时,也可以从产出的角度评价单位面积的土地效率。

对工业用地的评价研究最多,或许最简化的就是以资本耗费/用地面积来计算其用地集约度。其他典型如甄江红通过对包括土地利用程度(容积率、建筑密度、工业集聚度)、土地投入程度(单位用地固定资产投入、基础设施完备度、单位面积职工人数)、土地利用效率(地均产值、地均利税、基准地价)等指标的综合评价,以确定开展土地置换及提高土地利用强度的潜力(甄江红,2004)。

2010 年版《开发区土地集约利用规程》(后简称《规程》)中,基于多因子评价方法,在考量经济效益的基础上,同步对与经济效益关联的空间表征与管理效率进行综合考察。指标体系包括了土地利用状况、用地效益、管理绩效 3 个版块,表 5.2 中包含了一般性的指标内容,如果是高新技术产业区,还有专门针对高新技术产业进行评价的指标。在建构了指标体系之后,《规程》中通过因子的权重设定,计算地区集约利用的综合得分。《规程》中所涉及的指标,在一定程度上,对政府推进集约化的管制行为会有直接的导向性作用。《规程》出台后,也遭到了批评。如王爱民指出,从逻辑关系看,综合容积率与建筑密度是针对建设用地而言,而工业用地容积率、工业用地建筑密度则是针对工业用地而言,建设用地与工业用地两类不同的用地类型评价不合时宜地出现在同一套评价体系中。从相关性关系看,工业用地容积率、工业用地建筑密度完全包容于综合容积率、建筑密度之中,对一些以工业用地为主的园区,其贡献率高达70%～80%左右(王爱民,2010)。事实上,类似的逻辑混乱在包括对农地和农民居住用地的现有评价研究中也普遍存在。

表5.2 《开发区土地集约利用评价规程(试行)》(2010)中包含的主要指标

目标	子目标	主要指标
土地利用状况	土地利用程度	土地供应率、土地建成率
	用地结构状况	工业用地率
	土地利用强度	综合容积率、建筑密度、工业用地综合容积率、工业用地建筑系数
用地效益	产业用地投入产出效益	工业用地固定资产投入强度、工业用地产出强度
管理绩效	土地利用监管绩效	到期项目用地处置率、闲置土地处置率
	土地供应市场化程度	土地有偿使用实现率、土地招拍挂实现率

对集约化内涵的理解必然影响到对集约化的评价,对集约化从关注投入要素构成更多转移到关注产出效益,给集约化评价确实带来困难。因为如前所述,土地收益是土地要素和非土地要素共同作用的产物,涉及技术、企业管理层面的内容很难在空间上直接进行控制和引导,相应地为土地集约政策的制定和实施带来挑战。

5.3.2 评价指标构建

关于土地的集约利用,应该还原其本身的经济含义,以构建简单实用、有针对性的评价指标体系。出发点如下:区别农民居住用地、农地和乡村工业用地,在3类用地中,分别按照系统性指标和动态附加指标来进行指标设置。其中居住用地的性质较为单纯,仅考察其空间状态。而对于农地和工业用地,系统性指标里包含了作为投入的资本、劳动力,以及建设空间特征的"因",也包含了表征产出状况的"果"。结合现实中的举措,对土地整理带来的用地增量或节约量等纳入动态附加指标。因为其动态效果可以理解为通过找出的土地增量,带来了相应的土地收益增量,在仍以原土地面积作为基数进行计算的前提下,增加了地均土地收益。

如果考虑就业增长、环境质量优化、公共服务设施效率提高等价值层面,则应纳入超越经济价值的价值评判体系。在空间决策过程中希望达致的土地合理利用,在包含了经济效益、环境效益和社会效益以后,不应该也不可能全部附着在土地的集约利用之上,因为没法进行叠加计算,那种僵化的量化赋值,只能是一种自说自话的研究方式。归根究底,还是应该通过决策的正当程序来实现其综合效应。

指标体系的设定(表5.3),不是为了获得一整套方便运用且放之四海而皆准的工具。因为集约利用的问题有其相对性,所以指标主要用于比较单要素在横向(地区之间)或纵向

(同一地区的不同时段间)的差异,藉此探究集约度变化的特征和原因;也可以用以研究某用地类别中不同要素的联动关系,如投入和产出要素的关系;还可进一步考察不同类别用地间的关联性,特别是居住与高标准农田建设、工业集中与居住集中等的关系,最终为政策的制定提供依据。

表 5.3　经济价值维度的乡村空间集约化评价指标体系

类别	指标性质	指标类型	单位	集约度与指标的关联性(正相关/负相关)
居住	系统性指标	居民点密度	个/km²	—
		居民点平均占地规模	hm²/个	+
		人均居民点用地	m²/人	—
		居住用地容积率	—	+
	动态附加指标	因撤村并点带来的居住用地节约量	hm²	+
		因村庄撤并带来的居住用地节约量占被整理地区的比例	%	+
农地	系统性指标	地均劳动力	人次/亩·年	+
		地均资本投入	元/亩·年	+
		地均农业收入	元/亩·年	+
		地均非农业收入*	元/亩·年	+
	动态附加指标	通过高标准农田建设、土地整理带来的增量	hm²	+
		通过土地整理带来的土地增量占被整理土地的比例	%	+
工业	系统性指标	地均固定资产投资	万元/hm²	+
		建筑容积率	—	+
		地均就业人数	人/hm²·年	+
		地均产出(产值/GDP/税收)	万元/hm²·年	+
	动态附加指标	通过低效闲置地清理带来的用地增量	hm²	+
		通过土地清理带来的用地增量占被整理土地面积的比例	%	+

注:1. 衡量的基本空间单元为乡镇。
　　2. *存在地均非农业收入,是因为发展观光农业、农家乐等项目,带来的农业旅游收入。
　　3. 居住只计算村庄,不含镇区;工业按全镇域计算。

5.4　集约化政策的合理性

5.4.1　政府推动集约化的合理性

土地集约利用可以是经济发展过程中的一种自发现象,根据土地资源和其他生产要素的相对稀缺程度以及人类利用土地的技术和能力等自动进行调节。如果把土地资源有限或人为控制建设用地的供给量视为背景,则土地集约利用会自然发生,其前提是产权制度的完善和土地市场的充分发育。而在乡村空间中,土地集约利用与土地权利的确认、流动、兑现有直接联系。既然如此,政府通过政策制定推动集约化的发展,意义何在?答案只能在两个方向寻找，一是判断现实中，是否存在着不合理的、非集约的现象，同时因市场失效而难以自发调整的；另一方面是确认政府行为在推动要素结构调整和引导经济发展中的积极作用，包括产权制度的完善和土地市场的建设等制度安排都是需要政府推进的。

在现实中，土地是否集约利用和土地管理中的问题、现实中的矛盾冲突交织在一起，使其面目模糊，也使得土地非集约利用的原因难以判断。前文已经强调集约与否只具有相对意义，特定时刻、特定地点的土地投入和产出状态总是具有个性化的特征，被现实条件约束。总体而言，对土地非集约利用的原因认识一般汇集在以下两个方面：第一类批评与土地产权和土地征用制度有关，认为不合理的产权配置和交换条件，造成土地使用的低效。或者从更深的层面上，认为在我国的经济发展模式选择过程中，过多追求量的扩张，同时因政府的过度干预和官员自利行为等，导致了资源长期配置扭曲，所以现在推进集约化带有纠偏的意味。第二类从动态的角度认识历史的发展过程，认为随着经济发展，原有的土地利用方式不能适应新形势下的要求。

关于政府行为在推动要素结构调整和引导经济发展中的作用，客观上是存在的，多数时候是政府在做的"多"和"少"之间的选择，或是在怎么做之间的抉择。其实质是资源的再配置过程。具体是通过政府对体制的创新，改变或者激发行为主体的行为模式。相应内容，与前文所述"三类研究对象的集约化目标和实现方式"相对应。

农地集约化进程中，市场中资本、技术等的自发渗透，是个缓慢渐进的过程。而政府力的推动，以一种增量的方式，体现了对特定产业、特定地区的扶持。其改变的，既包括农地的形态，也包括农业经营方式。

居住用地的集约化，通过村庄规划和农村建房管理，可以在现有用地的基础上，提高建设强度。而涉及农民迁居，如果没有强外力干预，只能是通过城市化的自然进程，逐渐消化农村剩余劳动力中进入到城镇、且能够在城镇中安居的人群，属于市场中的居住地选择行为。政府的积极介入，可以减少居民在城镇中安居落户的信息费用，减少落户的阻力，使农村居民在城镇买房定居行为更加容易；在乡村中，政府既可以"限"，如规定新建改建住房的资格权利等，也可以"疏"，如投资引导居住集中。

工业用地的集约化，随着用地要素价格的上涨也会自发产生，但其前提必须是企业租地的价格是真实的市场价格，其他的就可以用经济学原理中的要素结构关系顺理成章地得以解释。如果地价本身不够真实，那恢复其市场价值是第一步的工作。在工业用地的常规管理中，只要尊重市场的运行规则，以城市经营的思想，来引导工业用地的配置，也具备其可能性。

强调集约利用土地的普遍要求，往往因经济发展阶段与其的内在矛盾、衡量体系的不明确、体制上支持度不够、促发利益相关者的动力不足等，在操作层面上难以落实。实践中虽然有各种探索，但效果还不很明确。结果引发一系列的问题，包括国家的宏观调控职能究竟可以渗透到哪一步，才能促发满足土地集约利用的个体的积极调整行为。毕竟对居民和企业而言，当集约利用土地与他们自身的利益直接相关，推进集约的行动才会自发实现。空间建设方式的调控，作为改变资源利用方式、增强集约化效果的一种手段，其作用被越来越重视，其对于经济社会的影响全面而深远，其波及的范围应被关注。

5.4.2 集约化政策的三组差异

首先是不同层级政府间的差异。国家主导全国的经济社会发展,对资源环境保护有着更高的责任。集约化相关的政策框架中,包括战略性决议(中央和省层面)、年度性纲领(各级政府层面)和操作性规范等。国家的意志通过法律法令以及层层政权机构往下落实时,却常常因为与基层政府的意愿不一致,最终落空。基层政府现管的权力,往往更具实效。

其次是政府调控手段在宏观和微观上的差异。宏观调控手段包括税收、货币等政策,与总量控制和引导有关;微观手段包括项目审批、建设许可、资金对项目的支持等。如果采取微观手段去对付诸如投资不足、产业结构层次低、税收减少等宏观的问题,不但成本高昂,而且容易产生寻租环境,孳生腐败。

再次是在不同政策类型上的差异。围绕利益问题,政府作为推动集约化的源头,出台的政策究竟是属于分配性政策还是再分配性政策,管制性还是自我管制性政策,其对政策的合理性、实施的难易程度等均有影响。

资料:政策的基本属性

分配性政策(Distributive Policy)针对部分特定群体进行公共服务和公共利益的分配,只会产生受益者而不会产生权益直接受到侵害的群体,具有非零和博弈的特征;再分配性政策(Redistributive Policy)涉及不同群体间财富、收入和权利的转移,具有零和博弈的特征;管制性政策(Regulatory Policy)是指通过设立特殊的原则和规范,来指导政府机关及目标人群从事某些行为,或处理各种不同团体利益的政策,而使一方获利或失利,也具有零和博弈的特征;自我管制性政策(Self-regulatory Policy)是对于某一团体或人群的活动予以原则性的规范,而由该团体自行决定其活动进行方式的政策,具有非零和博弈的特征。

5.4.3 集约化与提高民生、环境保护和发展经济等目标类型的关系

根据前面的分析,集约化政策已经内含了保护土地资源与发展经济的目的。在具体的政策项目中,政策目标一般不是独立出现,常常是系列目标。集约化目标和其他目标之间能否充分耦合,会直接影响政策的严肃性和可实施性。这里还无法笼统地进行判断,需要结合具体的政策措施来分析。即使是仅将集约化作为直接的政策目标,也应该与其他基本的价值理念不违背。所以,把这几个基本的价值维度,即对于民众利益的提升和保障、有助于资源环境保护、有助于经济发展等首先明确下来,融合在后文的讨论过程中,以反映政策的兼容性,是非常必要的。

5.5 美国控制蔓延政策的启发[①]

能够借鉴的国外经验并不多,结合美国控制蔓延的政策中与集约化主题有关的内容来看一看。其中,反对蔓延的相关美国经验与国内的集约化在追求资源、环境、节能、公共交通

---

① 本节内容已在《国际城市规划》2013年第4期《控制蔓延的美国经验研究》一文中以基金项目的名义刊出。

等方面一致，操作过程中也都是会涉及居民的居住地选择、对农业和非农建设的影响，并对财政方面有相应的要求。

5.5.1 分不同政府层面的政策

自 1990 年代中后期，美国联邦、州、地方政府各个层级，形成了立体的、多样化的以控制蔓延为目的的政策。其中州层面突出以精明增长为价值核心的系列政策，内容包括鼓励紧凑发展和填充式发展等内容。地方政府的政策创新则包括：(1)通过限定城乡边界鼓励紧凑发展，对应概念为城市增长边界(UGBs: Urban Growth Boundaries)；(2)鼓励沿交通走廊发展，对应概念为 TOD 发展模式；(3)发展独立混合用途的社区和新镇，鼓励城镇中的新镇(New Town in Town)的发展；(4)在建成区内部或邻近地区促进新的增长。

5.5.2 分类型的政策措施

政策措施中包括了直接的资金激励、规划控制手段、税收政策、特殊收费政策等。这些措施有些是着眼于抑制蔓延的发生，有些则立足于弱化蔓延带来的影响。

资金激励如果来自联邦政府层面，一般是通过把资金扶持与地方政府制定和实施区域土地利用规划联系起来，鼓励地方政府采取更加集约的发展模式。地方政府使用资金激励的形式则更为灵活，措施可能包括：(1)与社区签订协议，支持和规定关于可支付住宅的建设；(2)资金鼓励"修复第一"(Fix It First)等措施，通过支持已有基础设施的维护和再利用，鼓励已开发地区的再利用，从而削弱增量发展的压力；(3)通过"向机会迁移"(Moving to Opportunity)等项目，适度资助低收入家庭向弱贫困地区迁移，甚至直接向郊区迁移；(4)用政府资金或者某些信用资金等直接购买土地，特别是在一些生态保护区，以达到保护资源环境的目的，或采用购买农地发展权(PDR: Purchase of Development Rights)的方式；(5)采取特定的补助政策，降低不同地区公共服务的不平等。

规划调控的核心是对发展边界、发展时序、发展强度的设定。典型策略包括：(1)设定地区增长边界，直接相关的还有通过绿带(Greenbelt)或分阶段的增长控制(Phased Growth and Rate of Growth Approaches)来应对蔓延。(2)引导高密度、高质量的商业中心发展。其自身的建设方式及其对周边的引力都有助于更加紧凑的发展。(3)鼓励填充式发展模式以及已建成区的再发展。无论是增长边界的划定、分阶段的增长控制，还是建成区的再发展，很多具体控制和引导蔓延的举措，其出发点都是考虑地方基础设施和服务的容量及发展速度，强调土地发展、人口增长必须与设施和服务的同步。对此，往往有专门的条例要求，如公共设施同步规定(APFO: Adequate Public Facilities Ordinances / Concurrency Requirements)。必要的时候，还可以采取类似临时发展条例(IDO: Interim Development Ordinance)的措施来冻结一定时期内的建设项目。

修正区划也成为重要手段。区划多被诟病，因其对土地用途、建设强度等方面的控制响应着地方政府对于低密度、单一功能建设的政策倾向，最终因其可能叠加的排斥作用成为蔓延的帮凶。那么针对区划的调整内容一般包括：(1)放松区划的限制，从而削弱其排斥作用；(2)与前述地方政府资金激励结合，在区划中规定可支付住宅的比例，如包容性区划(Inclusionary Zoning)的使用；(3)在区划的规定中，不仅要求最高的建设强度，也要求最低的建设强度。区划调整过程中，常常体现了城市和发展商之间的交易。在区划中，如果对新开发地区设定较严格的准入门槛，特别是基础设施方面，可以在一定程度上促使开发商选择在市区进行再开发。其他的规划手段，如叠加区划（Overlay Zones），或在传统区划上增加附加条件使用（Conditional Use）、新城市条例（New Urban Ordinance）和精明原则（Smart Codes）等，都提供了控制和引导蔓延的机会。

税收和特殊收费手段的运用，其思想源头在于对市场失效的直接干预。如布吕克纳（Brueckner）指出在蔓延发展过程中被关注的市场失效包括以下方面：(1)没有对低密度增长收取与新增基础设施建设投资相符合的费用，对应的策略是收取影响费（Impact Fee）；(2)没有对因蔓延而增加的通勤交通在高峰时间通勤引发的交通阻塞从而给他人带来的不便有任何收费或惩戒，对应的策略可以是高峰时段交通收费；(3)没有要求其居民因蔓延增长模式而消耗的公共空间、农地资源等支付完全的社会成本，对应策略是收取发展费用。

税收手段可以多角度进行，典型策略包括：(1)通过收税的合理设置，鼓励保持土地的农用途等，对于土地拥有者因保持土地现有用途而丧失的部分市场价值部分进行补偿。如优先税率（Preferential Taxation）是根据土地的实际用途进行征税，缓解了农用地转非农用地的外在压力。类似的还有延期税负（Deferred Taxation）、单一用途土地利用税（Single Land Use Tax）等。(2)可以调整不同类型财产税，如从对房产征税改为对土地征税，或者使用分级税率（Split-rate Tax）。班茨哈夫（Banzhaf）等研究证明，分级税率能够提高资本与土地的比例和单位面积内住房数量，相应可以鼓励更高密度的、集约的建设方式。区别化的税收能够鼓励对已开发土地的再利用，或者有利于产生包容可支付住宅的多户房型。宋（Yan-Song）的研究证明高财产税能引致较小的城市规模。(3)实施税负共享策略。利用税的再分配方式，使税基弱的地区能够从税基强的地区获得一些补偿，适当降低了为争夺税基在地区间进行的竞争，也减弱了高收入群体避开低收入群体的动力，进一步减缓新发展的压力，提供更加公平的机会。典型案例包括美国明尼阿波利斯和圣保罗的双城（Twin Cities）地区。(4)增加汽油税，使汽油价格趋向真实，从而引导交通和住房选择。

与前述手段交叠的，还有加强政府部门的权力，鼓励政府间的合作，鼓励公私合作经营等手段，以提高管理和实施的效果。根据安东尼·唐斯（Anthony Downs）等人的分析，按照特定的发展逻辑，单一地方政府根本没有意愿对蔓延进行控制，其实施的增长管理策略只会进一步促发蔓延，所以政府间的合作才是控制蔓延的真正楔入点。此外，交通的相关立法和政策，特别是其中公共交通发展与土地利用结合的内容等，对控制蔓延的发展也起到积极作用。

鼓励第三方的介入，以多方合作的方式来控制和引导蔓延，在现实中往往是易于实施且较为有效的方法。典型如推动土地基金（Land Trusts）的发展，以社会资金购买土地发展权力等，保证农场主永久地把土地保留农用。

5.5.3 不同地理区位的政策

根据弗赖利克（Robert H. Freilich）等人的研究，空间区位被分为已建成区、在城市化地区、农业和乡村地区，并整理了3类地区在应对蔓延和鼓励集约发展方面的措施，这与前面的分类研究会有交叠。

对已建成区充分有效的利用，是从积极的意义上控制蔓延。其中，激励式区划（Incentive Zoning）是通过容积率奖励等鼓励开发商提供开放空间和公共设施，最终获得政府、公众和开发商的三赢。另外，政府在必要时对建成区内的再开发提供补助，特别是对于棕地的开发利用。事实上，国会通过的关于"超级基金"的立法等已经减少了开发商对土地污染责任的顾虑，使再开发土地可能具有与未开发土地相媲美的竞争力。"修复第一"政策则是以资金鼓励已开发地区的基础设施建设。

在城市化地区内，重点是识别并选择有发展潜力的地区，如新建轨道交通站点、港口地区等，作为重点发展地区，引导新增建设集中发展。对开发时序的控制是在本地区内推进建设管理的关键。环境影响收费是平衡发展的真实成本与收益的有效手段。TOD 发展战略则是与已建成区合用的战略。

乡村地区内，具体措施包括：(1)通过优先税率等，对土地主仅征收其农地用途的税收，减少农转非的压力；(2)实施专门针对农业地区的区划(Agriculture Zoning)，对土地用途作出明确规定，引导低密度农业社区的发展；(3)特殊农业区(Agriculture District)的划定，划定的依据一般包括土壤类型、产出能力、区位和水利设施等条件；(4)采取保护农业耕作权利的法律措施，如农业权利法案(Right-to-farm Laws)，其中针对避免在建设用地和非建设用地的交叉地区因农业生产噪声等产生的矛盾等；(5)发展权转移(TDR：Transfer of Development Rights)，通过建设权利在其他指定范围内地区实现，而对保有农用地的土地主进行补偿；(6)政府购买土地，再通过土地银行回租给农户，或者政府购买建设发展权。以上措施可以混合使用，如因划定的农业区划其权利遭到剥夺的土地主，可以通过发展权转移方式寻求救济。

5.5.4 小结

美国控制和引导蔓延的相关政策，最终是落在环境增长管理的政策系统内，并与交通管理政策等有交叠。政策手段呈现立体化、多层次的格局，其中突出以下特点：(1)通过对土地权利进行细分，并在此基础上发展出各种权利的交易模式，以达到特定的空间目的，如购买农地发展权、发展权转移、保护式权利让渡等。(2)控制和激励手段并用。如果需要调整区划相关的内容，则包括区划的规定、次分区法案(Subdivision Regulation)、次分区强制规定(Subdivision Exactions)等均属于强制性内容。其他强制性内容还有城市增长边界、分阶段增长控制、影响费的收取，以及要求地区发展与设施建设同步的规定等。前面涉及的可自愿交易的内容，以及优先税费等属于激励手段。至于包容性区划则根据各地具体实施策略不同，而可能偏向于控制或者激励。政策实施主体不同，在控制和引导的力度上也会有差异。(3)既然蔓延所产生的问题同时反映在城市外围地区和旧城地区，整体上，城市的发展就是在增量扩张和旧城改造之间的权衡，对应的政策手段也可能双管齐下。在鼓励旧城区的再发展过程中，税收增加融资(Tax Increment Financing)是使用普遍而较为典型的促进手段，一般操作方法是对获得支持的再发展地区进行公共投资，之后通过增加的税收偿付项目债务。(4)注重各种工具的综合运用。如前面提及的城市增长边界与分阶段增长控制、公共设施同步规定的共同使用，优先税率则常常与保护性权利让渡、农业权利法案等同时呈现。政策体系的共同支撑，既可以避免负面外部效应，又可以弥补单一政策工具的不足，能促发政策实效。(5)充分发挥市场潜力。特别是在政府与土地主之外，鼓励第三方的土地基金的发展，是利用社会资源实现公共利益的途径之一。

对乡村空间集约化的理解,可以从剖析生产要素间的经济关系的角度切入,并可以针对农地、农民居住用地和乡村工业用地分别进行分析。追根究底,集约化是一种手段,为在保护资源环境的要求下继续保障经济发展服务。对集约度的评价宜控制在经济价值的范畴内,跨价值维度的综合评估宜通过合理的政策过程解决。虽然集约化可以是经济发展的自发结果,政府力推动的集约也可能通过改变或者激励行为主体的行为模式得以促进。跨经济背景、文化差异的他国经验可以在具体的操作模式方面得以借鉴。

本章参考文献

[1] 武建奇."粗放"与"集约"的三种含义.经济学动态,1996(5):43-44

[2] 王爱民.城市土地集约利用研究的问题与困境.重庆大学学报,2010,16(4):7-10

[3] 陈银蓉,梅昀,孟祥旭,等.经济学视角下城市土地集约利用的决策分析.资源科学,2013,35(4):739-748

[4] 马武定.走向集约型的城市规划与建设(三).城市规划,1997(3):52-53

[5] 郑华伟,张锐,张俊凤,等.土地集约利用与经济发展关系的动态计量分析.长江流域资源与环境,2012,21(4):412-418

[6] 翁翎燕,濮励杰,文继群,等.土地集约利用与经济增长的协整分析及因果关系检验——以江苏省无锡市为例.地理与地理信息科学,2010,26(2):72-75

[7] 杨红梅,刘卫东,刘红光.土地市场发展对土地集约利用的影响.中国人口·资源与环境,2011,21(12):129-133

[8] [德]特奥多尔·布林克曼.农业经营经济学.刘潇然,译.北京:农业出版社,1984

[9] 甄江红,成舜,郭永昌,等.包头市工业用地土地集约利用潜力评价初步研究.经济地理,2004,24(2):250-253

[10] 吴敬琏.中国增长模式抉择(第三版).上海:上海远东出版社,2008

[11] Jan K Brueckner. Urban Sprawl: Diagnosis and Remedies. International Regional Science Review, 2000, 23(2): 160-171

[12] H Spencer Banzhaf, Nathan Lavery. Can the Land Tax Help Curb Urban Sprawl? Evidence from Growth Patterns in Pennsylvania. Journal of Urban Economics, 2010(67): 169-179

[13] Yan Song, Yves Zenou. Property Tax and Urban Sprawl: Theory and Implications for US Cities. Journal of Urban Economics, 2006(60): 519-534

[14] Anthony Downs. Some Realities About Sprawl and Urban Decline. Housing Policy Debate, 1999, 10(4): 955-974

[15] Robert H Freilich, Robert J Stikowski, Seth D Mennillo. From Sprawl to Sustainability: Smart Growth, New Urbanism, Green Development, and Renewable Energy. 2nd ed. American Bar Association, 2010

6 集约化的制度演变

本章通过梳理与集约化相关的政策,寻找支持政策发展的理念,挖掘政策改变的动因,探寻政策发展的特征和内在逻辑,寻求政策的未来走向。

6.1 集约化相关政策的梳理

6.1.1 政策梳理的结构和内容

主要聚焦于2000年以来将乡村空间集约化作为主旨,或者其内容中有对推动乡村空间集约化产生突破性创见的政策(表6.1)。在国家层面,关注中央、国务院、国土资源部和住建部的文件。在省一级层面,关注江苏省政府、江苏省国土厅、江苏省住建厅及其他相关厅局的文件。中央精神往省市层面落实,与实施性政策和项目对接,并通过地方的实践具体呈现。

研究从综合性的政策入手,并围绕农地、农民居住用地、乡村工业用地的集约化政策趋势分别进行分析,勾勒政策发展轴。因着眼于政策文件本身的重要性和标志性意义,在时间序列上或不同政府层级间单调重复性的文件可能不纳入其中。地方层级的政策内容面广、创新点多,拟在第三部分重点阐述。

表6.1 1999—2014年的中央和江苏省的主要相关政策

年份	政策出台部门	政策文件名称	围绕乡村空间集约的创新内容
1999	国土资源部	关于土地开发整理工作有关问题的通知	• 提出"凡有条件的地方,要促进农村居民点向中心村和集镇集中,乡镇企业向工业小区集中" • 强调"土地整理新增耕地面积的60%可以用作折抵建设占用耕地的补偿指标" • 提出"可成立土地开发整理专门机构……逐步形成土地开发整理的市场化、产业化"
2000	中共中央、国务院	关于促进小城镇健康发展的若干意见	• 鼓励积极开展迁村并点,鼓励农民进镇购房或按规划集中建房,提出节约的宅基地可用于小城镇建设用地 • 提出"对进镇落户的农民,可根据本人意愿,保留其承包土地的经营权,也允许依法有偿转让"
2003	国土资源部	全国土地开发整理规划	• 对包括江苏在内的东南沿海区,提出"以农田整理、农村居民点整理和土地复垦为重点"和"大力推进农田向规模经营集中、农村居民点向中心村和小城镇集中、工业向园区集中"
2003	江苏省政府	关于深化土地使用制度改革优化配置土地资源的意见	• 提出实行建设用地指标置换政策。即对于工业企业向开发区和乡镇工业小区集中、农民住宅向小城镇集中的过程中,对城镇规划区外建设用地转为农用地的,可以进行用地指标置换 • 提出加大村庄整理力度。对农民建房实行统一规划集中连片建设。鼓励建设农民公寓,实现社区化管理

续表 6.1

年份	政策出台部门	政策文件名称	围绕乡村空间集约的创新内容
2004	国务院	关于深化改革严格土地管理的决定	• 鼓励农村建设用地整理,提出"城镇建设用地增加要与农村建设用地减少相挂钩" • 提出"引导新办乡村工业向建制镇和规划确定的小城镇集中" • 提出"对工业项目用地必须有投资强度、开发进度等控制性要求"
2005	国土资源部	设立基本农田保护示范区工作方案	• 计划 5 年内示范区基本农田经过土地整理面积达到 10 万亩以上 • 设立国家投资土地整理项目,各地可申报,要求地方适当安排土地整理项目
2006	江苏省住建厅	关于开展小城镇集约发展试点的通知	• 设立"小城镇集约发展试点镇",享受优惠政策
2008	国务院	关于促进节约集约用地的通知	• 以控制建设用地规模、严格使用标准、提高用地效率为核心,对"集约用地"有了明确指示 • 鼓励开发区提高土地利用效率。要求根据土地利用状况、用地效益和土地管理绩效等评价指标体系开展开发区土地节约集约利用评估工作 • 鼓励提高农村建设用地的利用效率。提出在坚持尊重农民意愿、保障农民权益的原则下,依法盘活利用农村集体建设用地
2008	国务院	全国土地利用总体规划纲要(2006—2020)	• 认为"我国建设用地利用总体粗放,节约集约利用空间较大" • 要求"苏浙沪区创新土地利用模式,形成工业集聚、居住集中、城乡协调的建设用地空间格局" • 提出"健全耕地保护的经济激励和制约机制,加大非农建设占用耕地特别是基本农田的成本" • 提出"强化节约集约用地的价格调节机制"
2009	国土资源部	关于促进农业稳定发展农民持续增收 推动城乡统筹发展的若干意见	• 提出"规范集体建设用地流转,逐步建立城乡统一的建设用地市场"。明确"在城镇工矿建设规模范围外,除宅基地、集体公益事业建设用地,凡符合土地利用总体规划,依法取得并已经确权为经营性的集体建设用地,可采用出让转让等多种方式有偿使用和流转" • 提出"制定集体土地收益分配办法,增加农民财产性收入"。要求"各地在集体建设用地出让转让等流转活动中,要按照'初次分配基于产权,二次分配政府参与'的原则,出台和试行集体建设用地有偿使用收益的分配办法"
2012	国土资源部	全国土地整治规划(2011—2015)	• 以推进土地节约集约利用为出发点,对城镇、乡村、工矿地区提出全面整治要求,"整治"中突出减少建设用地的增量,实现挖潜改造的成效
2012	国土资源部	关于大力推进节约集约用地制度建设的意见	• 指出"城镇建设用地范围外依法取得的集体经营性建设用地使用权,可按有关规定采取公开规范的方式转让,与国有土地享有平等权益;鼓励集体土地使用权人以土地使用权联营、入股等形式兴办企业,盘活利用闲置土地和低效用地" • 提出建立"节约集约用地鼓励政策制度" • 鼓励开展"积极开展节约集约用地试点创新"
	国土资源部	全国高标准基本农田建设计划	• 是对全国土地整治规划的落实

续表 6.1

年份	政策出台部门	政策文件名称	围绕乡村空间集约的创新内容
2014	国务院	国家新型城镇化规划（2014—2020）	• 提出"实行最严格的耕地保护制度和集约节约用地制度" • 提出"建立城乡统一的建设用地市场，保障农民公平分享土地增值收益" • 提出"适当提高工业项目容积率、土地产出率门槛" • 提出"加强农村土地综合整治，健全运行机制，规范推进城乡建设用地增减挂钩"
	国土资源部	节约集约利用土地规定	• 进一步加强规划引导 • 进一步强调布局优化 • 强化标准控制作用 • 要求充分发挥市场配置作用 • 突出存量土地的盘活利用

6.1.2 农地集约化的制度环境和政策线索

结合第 1 章中的论述，基于我国农村紧张的人地关系，在现有的农村土地集体所有制和土地承包制度的基础上，经历了 2003 年左右的农村税费改革，在新世纪初，苏南地区的农业还保持着小规模分散耕作为主的局面，机械化程度低，农地和农村劳动力的产出效率低，难以形成有效的农业资金投入，农产品的技术含量低，也难以提升农业结构。比较极端的现象是对农地的抛荒。由此导致的更深刻的问题是：农民从农业生产上获得的收入低，消费能力低，对市场需求不足，农业自身再发展的能力弱，农业对二、三产业的支撑能力弱，弱势的农业影响到整个社会经济结构，农业的低效以及其与二、三产业不均衡发展的矛盾日益显著。

国家推动农业的政策导向以提升农业结构、推进农业科技创新、开发农业多种功能、强化农业科技和服务体系基本支撑等为主调，力图在严控耕地总量、挖掘耕地存量、促进农业经营向规模经营转变、提高农产品产出质量几方面入手操作。对苏南地区而言，结合土地集约利用寻找农地上更高的附加值，是首当其冲需要解决的问题，也是应对"农转非"巨大压力的有效途径。一般而言，通过改变小规模的、分户经营状态为大规模、高技术含量、机械化、企业式的运作模式是提升农业结构、降低风险、推进农业产业化的措施，可以弱化农业对财政补贴的依赖，并最终改变我国农业与二、三产业发展不匹配、城乡产业二元的有效路径。在苏南地区，成熟市场中的资金实力以及较高的技术研发力量，在相当程度上为本地区农业的现代化改造提供了保障。

总体而言，农地集约化政策如果区分"因"和"果"，则"因"对应着增加单位土地面积的有效投入，一般是资本或技术，现阶段劳动力因素可忽略不计。"果"对应着单位土地面积更高的农业产出量或者更高的农业附加值。这既与土地耕作的内容有关，也与组织经营的过程相关，与空间直接关联的包括表象的农地形态以及基础的土地经营权利。

在时间轴上，标识了中央层面农地集约利用政策的主要转变（图 6.1）。这条轨迹上有几个突出的节点，一是鼓励土地整理，以增加农地的总量，依照前面已经提供的解释，可以将其理解为农地集约度的提高，同时增加的耕地量可有效转化为建设用地指标；第二是通过高标准农田建设，提高农地的可耕作能力，以达到有效的产出；第三是从宏观调控的角度，严格控制农转非的总量和速度，这虽然与农地集约利用的定义有距离，却是保障农地总产出的前提条件和平衡整体经济结构的基础,也会减少农地集约利用的压力。

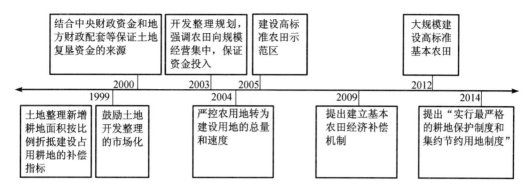

图6.1 农地集约利用政策演变时间轴

6.1.3 农民居住用地集约化的制度环境和政策线索

居住集中的理念在传统的"中心村"的概念中已有体现。1993年开始执行的《村镇规划标准》(GB 50188—1993)就已经涉及"中心村"的建设,很多规划文件中使用的"中心村"都是表达了促进居住集中和设施配套的理念。但直至2003年左右,就各地的实际建设来看,"中心村"绝大多数仍然停留在规划文件中,并没有真正实现。分析其原因,主要有三方面:一是对乡镇和村民来说,缺乏空间调整的动力;二是没有直接的资金投入;三是受村组利益的限制。

李立曾就中心村建设乏力提出几方面具体观点:一是错过了农宅建设的高峰期,苏南地区在1980年代完成了农宅更新,农民普遍盖起了混合结构的楼房,1990年代后,新建的比例明显降低;二是和农民消费结构不一致,农民对于集中或分散居住的意愿随年龄、就业等情况不同而存在差异;三是进入中心村也需要跨越资金的门槛,造成一定的障碍(李立,2007)。

农民居住模式应和农民的就业方式相配套,并受到农村集体用地范围内有关宅基地的规定限制。以苏南地区为典型的农民离土不离乡的就业与生活特征,造成"身份农民"一定程度地被固化在农地上。乡村居住模式本身的优劣,是和城市居住模式比较而言的,具体可以从硬件环境、资产价值,以及对农户行为的影响等方面进行对比。硬件环境主要对应居住空间的质量、基础设施和公共设施配套的完备程度,资产价值体现为房产的市场价值,对农户行为的影响则具体考察农民的生活环境变化的适应性、居住就业的便捷性,以及其他个体化的偏好。

农民居住用地的低密度建设状况,在第1章中已经做了重点阐述,超过150~200 m²的人均建设用地现状,以及苏南地区普遍存在的村庄空心化现象,使进行村庄的用地改造成为可能。农民住宅用地的集约,一般来说,是通过城市化的建造方式实现对乡村的改造,具体措施是在完善农村居民住房条件和设施配套的前提下,改变农民居住模式和减少人均居住用地。

从消极控制的角度,可以加强宅基地的管理。从积极的角度,可以引导乡村建设用地空间结构的调整,来同时达到节约用地和提高农民生活服务水平的目的。在时间轴上,标识了中央层面农民居住用地集约利用的主要转变(图6.2)。其中主要的节点为:一,加强宅基地管理,特别是对"空心村"、闲置宅基地、"一户多宅"的清理;二,强调居民点集中;三,明确居住集中后节约的建设用地可有效转化为城镇建设用地指标,从促发地方政府的动力的角度对空间集约产生直接影响;四,居住集中与农地整理等同步推进,加强了综合解决问题的能力,提供了更多的可能性。

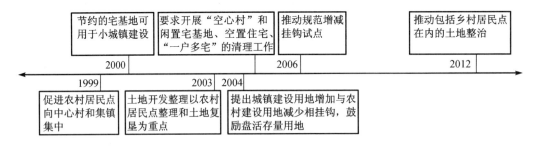

图6.2 农村居住用地集约利用政策演变时间轴

6.1.4 乡村工业用地集约化的制度环境和政策线索

就苏南地区而言,需要回望其乡镇工业曲折的发展路程。1980年代,传统的"苏南模式"在提升乡村地区经济的同时,也造成分散的乡村工业布局,一度冲击着国家的土地使用制度,并带来环境、社会效应等方面的问题。1990年代的乡镇企业改制弱化了工业企业的乡村社区属性,与此同时,规模化的工业园区在基础设施建设、环境控制、分享劳动力市场、交流信息等方面有极强的正面效应。因此在这一阶段,限制企业的分散布局并诱导企业集中成为富有实效的策略。但是,2000年以后在规模化园区内伴随着招商热潮成长起来的企业,以今天的标准来衡量,仍不同程度地存在土地利用效率不高的问题。时至今日,随着经济发展环境的日益成熟,土地的潜在价值逐渐显性,仓促招商引资造就的土地低效利用的弊病逐渐暴露,新的更有价值、更有潜力的企业等待进入,地方政府亟待盘活有限的土地资产。一方面,面对新的投资者,地方政府多设定门槛,改变了自身从"捡到篮子里的都是菜"的被动角色为"选商"的主动角色。另一方面,各地开始成立低效土地清理办公室,或者出台对存量工业用地使用的优惠政策,采用"软硬兼施"的办法,积极提高土地利用效率。

同作为产业性用地,工业用地与市场的对接较农地更直接。而从中央政府层面推动工业用地的集约化,反映了保护资源环境和改变经济要素配比的总体要求。地方政府需要执行国家的总体政策,同时在其选商过程中,可以改变设定条件,并在企业发展过程中加强监督和反馈,或者对企业提供激励性的引导措施等来进行具体操作。中央政府有关乡村工业用地集约的政策演变在时间轴上进行了标识(图6.3)。其中突出的节点包括:一,要求乡镇企业向园区集中;二,对工业项目的投资强度、容积率等进行控制;三,提出对集约利用土地的价格调节机制;四,在评估的基础上推进工业区用地集约;五,对乡村地区的工矿用地进行整治;六,提出工业用地的产出率门槛;七,强化了闲置土地的处理办法;八,提出对低效用地再开发的试点工作;九,提出对土地先出租后出让的经营管理模式。

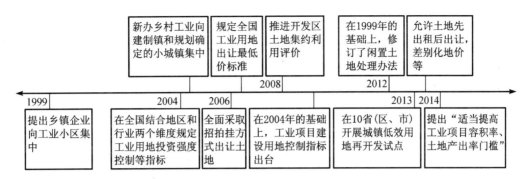

图 6.3　乡村工业用地集约利用政策演变时间轴

6.2 集约化相关政策的制度变更

总体上,表现出政策的多角度切入、出台密集,以及关联广泛的特征。政策的多角度对应其在基础性的土地权利调整、技术性的标准制定和加强评估、过程性管理等方面均有所建树。而政策密集则表达了政府对挖掘土地资源潜力、鼓励土地集约利用的重视程度和进行积极干预的力度。政策关联广泛意指在相关的政策目标中,与提高土地利用效率相伴随的,是改善民生、统筹城乡、推动产业升级等系列综合目标。对政策演变的主要特征将逐一梳理如下。

6.2.1 土地确权成为基础

乡村空间的调整是在持续进行土地确权的背景下推进的,不乏对农民土地产权的保障。所有推动土地集约的政策,追根究底均与土地产权有关,产权是利益主体对空间利益获取的前提。集约化过程中既可能受到产权的约束,也可能受到产权制度变更的激励。土地确权的作用是在分解土地权利的基础上,针对不同地类,明确其用以抵押、入股、转包的权利,也方便进行征地补偿。确权行动总的目的是减少障碍,促进土地流转,提高土地效率。虽然从理性人的假设出发,能够推导出农民会更加珍惜土地,但作为农村集体土地的农用地,长期以来粗放经营的原因就包括因为没有较为充分的支配权,甚至面临朝不保夕随时被征用的境况,农民缺乏主人翁意识。

早在 1995 年,原国家土地管理局的《确定土地所有权和使用权的若干规定》中,要求对国家土地所有权、集体土地所有权、国家土地使用权、集体土地建设用地使用权分别进行界定,并在同年出台《农村集体土地使用权抵押登记的若干规定》。确权首先为其后的土地二轮承包奠定了基础,也为进一步整合城乡土地市场逐步在做铺垫。2009 年国土资源部《促进农业稳定发展 农民持续增收 推动城乡统筹发展的若干意见》中提出"规范集体建设用地流转,逐步建立城乡统一的建设用地市场。明确在城镇工矿建设规模范围外,除宅基地、集体公益事业建设用地,凡符合土地利用总体规划,依法取得并已经确权为经营性的集体建设用地,可采用出让转让等多种方式有偿使用和流转",其中把确权作为土地流转的前提条件。2011 年,国土资源部、财政部和农业部联合发布《关于加快推进农村集体土地确权登记发证工作的通知》。2011年中共江苏省委、省人民政府《关于以城乡发展一体化为引领　全面提升城乡建设水平的意见》中提出"加快农村土地和农民住宅确权登记发证，探索建立城乡统一的建设用地市场"。而作为国内城乡统筹示范地区，成都市土地确权试点始于2008年3月(土地"二调"期间)，确权颁证的工作于2011年基本完成。2013年中央一号文件要求5年时间基本完成全国范围的农村土地承包经营权确权登记颁证工作。

资料：确权鱼鳞图

　　2008年2月，都江堰市柳街镇的鹤鸣村成为成都首个农村产权制度改革试点村。在确权过程中，镇党委书记提议能否编制一张图，将每户土地依次排列绘制在一起。在户调时，就带上图现场校对、核实土地状况，并在一张图上直接标明了所有人、四至、属性，在每张地上按上农民手印。600年前，明代皇帝朱元璋就曾在土地管理中用过该方法，称为"鱼鳞图册"。

　　2009年，鹤鸣村完成土地确权后，印着农民手印的第一张农村确权鱼鳞图被中国革命历史博物馆收藏，与小岗村18户农民的第一份联产承包制的手印一样，成为见证中国农村产权制度变迁的珍贵资料。

(资料来源：本章参考文献[2])

　　土地确权只是第一步的工作，后面还有漫长的道路要走。毕竟要先解决权利归谁的问题，再去考虑权利怎么用，包括如何交易。即使在目前的政策中，还是能看到指向不明的部分。如2004年《国务院关于深化改革严格土地管理的决定》中同时提及"禁止农村集体经济组织非法出让、出租集体土地用于非农业建设"。但又留了个缺口，即"在符合规划的前提下，村庄、集镇、建制镇中的农民集体所有建设用地使用权可以依法流转"。而按照"乐观派"对政策解析的逻辑，所有"留了口子"的提法，都是在提醒你恰恰可以这么做。如此看来，政策的效用倒可能适得其反。

6.2.2　以土地整理作为空间资源整合的主要手段

　　农地、农民居住用地、零散或者闲置的工业用地，都属于土地整理的范畴，其在极大地改变了用地形态的同时，和产权的流转与变更相关联。虽然未见刻意的系统设计，围绕土地整理，不同政策的内容既相互呼应，也高度重叠。增减挂钩、万项良田、基本农田示范区、土地复垦开发等项目，既可以平行开展，也可以交叠推进，或互为保障、配套使用。比较而言，土地整治是涵盖了前述各项的、更加综合的内容。

6.2.3　强化政策的执行力度

　　如果我们习惯于用"三令五申"来描述政策，实际上已经表达了政策的严肃性和执行力不够。一般来说，原因包括：一、全国疆域广大，中央政策难以满足各地的适应性，越是整齐划一的政策，越是难以落实，高高在上的中央政策，有时缺乏适合的土壤，这是属于政策本身的问题；二、从中央到地方，因为利益诉求不同，对政策的执行意向有偏差，最终使政策流于形式，这是属于政策执行的问题；三、即使地方政府迫于行政压力愿意贯彻，或者地方政府融入了自己的意图，在推进政策的过程中，由于遭各种利益群体的反对，或者缺乏激励，最终不了了之，这是政策制定加执行的问题。

中央的系列文件中,包括 2001 年的《关于进一步加强和改进耕地占补平衡工作的通知》,2004 年的《关于加强农村宅基地管理的意见》,2005 年的《关于加强和改进土地开发整理工作的通知》,2006 年的《关于加强土地调控有关问题的通知》和《关于当前进一步从严土地管理的紧急通知》,2007 年的《关于严格执行有关农村集体建设用地法律和政策的通知》和《关于进一步规范城乡建设用地增减挂钩试点工作的通知》,2008 年的《关于严格耕地占补平衡管理的紧急通知》,2010 年的《关于严格规范城乡建设用地增减挂钩试点切实做好农村土地整治工作的通知》,2011 年的《关于严格规范城乡建设用地增减挂钩试点工作的通知》,2012 年国土资源部《关于提升耕地保护水平全面加强耕地质量建设与管理的通知》和《关于严格执行土地使用标准大力促进节约集约用地的通知》等,重复可见"加强""进一步""严格""规范"等关键词,多是属于政策内容基本没有出新,其中所涉原则早就既定,但因标准、程序、责任不明,或地方政府恶意违背,不得不"三令五申"的内容。

修订政府部门自身的考核机制与强化政策执行同步推进。最具代表性的是 2013 年中央组织部出台的"四不"规定,明确将重点指向了弱化 GDP 考核。即不能简单把中国经济总量和增长速度作为干部提拔任用的唯一标准;不能搞地区 GDP 排名;中央有关部门不能单纯以 GDP 衡量各省份发展成效与地方各级党委;不能简单以 GDP 评定下一级领导干部的政绩和考核等次。而在中央十八届四中全会公告中提出"建立重大决策终身责任追究制度及责任倒查机制"。评估和问责制度的演化,在逐渐规范着政府的作为,降低政府追求部门利益和官员追求私利的可能性,使空间利用的价值导向更加合理、公正。

6.2.4 需要行政条块间加强责任划分与合作

总体上,基于我国的行政管理体制,"中央领唱"、"地方合唱"的基调是确定的,但不和谐音总是存在。政策制定和执行之间的错位不仅出现在中央和地方之间,在不同部门之间也始终是龃龉不断。而期待部门之间能够像合作一首乐曲,各部门担当不同的声部,即使各声部声音强弱有差异,是主旋律还是装饰音亦有区别,但能够奏出和谐之音才是最终目的。举例而言,传统意义上的"城镇总体规划"和近年的"城乡统筹规划",以及与其同空间范畴的"土地利用规划",即使在推进"两规合一"(城镇规划与国土规划整合)、"三规合一"(城镇规划、国土规划和五年经济社会发展规划),甚至"多规合一"的趋势下,各自对应的职能部门不同,其法律地位、依存关系在实践中则仍然不是很明朗。

转入新世纪以前,是以城市为主、乡村为辅的建设潮流,在地方领导强大的发展意愿下,规划、建设系统频频提出空间扩张诉求,并要求国土部门来满足其指标要求,土地部门被动而委屈,既要在地方层级鼎力协作,又得在纵向管理中努力平衡。新世纪里,资源环境的约束重塑了发展的价值观,2007 年《中华人民共和国城乡规划法》的出台起到标杆性作用,决定了在未来空间推进的过程中,图底关系发生转变,基本农田、重要的生态环境保护区等地位进一步提升,城市的拓展不再是一马平川的征服,而是充分考虑了重重约束条件后的有限选择,国土部门的话语权加重。当乡村地区空间的整理和改造被推到了历史关头时,因农业生产而联系紧密的农地和农民的宅基地,也成为国土部门扛着大旗引领的阵地。从各时段的政策分析,不同的行政主体,其角色所对应的责任和权力亦在发生微妙的变化。

在国土部门管辖范畴,2000 年以来,围绕土地开发整理、增减挂钩、高标准农田建设、土地整治等展开工作,其内容远远超出传统意义上保护基本农田、规范用地审核程序等,而是多管齐下,从非常积极和活跃的角度推进乡村地区的空间再造。而住建部仅在 2005 年推出《关于村庄整治工作的指导意见》。在"条条"上层表现不佳之际,江苏省住建厅主动出击,于 2005 年牵头开展"全省镇村布局规划",2010 年推进江苏省"城乡统筹规划",以及节约型村庄和特色村庄的建设。以镇村布局规划和城乡统筹规划高屋建瓴地提供区域空间方案,期待成为乡村地区空间发展的框架。其成效如何,尤其是与国土部门对接的深度,还有待跟踪和评价。单个政策或者项目也需要不同部门的合作实施,以无锡市惠山区万顷良田建设项目为例,其中明确了对各局所部门的责任要求。

资料:惠山区"万顷良田"建设项目中的部门协作方案(择选)

洛社镇和前洲街道为万顷良田项目建设主体,负责根据规划方案进行项目实施,负责万顷良田项目拆迁、安置、维稳,负责搭建融资平台,积极筹措资金;区劳动和社会保障局负责落实双置换社保政策,指导拆迁农户进社保工作;国土分局负责协助编制、上报土地整理规划方案、城乡建设用地增减挂钩方案、耕地占补平衡项目库项目规划方案,负责争取市级土地复垦"以奖代补"资金,指导、协助洛社镇、前洲街道土地出让工作;财政局负责落实区级"双置换"补贴资金,根据项目进度,负责分期落实市财政土地整理补助资金。指导、协助洛社镇、前洲街道开展融资工作;区水利农机局负责编制工程范围内的水系调整规划,明确可复垦的废弃河流及断头浜,负责水利条线对上申请专项资金。区农林局负责编制工程范围内的农业产业规划,负责指导做好农田流转工作,负责农林条线对上申请专项资金。区建设局负责协助编制万顷良田实施方案,制订年度村庄搬迁计划,认定搬迁面积,指导乡镇做好安置房的建设管理工作,安置好搬迁居民。总的来说,涉及方案编制、项目实施、向上申请资金或融资等事项。

(资料来源:2010 年《无锡市惠山区"万顷良田"建设项目实施方案》)

6.2.5 资金激励和保障成为重点

充足的财政投入成为积极推进集约化的坚实基础。镇江新区和常州的万顷良田项目中,分别建设 160 万 m^2 和 53 万 m^2 的安置房的费用都是以 10 亿元为计数单位。从来源上,包括中央财政中通过专项资金等转移支付的部分、地方财政中明确划支的类型、地方政府牵头的融资等。从给付方式上,有落实申请项目并按项目补贴、以奖代补等。

对于补充耕地,国家财政一直有奖励性的政策,对新增建设用地的土地有偿使用费的专款专用也进行了严格限定。如《全国土地利用总体规划纲要(2006—2020)》中强调"加大对耕地特别是基本农田保护的财政补贴力度;加大对补充耕地的资金支持力度。进一步完善新增建设用地土地有偿使用费的使用和管理,确保该项收入全部用于基本农田建设和保护、土地整理、耕地开发等支出"。在国土资源厅 2000 年的《农业综合开发土地复垦项目管理暂行办法》、2003 年的《全国土地开发整理规划》、2012 年的《全国土地整治规划》中对资金保障方面均提出了要求。示范区的专用基金也比较典型,如 2005 年在全国范围内开始建立"基本农田保护示范区",示范区所在地区可以在建设期内每年申报 1 个国家投资土地整理项目。

资料：土地复垦项目资金来源

"项目建设资金包括中央财政资金、地方财政配套资金、单位集体和农民群众自筹资金及其他资金。地方财政配套资金原则上按与中央财政资金1∶1的比例进行配套，其中，省级财政配套资金占70%，地（市）、县级财政配套资金占30%。地方财政配套资金应列入本级财政预算，确保资金及时足额到位，专款专用。单位集体、农民群众自筹资金（包括现金和实物折资）和投劳折资应分别达到中央财政资金投入的50%"。"中央财政资金采取无偿与有偿相结合的方式投入，其无偿与有偿的比例为70%∶30%。无偿资金通过财政部门逐级拨付，有偿资金通过财政部门逐级承借，统借统还。中央财政资金有偿投入部分自借款合同生效之日起，第四年开始偿还，每年偿还25%，第七年还清。地方财政配套资金的使用方式，依照地方有关规定执行"。

(资料来源：2000年《农业综合开发土地复垦项目管理暂行办法》)

资料：土地开发整理资金来源

"土地开发整理的资金投入渠道主要有：一，占用耕地的建设单位履行补充耕地义务对土地开发整理的投入或缴纳的开垦费。二，新增建设用地土地有偿使用费。三，其他投入。包括中央、地方对矿山生态环境恢复治理和土地复垦的投入；农业综合开发对土地治理的投入；按照'谁投入，谁受益'的原则，吸引的社会投入和其他资金等。"

(资料来源：2003年《全国土地开发整理规划》)

资料：几种涉农资金的安排

"旱涝保收高标准基本农田建设资金主要是新增建设用地土地有偿使用费和用于农业土地开发的土地出让收入；宜耕未利用地开发补充耕地资金主要来源于耕地开垦费；农村建设用地整治资金主要来源于城乡建设用地增减挂钩指标收益。"

(资料来源：2012年《全国土地整治规划》)

以南京市为例，自2005年以来，仅市级财政中对农业的投入，基本都保证在10亿～20亿元（表6.2）。这还不包括在国家转移支付加大的趋势下数目可观的国家级项目、省级项目和其他专项资金的投入。全国层面上，金融融资形式多样，如2008年人民银行和银监会联合出台了《关于加快推进农村金融产品创新和服务方式创新的意见》，在中部六省、东北三省开展农村金融创新试点工作，包括试行农地抵押。

表6.2 南京市历年支持农业的财政预算

年份	2005	2006	2007	2008	2009	2010	2011	2012
农业方面的财政投入(亿元)	10.11	10.06	不详	17.40	20.90	24.14	24.84	19.55
预算对应的内容	农业事业支出资金，主要用于水利及农业基础设施建设，农改水； 农业综合开发，农业产业化，设施农业，土地治理，特色基地建设，高产农业示范项目； 农村税费改革，农村新型合作医疗，农村低保补助，农村养老保险； 农村教育，农村科技，农村卫生室，农村敬老院，村级能力建设； 粮食直补资金，"绿色南京"专项，"菜篮子"工程建设，郊县工业集中区、龙头企业直补农民等							

资料来源：根据《南京市统计年鉴》数据整理

6.2.6 突出试点和示范

政策的实施,多从示范区项目开始,并逐步推广。事实上,部分制度的建设,往往先以党的文件规定为主,其调整快,并有实践检验的时间和空间,待到必要时再由国家法律予以确认。

基本农田保护示范区、城乡建设用地增减挂钩等项目,根据其基础条件和预期规模,在从国家到省市级层面推进时,对应不同的申报条件、资助标准和验收要求。如国土资源部2006年明确了包括天津等五省(市)的增减挂钩试点地区,并陆续在2008、2009年推出第二、第三批试点地区。2008年中央出台对应的管理办法,国务院2010年强调对其的"严格规范"。又如2012年国土资源部《关于大力推进节约集约用地制度建设的意见》中,鼓励"省级国土资源主管部门重点推进节约集约用地制度实施中的试点创新"。

2006年,江苏省推行"小城镇集约发展试点镇",赋予其享受省重点中心镇的优惠政策待遇。2007年以来,江苏省每年选定约200个村庄,进行农村环境综合整治,2011年,江苏省在村庄整治活动中继续开展"省级康居乡村建设试点"和"节约型村庄建设试点"。

2008年,江苏省国土厅开展"万顷良田建设工程试点方案"。2011年,江苏省在《关于以城乡发展一体化为引领 全面提升城乡建设水平的意见》中提出"切实做好农村土地整治工作,规范开展城乡建设用地增减挂钩试点"。"加快农村土地和农民住宅确权登记发证,探索建立城乡统一的建设用地市场,鼓励有条件的地方开展农村土地承包经营权、农村集体建设用地使用权和农村住房抵押贷款试点,扶持农村产业发展"。

6.3 集约化相关政策的发展趋势预判

6.3.1 影响因素

按照制度经济学的思维逻辑,在特定的制度环境下,总会逐渐暴露出现有制度的矛盾,并呈现出对新制度的需求。从外部看,资源条件的改变、外部发展的影响会使原来的制度安排和结构成为不是净效益最大的制度,因而产生了制度变革的动机和需求,甚至会改变可供选择的制度集合和选择范围,这一切就会导致制度非均衡的出现。

制度变革的内部因素要从利益的角度进行解析。乡村空间中首先存在着作为个体的农民的利益,而由农民自发形成的农民组织能够间接反映农民的利益诉求。由国家利益延伸而下的中央政府、地方政府(包括乡镇政府),甚至带有行政色彩的村委会,既不同程度地体现了国家意志,也有各自的利益趋向。在市场环境中寻求获利机会的企业则以不同形态和方式参加乡村空间活动。各种政策就在这种利益的交互中演进。

空间集约化是为了提高土地利用效率,并常常在政策实践中与其他政策相伴随。未来的发展过程中,对应农地、农民居住用地和乡村工业用地的集约化利用,其能否持续和深化取决于以下要素。首先是政策的实际效用,体现在减少土地耗费、提高经济产值、提升产业层次、刺激地方经济活力、改善居民生活质量方面的评估结果,多从政府的角度考虑。其次是继续推进政策的阻力,特别是当政府实施政策手段有过激行为、对居民和企业产生了较强负面影响后,可能产生负面的反馈,多从政策的接受者的角度考虑。新的政策可能属于分配性的或是再分配性的,在政策推进的过程中会对应受益者和受损者,这种结构关系会对政策的发展起到关键性的影响。政府的资金实力也是重要的影响因素,没有足够的财力,对农用地的整理和居民集中的促进,都难以操作,特别是第一推动力就难以发起。进行制度转换也需要成本,和制度转换的收益相比,两者皆难以度量,而前者时间跨度较短,矛盾更容易凸显,其遭遇到的批判如果放在更长的时间维度来看,色彩可能就会淡化许多。依靠国家强制力推进的制度转换,与国家的威权和社会文化对其的可接受能力相关。总而言之,政治家们的追求和视野、政策方案对利益结构的调适、政策转变的成本、社会兼容并蓄的能力等直接决定和制约了集约化制度变迁的过程。

6.3.2　制度变更的属性

第4章中已经引入了强制性和诱致性制度变迁的概念,对分类土地集约利用制度的变化情况,可以进行逐一判断。

原有农地制度的非契约性、无退出自由、缺乏效率的根本矛盾,容易导致诱致性制度变迁。事实上,农村土地制度变革的历史与诱致性制度变迁紧密相连。在土地流转方面很多鲜活的例子,因有利益的直接促动,多是在国家鼓励农地流转之前就已经在农民私下里广泛地操作起来了。后期政府的推动也是在这些具备条件的地区才能实现。

以农民居住集中为主要手段的居住用地集约,分地区兼有诱致性和强制性变迁的色彩。论及其诱致性,是因为在苏南地区村办经济特别强的华西村、(张家港市)永联村等,既具备经济实力,也有整合土地结构的需求,早就自下而上地组织居住的集中。但对大多数不具备基层经济实力的地区,居住集中难以自发完成,政府的强制性行为或者提供的激励就成为一种跨度很大的选择。

工业用地的集约政策,属于典型的强制性变迁。企业自主追求的提高土地利用效率的行为,已经内化在市场中了,不属于政策的范畴。这种制度变迁带来的利弊,分具体政策手段不同,将在后文中详细讨论。

6.3.3　政策合理化的条件

在国家威权下,即使是显失公平的政策制度,也能得到推行,其代价昂贵,政策施行难以形成正面反馈。而在公平的原则下,政策才能充分兼顾到各方的利益,当其在现实环境下确实能够产生正面效应,政策才能持久和深化。对乡村空间集约化政策而言,政策走向理性的基本条件是政策决策过程的合理化,在不同政府层级间表现出一致性,或者至少没有明显的矛盾,同时,政策的反馈应能够影响到进一步的决策过程。另外要求有合理的乡镇管理架构支撑,能保证政策的有效实施。随着中国改革进入到深化阶段,对社会公平的诉求越来越显性,会逐渐改变政策制定和实施的基础条件。有关集约化的政策也有其阶段意义。当现实的问题逐渐消解,能够促进产业发展与居民居住地选择与市场的对接,或者集约化能够释放出来的土地潜力空间被压缩之后,政策的效用将会弱化。

对农地、农民居住用地、乡村工业用地分别梳理其集约化政策的变化轨迹,在时间轴上定位其关键的转折点,都是为了形成政策变化的整体图景。对政策演变特征的总结,涵盖了土地确权、土地整理、政策执行、资金保障、试点先行等内容。在分析政策属性和主要影响要素的基础之上,对集约化政策发展趋势的判断认为强制性政策和诱致性政策均不可或缺。

本章参考文献

[1] 李立. 乡村聚落:形态、类型与演变——以江南地区为例. 南京:东南大学出版社,2007
[2] 袁浩. 你所不知道的冰冷的经济真相. 北京:中国发展出版社,2012
[3] 盛洪. 现代制度经济学. 北京:北京大学出版社,2003

第三部分

乡村空间集约化
政策的方案分析

7 方案分析框架

7.1 方案分析的基本架构

在第 5 章中,已经尝试提出了经济角度对三类乡村用地的集约化量化评价指标,这里将做更大的扩展,拟选取几类影响较大的集约化相关政策,对其做更全面的分析。

针对各政策类型将展开价值分析、质量分析和兼容性分析(图 7.1)。价值分析关注政策对不同利益主体带来的利益消长,其目的是在多元价值体系中,界定主要的利益类型,辨别其中的矛盾冲突,以厘清价值合理性。针对不同微观利益个体或群体将分别阐述,同时也审视政策对社会整体的价值影响。其中一个非常重要的、也是验证这些政策属于集约化主题研究范畴的核心步骤,就是确认对其空间集约化的促进意向或可能性。另外,虽然集约化核心追求的是提高土地资源的效能,但为了分析行为主体的行为驱动力,即从何角度个人、集体和公司的行为等因之改变,在对利益进行分类研究时,不仅着眼于最直观的土地利益,也关注公共品供给水平差异和因居住状态不同等产生的其他利益。

质量分析注重政策方案的客观可行性,其中政治可行性衡量政策方案的稳定性、合法性和公正性,具体讨论政治架构能否有效支持政策的实施,其是否和现有法律规范冲突,也可能涉及公共参与等内容,考察政策对利益结构的调整是否具有现实适应性。经济和财政可行性分析主要关注有无资金保障条件,如果可能,借助于成本—效益分析来评价其经济效率。技术可行性分析往往针对量化评价标准、技术方法和操作手段进行。现实中,多数政策方案在政治可行性方面因有政治强力和严密的行政架构支撑,较易实现。而在经济可行性方面,从政府投入的角度来说,国家层面能够提供有力支撑,地方政府层面因财政能力悬殊,地区之间呈现出不均衡的状态。总的来说,方案的可行性分析既可能涉及内在合理性的探讨,也会涉及实际操作手段的有效性。

政策方案的兼容性重点考虑政策体系内在的协调要求,论及具体政策与其他政策之间的关系,判断是否有关联,这种关联会产生正面的促进效应还是负面的阻碍作用。集约化政策必须与满足其他经济社会环境目标的政策进行整合,如处理与公共服务均等化、提升就业结构等政策的关系。政策间矛盾的解决如果不能内化在本项政策议程内,就需要纳入更高级别的政策系统中统筹安排。特定政策只有与其他政策协同才能出实效,甚至可以达到事半功倍的效果。因为制度变迁类似于一种进化的过程,作为政策束,其变迁过程最大的可能是从一个制度安排开始,然后渐渐地传递到其他制度安排上去。这种过程是在一个由历史确定的制度结构中发生的,并以这个现行的制度结构为条件。某些制度安排从抽象的理论观点看可能是有利的,但由于它与制度结构中其他现行制度安排不相容,因而是不适用的

(林毅夫,1989)。科斯在《社会成本问题》中也有过类似的提法:"对各种社会安排进行选择时,我们必须记住,改善某些决策的现行体系的变化也可能会恶化其他决策"(科斯,1960)。

方案分析在这里是个广义的过程,既包含对政策方案及其实施过程的评价,也包含对政策实施后的效果评价。其中涉及对于价值体系整体的影响,需要在多种价值中进行选择和梳理,正因为如此,政策分析就不仅仅是技术上的事情,也表现出伦理的特征。在整个评价体系中,将较为普遍的3E的思想也融入其中,即 Efficiency(效率)、Effectiveness(效果)和 Equity(公平)。

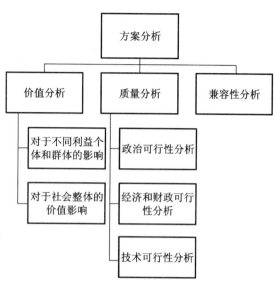

图 7.1　方案分析框架

7.2　政策主题和评价方法

结合现实的发展,重点关注乡村土地整治政策、土地流转政策、村庄规划建设管理政策和对乡村工业用地的集约利用政策。同时,区划调整(主要是撤乡并镇)作为促进土地集约利用和资源整合的重要手段,也一并纳入分析的主题。

参考威廉·N. 邓恩(William N. Dunn)对政策论证模式的分类,将穿插使用权威模式、统计模式、解释模式等。其中权威模式中一般会引用相关专家的观点作为佐证,可以假设其观点能够获得一定程度的认同;统计模式是在总量统计数据或一定量的样本数据的基础上进行分析;解释模式更多结合价值判断和行为过程分析,推导出事情的前因后果。

本章参考文献

[1] 盛洪. 现代制度经济学. 北京:北京大学出版社,2003
[2] [美]威廉·N. 邓恩. 公共政策分析导论(第二版). 谢明,等,译. 北京:中国人民大学出版社,2002

8 土地整治政策[①]

8.1 政策发展线索

8.1.1 全国层面的土地整治总线索

土地整治和土地开发整理基本是统一的,其涉及农地、农村居民点用地和零散工矿用地等。我国农村土地整治最早从20世纪80年代开始,1999年,国土资源部出台《关于土地开发整理工作有关问题的通知》,2003年有《土地开发整理若干意见》和《全国土地开发整理规划(2000—2010)》,2005年出台《关于加强和改进土地开发整理工作的通知》。2008年出台《关于进一步加强土地整理复垦开发工作的通知》。2008年《全国土地利用总体规划纲要(2006—2020)》中,再次强调"积极盘活建设用地存量;探索实施城镇建设用地增加与农村建设用地减少相挂钩的政策,推进农村建设用地整理;加强区内集中连片、高标准基本农田的建设"。资料显示,仅2009年,全国农村土地整治新增农用地达30.5万hm^2,其中,新增耕地达到26.9万hm^2。2012年,国土资源部的《全国土地整治规划(2011—2015)》中,明确了伴随着"十二五"的土地整治任务,要求"主要围绕工业化、城镇化水平比较高的区域,开展农村建设用地整治,涉及28个省(区、市)、549个县(市、区)。通过工程实施,新增耕地约6万hm^2,农村生产生活条件显著改善"。

资料:2003年《全国土地开发整理规划(2000—2010)》(择选)

"东南沿海区:包括上海市、江苏省、浙江省、福建省、广东省、海南省。区内人均耕地少,建设占用耕地数量较大,土地后备资源相对匮乏。本区要以农田整理、农村居民点整理和土地复垦为重点。突出内涵挖潜、集约利用,以增加有效耕地、提高土地质量为目标。结合基本农田建设、小城镇建设和农业结构调整,大力推进农田向规模经营集中、农村居民点向中心村和小城镇集中、工业向园区集中。在保护海洋生态环境的前提下,适度开发利用沿海滩涂资源。"

全国10个土地整理重点区域,包括长江中下游平原区。土地开发整理重大工程包括东中部粮食主产区基本农田整理工程(其中含苏沪地区),工程主要任务和措施为:继续按照"农田向规模经营集中、农村居民点向中心村和小城镇集中、工业向园区集中"的要求,结合基本农田建设、退田还湖、平垸行洪、移民建镇和水利设施建设等,大力实施"田、水、路、林、

[①] 本章部分内容已在《规划师》2013年第12期《论英国的圈地运动与今日中国的土地整治》一文中以基金项目的名义刊出。

村"综合整理,完善农田基础设施,增强防洪、排涝等抵御自然灾害的能力,全面提高农田质量和土地集约利用水平。

8.1.2 增减挂钩的子线索

完全融入总控全局的土地开发整理或整治政策中的,还包括两条子线索,一是城乡土地增减挂钩政策,一是高标准农田建设政策。"增减挂钩"一般指依据土地利用总体规划,将若干拟整理复垦为耕地的农村建设用地地块(即拆旧地块)和拟用于城镇建设的地块(即建新地块)等面积共同组成建新拆旧项目区(以下简称"项目区"),通过建新拆旧和土地整理复垦等措施,在保证项目区内各类土地面积平衡的基础上,最终实现增加耕地有效面积、提高耕地质量、节约集约利用建设用地、城乡用地布局更合理的目标(图8.1)。本质上讲,增减挂钩政策与已有的"占补平衡"是一致的,后者要求非农建设经批准占用耕地要按照"占多少,补多少"的原则,补充数量和质量相当的耕地。比较而言,前者更为主动积极,能促发地方政府的行动力,后者受用地指标限制,较为被动消极。

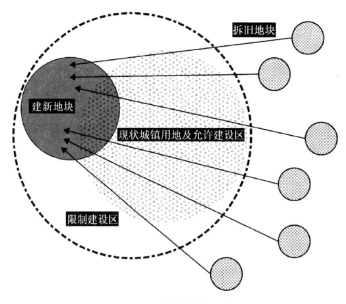

图 8.1 增减挂钩示意

资料来源:国土资源部土地整治中心,城乡建设用地增减挂钩政策与实践(PPt),http://www.lcrc.org.cn/publish/portal0/tab38/,2014-3-1 摘录

总体上,增减挂钩政策的发展可以分为 3 个阶段。2004 年以前,属于增减挂钩政策的引导期。集中在 2000 年,《中共中央、国务院关于促进小城镇健康发展的若干意见》中提出"鼓励农民进镇购房或按规划集中建房,节约的宅基地可用于小城镇建设用地"。国土资源部《关于加强土地管理促进小城镇健康发展的通知》中也提出"小城镇建设用地必须立足于挖掘存量建设用地潜力。用地指标主要通过农村居民点向中心村和集镇集中、乡镇企业向工业小区集中和村庄整理等途径解决"。国土资源部《关于加强耕地保护促进经济发展若干政策措施的通知》里再次提到"为鼓励挖掘农村建设用地潜力,对将原有农村宅基地或村、乡(镇)集体建设用地复垦成耕地的,经省级国土资源管理部门复核认定后,可以向国家申请增

加建设占用耕地指标"。"为鼓励开展农村集体农用地整理,对各地自筹资金进行农用地整理净增农用地中的耕地面积,经省级国土资源管理部门复核认定后,可以向国家按照60%的比例申请增加建设占用耕地指标"。

2004年以后,进入政策的试点推进期。2004年,《国务院关于深化改革严格土地管理的决定》中,明确提出"鼓励农村建设用地整理,城镇建设用地增加要与农村建设用地减少相挂钩"。2005年,国土资源部《关于规范城镇建设用地增加与农村建设用地减少相挂钩试点工作的意见》出台,强调试点工作通过建新拆旧和土地复垦,实现项目区内建设用地总量不增加,耕地面积不减少、质量不降低的土地整理工作。继之2006年的《关于天津等五省(市)城镇建设用地增加与农村建设用地减少相挂钩第一批试点的批复》直接指导天津等地的试点工作,具体到建新拆旧项目区的设置、土地周转指标的使用等内容。2007年,国土资源部出台《关于进一步规范城乡建设用地增减挂钩试点工作的通知》,2008年,国土资源部出台《城乡建设用地增减挂钩试点管理办法》。2008—2009年又分别批准了19省市加入增减挂钩试点。

其后,进入政策的规范和完善阶段。2010年,国务院出台《关于严格规范城乡建设用地增减挂钩试点 切实做好农村土地整治工作的通知》,坚决杜绝操作中出现的违规问题。2011年,国土资源部继续出台《关于严格规范城乡建设用地增减挂钩试点工作的通知》、《城乡建设用地增减挂钩试点和农村土地整治有关问题的处理意见》、《关于加强城乡建设用地增减挂钩试点在线监管工作的通知》等。

资料:《关于严格规范城乡建设用地增减挂钩试点 切实做好农村土地整治工作的通知》(2010)(择选)

确保项目区内建设用地总量有减少,布局更合理,耕地面积有增加,质量有提高;坚决制止以各种名义擅自开展土地置换等行为。在推进农村新居建设和危房改造及小康示范村建设等工作中,凡涉及城乡建设用地调整使用的,必须纳入增减挂钩试点;严禁擅自开展建设用地置换、复垦土地周转等"搭车"行为;严禁突破挂钩周转指标;严禁盲目大拆大建和强迫农民住高楼;严禁侵害农民权益。

8.1.3 高标准农田建设的子线索

高标准农田建设主要是以落实具体项目的方式推进,同时有年度指标性的要求。如2012年国土资源部出台的《高标准农田建设计划》中,提出全国1亿亩的总目标,其中河北、江苏、安徽、山东、河南、湖北、四川等地都超过500万亩。高标准农田又与国家基本农田保护示范区的推进有关联。自2005年国土资源部推出《设立基本农田保护示范区工作方案》,对基本农田的品质做出了要求,包括"五年内,示范区基本农田经过土地整理面积达到10万亩以上",且满足土地集中连片,田块平整、规则,水利设施配套,田间道路通达,防护林网配套。《江苏省高标准农田建设规划(2010—2020)》中,根据全省农业分区,制定各区高标准农田建设标准,选择建设重点,至2020年,计划完成1650万亩的任务。

8.1.4 江苏省层面的发展线索

2006年,江苏省国土厅出台《关于加强城镇建设用地增加与农村建设用地减少相挂钩试点工作管理有关事项的通知》和《江苏省土地开发整理项目实施管理暂行办法》。在后者中,明确几类基本的项目类型,其中:"国家投资土地开发整理项目"是指国家使用新增建设用地土地有偿使用费上缴中央财政部分安排的土地开发整理项目;"省投资土地开发整理项目"是指省使用新增建设用地土地有偿使用费省集中部分和土地出让金省集中用于农业土地开发部分安排的土地开发整理项目;"省易地补充耕地重点项目"是指为实现全省的耕地占补平衡,利用耕地开垦费进行重点投资的土地开发整理项目。2007年省国土厅《关于进一步加强土地开发整理工作的通知》中,加强了对项目的规范运作。

2008年,极具地方特色的《江苏省"万顷良田"建设工程试点方案》出台,其目的是"以土地开发整理项目为载体,以实施城乡建设用地增减挂钩政策为抓手,通过对田、水、路、林、村进行综合整治,增加有效耕地面积,提高耕地质量;将农村居民迁移到城镇,节约集约利用建设用地;建成大面积、连片的高标准农田,优化区域土地利用布局,实现农地集中、居住集聚、用地集约、效益集显目标的一项系统工程"。具体目标是"通过实施万顷良田建设工程试点,至2010年,建成高标准农田2万 hm^2 以上,新增耕地面积600 hm^2 以上。形成一批集中连片、基础设施配套的高标准农田,为现代农业的发展提供良好的平台,有效改善农民的生活水平和生活质量"。要求包括:"工程区(土地开发整理区)以县(市、区)为单位,应具有总面积1 000 hm^2 以上、分片面积300 hm^2 以上的农用地整理规模"(表8.1)。2009年出台的《江苏省土地利用总体规划(2006—2020)》中相应提出:"结合江苏省'万顷良田'建设工程的实施,积极开展基本农田保护示范区建设"。2012年,"万顷良田建设工程"获国土资源部科学技术奖一等奖。

资料:全省万顷良田项目发展状况

截至2010年年底,全省共有47个试点规划方案通过省国土厅万顷良田建设工程(试点)规划方案的审查论证,并获得批复实施。已通过审查的试点工程建设总规模达59 887 hm^2,计划新增耕地面积达8 807 hm^2,可盘活建设用地6 282 hm^2,投资额预计360亿元。

(资料来源:本章参考文献[2])

表8.1 苏南地区万顷良田建设工程(试点)基本情况

地区		项目区总规模(hm^2)	新增耕地面积(hm^2)		
			合计	土地整理	建设用地复垦
南京市	栖霞区	1 323	205	41	164
	浦口区	1 198	102	42	60
	六合区	2 464	473	186	288
	溧水县	880	160	100	60
	高淳县	1 420	131	30	101
无锡市	江阴市	1 190	55	23	32
常州市	武进区	1 012	118	20	97
	新北区	1 538	140	33	107
	溧阳市	1 122	104	47	57
	金坛市	1 015	135	64	72

续表 8.1

地区		项目区总规模 (hm²)	新增耕地面积(hm²)		
			合计	土地整理	建设用地复垦
苏州市	相城区	680	114	13	100
	吴江市	735	122	64	58
	昆山市	467	42	7	35
	太仓市	1 052	144	16	128
	张家港现代农业示范园	1 041	32	16	16
	张家港金港镇	689	94	9	85
镇江市	新区	3 727	760	264	497
	丹阳市界牌镇	671	123	11	112
	丹阳市云阳镇	706	66	14	52
	句容市后白镇	1 119	121	17	104

资料来源:本章参考文献[2]

8.2 方案的价值分析

8.2.1 对集约化的促进意向或可能性

"土地集约利用"在所有有关土地整治的政策里都是核心目标之一。对农地而言,土地整理带来的农地增量可以在区域层面上理解为一种集约化的效果(参见第5章)。土地整理还改变了农地的品相,提升了开展规模化耕作的条件,为耕作品种、农业经营组织方式的多样化做了准备。经济要素组合的选择集的扩大,为经济效率的提升创造了条件。最终体现出来的,与原来高密度的劳动力投入和精耕细作下的产出进行比较,未必是立竿见影的单位土地面积土地产出率的提高,但是将改善土地要素和其他经济要素的组合配比关系,在一种更高的层次上,充分实现土地的价值。土地整治对建设用地的集约化价值,包括零散的工矿用地和原宅基地,都将在其他章节中专门论述。

8.2.2 对于不同利益个体和群体的影响

藉万项良田等土地整治项目,对地方政府而言,有助于保质保量地完成耕地保护的任务,同时,因建设用地增减挂钩可获得新的用地指标,也就相应地获得了外延式经济发展和以地生财的机会,还能获得改善民生的政绩的机会。

对农民而言,对农地、废弃地和集体建设用地的整理,使落在集体名头上的耕地得到量和质的提升,农民通过集体增加了个体的权益。整治后的农地,形成了更加宜于流转的条件,常常会促发农民的土地承包经营权转移,进一步带动居民就业和居住的转变。少量农户通过租用批量土地的程序直接升级为家庭农场主。部分新增建设用地指标如果能留在集体,如用于建设标准厂房,实现集聚集约开发和产业配套提升,收益归集体或村土地股份合作社,则农民也能因此获利。从地租的角度,土地规模经营后,在有稳定的收益预期的前提下,通过增加土地投资,可以创造更多的Ⅱ类级差地租(根据马克思主义的地租理论)。通过土地确权后进行的耕作权利转让,农民仍保有绝对地租和Ⅰ类级差地租。

针对农用地整理中新增耕地产生的收益分配较少争议,其中,国有土地、镇集体土地、村集体土地新增耕地产生的收益分别由政府、镇集体、村集体享有。农村宅基地及独立工矿用地整理新增耕地收益分配可能存在3种分配方案:一,新增耕地收益归政府所有;二,新增耕地收益归村集体所有;三,合法宅基地面积整理新增耕地收益归宅基地使用权人享有,多余的自然宅基地整理新增耕地收益归村集体所有。农村宅基地所有权属于集体,使用权属于农户,如果农村宅基地整理带来的新增耕地收益由政府享有,其过程有较多的漏洞。而对农户宅基地用益物权得到农民认可的补偿后,新增耕地收益应该归村集体所有。如果对拆迁房屋进行直接补偿,而用合法宅基地面积新增耕地收益用作为农户宅基地用益物权权益的补偿,也许是彼此都能接受的比较折中的收益分配方式(赵得军等,2011)。

同时,对社会上的各种资本或者企业而言,克服了原来分散的耕地、不均匀的耕作条件等阻碍,现在也有了更多机会进入到乡村地区,其资金实力保障了开展规模经营的竞争力。农业的发展藉此实现了多元融资。

将土地整治中包含的农民居住地的变更内容合并到第10章有关村庄建设管理的政策章节中,此处不赘述。

8.2.3 对于社会整体的其他影响

所有土地开发整治的相关政策,在其目标体系里都会提出包括"提高农业综合生产能力"等目标。如果农田灌溉条件不足、设施老化、中低产田比例高,则高标准农田的建设能提高农业耕作条件,有助于提高农地的生产力。农地平整和规模化经营有助于农业机械化、农业技术推广与创新和农业基础设施建设。农业的特殊性使得它的规模经营效益要比非农产业弱,但通过解放农业劳动力,可以提高劳动生产率。比较劳动生产率而言,土地生产率的提高并不十分显著。通过对中国、美国和日本1990年代初和2000年代初人均耕地面积和机械拥有量等数据的比较,可以衡量基础资源条件和机械化程度的巨大差异(表8.2)。

表8.2 农业集约化经营程度比较

年份	国别	农业经济活动人口(万人)	平均每个经济活动人口耕地面积(hm²/人)	平均每千经济活动人口拖拉机拥有量(台/千人)	平均每千经济活动人口化肥施用量(t/千人)
1994	中国	51 324.0	0.2	1.4	64.6
	美国	354.0	52.5	1 355.9	5 448.0
	日本	385.0	1.0	532.5	463.1
2001	中国	51 088.0	0.3	2.2	—
	美国	296.8	59.0	1 617.3	—
	日本	260.7	1.7	777.9	—

资料来源:联合国粮农组织1995年《生产年鉴》,1995年《肥料年鉴》,2004年《世界经济年鉴》。

随着土地整治的力度和广度的扩大,必然对中国的经济发展产生显著影响。通过土地整理"找出"的增量建设用地,借助于增减挂钩等政策,在用地资源稀缺的今日中国,缓解了地区发展的瓶颈,在坚守对土地严格控制的原则下,找到了一条救济之路,释放出更多土地要素资源,部分消解了经济发展的困局,为推动二、三产业的发展助力。

增减挂钩项目,在于使原来受区位、分散状态、使用权利等限制而"不值钱"的宅基地和乡村建设用地,通过指标转换的过程,转而可以在区位更好、更适宜、更符合用地总体安排的地区使用,大大提升了等量建设用地的经济价值,提高了社会的总财富。当然,如果严格按照项目区内腾挪的规定,则区位的置换有限,价值差异也就有限,反之,则带来巨大的价值差。

农地规模利用,可以实现内部规模经济和外部规模经济,而土地报酬递减规律则会对其产生一定的限制作用,这为基本的经济学理论所证实。规模化生产的条件,方便企业进入农业生产领域,为企业增长带来机遇,刺激了经济的活力。同时因农业的产业化,可以更加及时有效地对接市场,挖掘和激发了市场消费需求,减少了耕作的风险,也能提高农业的经济效益。所以总体上说土地整治对提升一产、支持二产、繁荣三产有正面效应(表 8.3)。

从一个比较特殊的角度来看,如果将土地划分为建设用地和非建设用地两类斑块,政策的实施过程实际上是一种景观破碎化程度降低的过程。在斑块面积比重没有明显变化的前提下,破碎化程度下降,景观会更趋于完整,景观系统更趋于健康,区域土地格局的抗干扰能力更强(甄霖等,2005)。

表 8.3 土地整治政策的利益界定

	利益影响
农民或农村集体	改善的农业生产条件; 增加的农地所有量; 可能获得部分建设用地指标兑现的利益; 土地更易于流转,农民有更多选择
企 业	获得进入农业生产领域的机遇
地方政府	部分与国家相关层面的利益相同; 通过建设用地整理"找"出新增建设用地指标,从而有助于二、三产业发展
国家、社会	有助于保障耕地; 规模化农业生产提升经济结构; 鼓励经济主体进入农业生产领域,从而刺激了经济活力; 新增建设用地对经济整体发展的推动; 因空间转化带来的土地升值,提高了国民财富

8.3 方案的质量分析

8.3.1 政治可行性分析

国内土地市场存在城乡割裂,国家掌控土地一级市场,农民拥有的是不完整的、时时调整的土地权利,凡此种种,使得土地的供需关系从源头上就难入正轨,中国的土地市场也远远不是个有较高自主性的市场。简而论之,政府主导的经济发展,加上不统一的城乡土地市场,助长了对建设用地的需求。应对需求,政府在必须保护耕地和有限拓展建设用地的前提下,以政府力为主导,在调整城乡用地结构的方向上寻找机遇。土地整治是政府力与市场力的混合和叠加,强政府更是发挥了显著的引领作用。政府从上而下推动,在保障民生的基础上,通过系列政策和高效的政治运作体制,加上启动期内相当的经济实力,才能推动较大的空间调整,以政府的有形之手同时增加了耕地和可建设用地的供给。对农民和农村社会而言,由土地整治带来的改变基本是外力所致。土地整治项目常常在上级政府的积极推动下,以乡镇政府、村集体为直接操作主体,有时还有市县层级成立的开发公司参与,在行政力和大量资金的基础上,以各种形式展开。由于是国家和地方政府投资,具有再分配性的政策特征,一般不会产生直接的利益矛盾。

在土地整治的过程中,会涉及土地权利的调整。如增减挂钩项目中分别在拆旧区和建新区内的土地权利调整。或者单独的农地整理项目中,增加的耕地面积的归属等。在相关法规的基础上,通过协商约定实现。一般认为,其公平性取决于协商的过程,只要过程是平等、公开、透明的,那就能保证结果公平。

对土地整治合法性的质疑主要针对政府与村民达成一致的基础和过程。中国农民对于土地的权利自新中国成立后历经了4个典型阶段。第一个阶段消灭了封建土地制度,农民分得土地,每家每户自耕自收;第二个阶段自1953年始,对农业的社会主义改造,使土地变为集体经营,1958年后更是通过组建人民公社,继续扩大了农业的公有化规模,农民对土地的支配权完全掌握在集体手中;第三个阶段起自1978年,在凤阳小岗村拉开序幕,通过实行家庭联产承包责任制,在土地社会主义公有制的基础上,农民享有较充分的通过个体劳动自负盈亏的权利;第四个阶段可以认为是后家庭联产承包责任制阶段,包含更多地方进行的自主制度创新,所以各地进入的时间不一,为与第三阶段做呼应,姑且划在小岗村重走集体合作之路的2008年。其特征是在对农村土地确权、允许和鼓励土地流转的国家政策下,农民选择将分散的承包地和自留地进行集中,通过成立土地股份公司等对接市场,更加充分地实现附着在土地上的利益。1980年代后半期以苏南模式为代表的乡镇企业发展,以及1990年代以广东南海为代表的试行土地股份制分享土地增值利益等行为,均是通过集体土地非农化实现,影响很大,也对后期的政策调整起到了诱致性改变的作用,这里将其划在第三阶段。总体而言,60年内土地政策的波动不可谓不大。对农民而言的土地权利,主要是由外力赋予或者剥夺。农村土地的集体所有,始终具有产权意义上的模糊性,也带来实际使用过程中的模糊地带。对于宅基地和农村住宅的权利、对于乡村集体进行农转非土地使用的权利、对于承包地和自留地在农户的耕作权之外的权利等,法律轮廓并不清晰,其更深的影响就是农民对土地的期待不明确。所以,在协商过程中,农民对于自己的得失缺乏稳定的标准,那么判断依据就只能简化为比较土地权利变更前后,自己今天较昨天的生活状态是否优化。一旦满足了此标准,就是能争取多少是多少的心态了。在这个意义上,农民面对的是有限选择(王海卉等,2013)。

还有一点也可存疑。实施土地整治项目主要在市县政府以上层级,乡镇政府有贯彻上级政府意图的天然使命。村集体名义上是村民的自治代表,村庄人口的流动性和集体资产的丰歉程度影响到其自治的能力和实际效果。乡村的组织化程度低,村集体进行代理的可靠性不能得到充分的保障。继而在推动类似土地整治项目的过程中,可能出现少数人主导的村集体与地方政府的利益联盟,相应的,个体农民掌握的信息和维权的方式难以得到支持,就不能保证其自身的利益最大化。

8.3.2 经济和财政可行性

在第6章中,已经列出了2000年的《农业综合开发土地复垦项目管理暂行办法》、

2003年的《全国土地开发整理规划》、2012年的《全国土地整治规划》中对资金保障方面提出的要求。目前,我国农村土地整治资金主要来源于向上级申请的土地整理专项资金、新增建设用地土地有偿使用费、用于农业土地开发的土地出让收入、耕地开垦费和土地复垦费、耕地占用税等。可以归结为国家专项基金、地方政府规范性的规费支出和针对项目的财政拨款。其他相关部门的涉农资金也大量投入到土地开发、农村基础设施建设领域,如交通部门的农村道路基础设施建设资金、水利部门的农田水利建设资金、农业综合开发部门的专项资金等。理论上,地方政府的项目预算中可能包括的要素如表8.4所示。

表8.4 · 土地整治项目的主要经济要素分析

	类型	内容	资金来源或者利益分配
投入	土地整理	土地平整工程	新增建设用地有偿使用费、土地出让金收益、土地开发整理专项资金、其他
		农田水利工程	
		道路工程	
		其他工程(农田防护林、拆除房屋)	
	拆迁补偿	房屋货币补偿	
		工业企业及特殊用地拆迁补偿费	
		临时安置补助、搬迁补助	
		青苗补偿	
	安置区建设	基础设施建设	
		房屋建设	
产出	农地	增加耕地总量,提高耕地质量	为农村集体、农民带来直接的资产收益
	建设用地	通过农村居民的迁居,间接提高其居住强度,以增减挂钩政策为依据,"找"出建设用地指标	结合安置、补偿过程中的具体政策有差异;建设用地指标给地方政府带来资产收益

从投入的角度,地方政府在争取中央的项目资金的基础上,自身也需具备相当的实力,来填补建设安置房、平衡农民"土地换保障"的资金、进行土地复垦建设等。所以在较发达地区,雄厚资金对应的高标准补偿和保障,使土地整治项目能够推动得较顺利。政府全方位地关于公共事务的安排和对农民利益的保证,使其能获得"保姆"式政府的美誉。

2005年江苏省财政厅出台的《江苏省土地开发整理项目和资金管理暂行办法》中,提出项目成本包括前期工作费、工程施工费、设备购置费、竣工验收费、业主管理费和不可预见费,并规定新增建设用地土地有偿使用费和土地出让金用于农业土地开发资金省集中部分的年度预算。现实中各地运作的模式仍有较大区别,县市政府、乡镇、村集体在其中的角色以及出资责任等均不同。

资料:张家港永联村增减挂钩项目

2006年,江苏省张家港市永联村经国土资源部批准,成为全国首批城乡建设用地增减挂钩试点之一。永联村增减挂钩试点项目总投资7.94亿元,主要资金支出为拆迁补偿费、安置区土地征收费、安置房建设投资和安置区基础设施投资、建设用地复垦费等。这笔资金主要来源于村集体在永钢集团25%的股份分红,加上市政府建新地块收益返还(主要是土地出让收益返还和征地过程中免收的耕地开垦费、土地有偿使用费、农业重点建设开发资金等),以及拆迁村民购买安置房支付的购房款等。

(资料来源:本章参考文献[5])

资料:非苏南地区案例中的经济账

2008 年,泰兴市姚王镇桑木村、宣堡镇郭寨村两项目区总面积 1 104.25 hm²,实施拆迁和农田整理约需资金 32 343 万元。资金来源可以从以下几个方面进行筹集:一是争取土地开发整理专项资金,由省级财政投资 4 076 万元;二是使用挂钩指标收取的新增建设用地有偿使用费、耕地开垦费和农业重点开发建设资金。通过工程的实施,可以争取挂钩指标 1 417 亩,筹集新增建设用地有偿使用费 3 214 万元,耕地开垦费 1 040 万元,农业重点开发建设资金 284 万元;三是新增建设用地有偿使用费返回资金,预计项目实施期间,全市可用的新增建设用地有偿使用费返还资金可达 4 500 万元。以上合计可筹集资金 13 114 万元,尚有 19 229 万元的资金缺口。缺口部分可以用新增建设用地出让金收益弥补。两项目实施到位后,可新增建设用地指标 1 417 亩,其中 992.25 亩指标可以用于城市建设。目前,全市城市建设用地出让金基本在 120 万元/亩以上,扣除 10 万元/亩的用地成本后,992.25 亩城市建设用地可以获取出让金 109 147.5 万元,不仅可以弥补 19 229 万元的工程实施资金缺口,而且可以节余 89 918.5 万元的收益用于全市经济社会建设。

(资料来源:本章参考文献[6])

本质上,土地整治项目或是由政府主动、或是市场主导、或是农村集体组织自主运行,其运作的模式和承担的风险有差异。现实中绝大多数是由政府主导,即便如此,在经济的不同发展阶段也会存在适宜性的差异。

资料:媒体报道摘录

镇江市国土资源局副局长×××认为:"整合土地资源,需要政府巨大的财力投入。人均 GDP 超过 1 万美金的,可以考虑做;人均 GDP 只有三四千美金的,最好不要做。因为财力不够,政府容易不自觉地从农民的土地上攫取利益,从而引发社会问题。眼睛只盯着'土地',不系统考虑解决'三农'问题,绝对行不通。"

常州新区农业局局长×××则建议:"废弃地变良田,对多出来的耕地收益,按'四三三'比例分配,即 40%归村民,30%作为合作社工作经费,另外 30%作为风险备用金,万一企业倒闭,合作社可用风险备用金,支付农民收益。"

(资料来源:夏珺,秦晓燕,张晏.苏南:土地整治破"三难",http://finance.people.com.cn/GB/12 241 188.html, 2010-7-25)

8.3.3 技术可行性

从传统的小农耕作过渡到规模化生产过程中的主要障碍在于中国现实中紧张的人地关系和未理顺的土地产权关系。韦亚平曾就人口与资源约束条件下的城市化模型进行了研究(图 8.2),其过程包括:首先构建了理想的人口城市化的均衡发展模型,在这种情况下,随着城市内的专业化分工细化,会产生城市化的需求。城市专业化水平上升将产生城乡收入差距,吸引农民转向城市就业,而每增加一个城市化人口就可以产生一份农业用地节余,即使在城市扩张适度占用农地的背景下,仍然能保证人均农业用地面积增长,最终引发规模化耕作,提高劳动生产率,缩小城乡收入差距,也会相应提高农民对城市工业品的需求。城市人口增长,会进一步促使劳动分化,加快分工演进,城乡整体上处于一种均衡的动态循环过程。

但是,按韦亚平的模型继续推导,在农村已经存在大量剩余劳动力、耕地异常紧张的较发达地区,城市化无法带来既有小农模式下的农业土地节余,经营者也就缺乏动力去采用新的规模农业技术,农业生产率不能提高。在开放的国际环境下,农产品价格难以和国际农产品竞争,只能维持较低的价格水平,农业人口收入低就无法形成有效需求,即使城市在参与国际贸易的背景下能够深化分工体系,并带动农村人口转化,但农村仍然可能陷于贫困锁定的状态。系列分析过程揭示出的实质性问题是,农村规模经营所需要的核心条件是如何消化已经存在的大量农村剩余劳动力。

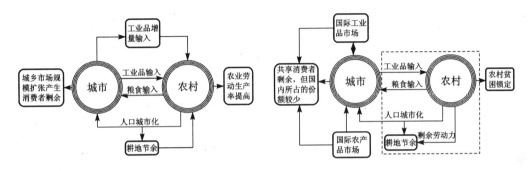

图 8.2 韦亚平的两种状态下的人口和资源约束模型

左图为理想的城市化模式,右图为资源约束下的城市化模式

每个综合性的土地整治项目,或者单独的高标准农田建设项目、增减挂钩项目等,都有具体的设计方案,对项目的空间范围、土地开发潜力、土地整理方案、拆迁补偿和迁建方案、资金预算、实施阶段等方面做出安排,甚至对涉及人口安置和土地流转方面做出建议。同时,在土地综合整治过程中,涉及的部门多、利益复杂,需要多部门协调才可能最终实现。其推进的方式也多是以试点的形式,能够增加政策的适应性,磨合新政策的棱角。早期开发整治对接的是复垦矿山地、废弃地等,其规模小,各级政府能看到的经济利益也比较有限。当其范围逐渐向农民宅基地或乡镇企业用地扩展,工作难度加大,成本提高,但因为会产生建设用地指标,其附着的经济利益也有了质的变化。政府的积极性与此有直接的关系。

在项目实施过程中,问题也是不少的[①]。第一类问题与土地产权制度相关。如增减挂钩过程中,因原有宅基地和住房产权不清晰,易造成矛盾,这也是需要确权的原因。第二类问题根源于相关管理办法有待完善。《城乡建设用地增减挂钩试点管理办法》(2008)对增减挂钩有关事项,仅做了原则性的规定,地方多未出台具体的实施细则和操作办法。实践中,有些地方验收权限层层下放,造成项目单位同时又是验收单位,项目质量难以保证。第三类问题体现在项目设计方案上。如少数地方片面追求建设用地指标,擅自开展增减挂钩试点或扩大试点范围,扩大挂钩周转指标规模;也会出现肆意拆旧,哪里好拆拆哪里;还有对农民就业和生活考虑不够,不顾乡村风貌和古村落保护等;或者因土地利用规划、城乡规划、水

---

① 参考:陈谊娜,李松,徐旭忠. 增减挂钩变形记,http://news.sina.com.cn/c/sd/2010-11-21/192621509133_3.shtml,2013-4-18摘录

利、交通等各专项规划之间互不衔接带来矛盾;还有拿劣地换良田,致使耕地质量打了折扣的情况,造成同样的面积但粮食产量却差别很大,长此以往,反而会损害粮食安全。第四类问题体现在实施过程的不规范,甚至有违法行为。如个别地方违背农民意愿强拆强建;如在挂钩规划实施的过程中先拆后建,或者两者同时进行,往往会由于资金的缺乏使农民得不到妥善安置,最终损害了农民的利益;如有些周转指标不能按时归还,将本来用于建新的周转指标,在一个周转期内重复、多次使用;还有未批先占、多占少补、占优补劣、只占不补等,甚至出现刷绿漆、挂绿网以"迷惑"国土部门卫星遥感的奇怪现象。另外,违反禁止跨县域范围调剂、使用周转指标的规定,挂钩指标"满天飞",建设用地指标盲目流入大城市,以及挂钩周转指标收益分配不规范、不合理等,或是补充耕地质量达不到要求。第五类问题融贯在整个过程中,是与管理者的观念和民主的意识有关而造成的公众参与不足。公众参与是维护公众利益、优化规划方案的必要手段。但在增减挂钩操作过程中,由于公众参与机制不健全、信息传递渠道不畅,距离能体现公正公平的状态甚远。

一般在与建设用地有关的土地整治项目中,地方都能够在项目批复后获得30%的增减挂钩启动指标,集中用于安置区建设。在"找到"了建设用地指标以后涉及如何使用方面,可以有非常微妙的规定,与指标的具体来源、可以调剂的范围有关。通过指标的调剂使用,上级政府能够调动辖区内资源,鼓励优先地区增长,协调区域发展。具体操作上,对于其涉及的空间范畴,也有无限遐想。如指标能否跨县操作,并在此基础上进行两地的共建等。

资料:关于指标的管理(择选)

省国土资源厅下达我市各区县的城乡建设用地增减挂钩建新控制规模和农转用计划可在全市范围内调剂使用;通过城乡建设用地增减挂钩、万顷良田建设工程、废弃工矿用地复垦调整使用等上级国土管理部门批准的复垦新增建设用地指标可在本区县范围内调剂使用;通过农村建设用地整治形成的建设用地指标原则上用于本镇街范围内的新市镇、新社区建设以及各类基础设施、民生工程等城乡统筹发展建设需要。

通过农村土地综合整治节余的建设用地指标可在全市进行市场化配置,市国土资源局制定土地整治形成的建设用地指标最低保护价,允许各区县调剂使用,并鼓励高淳县、溧水县将国家下达的农转用计划(配比相应规模的耕地占补指标),与栖霞区、江宁区、浦口区、六合区置换同等规模土地综合整治形成的建设用地指标。

区县内部调剂使用建设用地指标的,由区县自主制定调剂价格、资金收取与拨付等管理办法。

(资料来源:《南京市农村土地综合整治规划实施暂行办法》宁政发〔2012〕178号)

资料:通过增减挂钩政策拟促进无锡与新沂合作的设想

基于新沂市有丰富的农村建设用地资源而缺少整理资金,无锡市经济实力雄厚却缺乏进一步拓展的空间,分析了无锡市与新沂市经济发展水平的差异性,生产要素、资源的互补性,以及无锡市产业向新沂市转移提供的可能性。在江苏省支持苏南向苏北地区进行产业转移的政策指导思想下,设想通过在新沂拆旧,而获得的建设用地指标两边分成,且新沂地区的增量指标优先满足无锡市产业转移的用地需要等。

(资料来源:本章参考文献[9])

8.4　兼容性分析

推进土地整治不仅是空间上进行土地资源整理的过程,也会广泛涉及土地权利的变化、居民居住模式的改变等,与其关联的主要政策制度等内容如下:第一类是促进土地流转的政策,包括农地流转和农村集体建设用地的流转。一般来说土地高效流转的基础条件包括良好的市场环境、明晰的土地产权、发达的土地金融市场和优质的中介服务。土地整治是在对土地进行确权的基础上,改善了土地的可利用潜力,从而能够促进土地高效流转的前提条件。反过来,土地流转市场的活力,以及通过土地市场反映出来的土地潜力,能激发地方政府、乡村集体和村民进行土地整治的积极性。第二类是乡村自组织发育的制度环境。各种乡村自治组织和经济合作社对包括土地在内的资产管理方式、农业生产组织方式等至关重要。集体组织能够作为利益主体或利益代表,直接介入到土地整治和流转的过程中,影响到项目的进程和利益的分配。随乡村自治的发育,有望减少侵害和剥夺,更多实现公平和效率。第三类是相关的专业项目的支持情况。如南京市的农业"1115"计划与土地整治项目在空间上、资金利用上、阶段安排上可以交叠同步推进,通过部门间资源整合,提高项目的效力。

资料:关于南京市农业"1115"项目

2010年3月,南京市政府发布了关于实施农业"1115"工程的意见,提出用3年左右时间,着力打造100万亩高标准粮田、100万亩经济林果、100万亩高效养殖和50万亩标准化菜地。

更具体的资料显示,全市农业"1115"工程规划实施面积353.2万亩,涉及江宁区、浦口区、六合区、栖霞区、溧水县、高淳县等6个区县50个镇街。其中,高标准粮田面积102.3万亩、经济林果面积101.6万亩、高效水产养殖面积87.4万亩、高效畜禽养殖面积12.1万亩、标准化菜地面积49.8万亩。到2015年,全市农业"1115"工程规划总体落地率力争达到80%以上。

(资料来源:南京市政府.全市加快推进农业"1115"工程实施意见,2012)

土地整治政策并不能必然推动农地的空间集约利用,但通过改善耕作环境、对更开阔的市场中的投资者示好等,为发展规模化的、高技术投入的高产出农业准备了条件。结合村庄土地整治,以城市化的集中建造方式取代分散的、传统村落形态,减少了人均居住用地,带来居住用地的节约。土地整治还促使小的工矿企业迁并,能促发工业集中的规模效益,也为提高工业用地的集约度带来契机。

本章参考文献

[1] 王海卉,张倩.论英国的圈地运动与今日中国的土地整治.规划师,2013,29(12):88-92
[2] 胡光汉.江苏"万顷良田"工程下农村土地制度改革政策研究.南京:南京农业大学,2011
[3] 赵得军,曹春艳,王燕.万顷良田建设工程实施分析.江苏农业科学,2011,39(4):508-511

[4] 甄霖,谢高地,杨丽,等.泾河流域分县景观格局特征及相关性.生态学报,2005,25(12):3343-3353

[5] 赵中华,闻炯.保发展 重民意 解民忧——江苏省张家港市永联村城乡建设用地增减挂钩试点纪略.中国土地,2012(10):49-50

[6] 栾俊.实施万顷良田建设工程,促进城乡统筹协调发展,经济发展方式转变与自主创新//第十二届中国科学技术协会年会论文集(第四卷),2010:1-4

[7] 韦亚平.人口转变与健康城市化.城市规划,2006,30(1):20-27

[8] 刘建生,王志凤,孟展."增减挂钩"操作问题及改进建议.中国土地,2011(6):23-24

[9] 胡传景."钩"通南北——通过城乡建设用地增减挂钩促进江苏南北经济共同发展的构想.中国土地,2012(10):22-24

9 土地流转政策

在乡村空间中,农地流转对应着不改变土地用途的前提下,农地的经营权甚至所有权发生转变的过程。之所以将其纳入本次研究的视野,是因为这种权属变化的过程往往伴随着农地空间形态和利用效率的改变。而集体建设用地流转,区别于征地过程,不经过国家正式的征用渠道,拓展土地经营主体至集体之外,从而更加充分地实现对建设用地的高效盘活利用。多数时候,土地所有权不发生改变,至 2013 年的深圳的创新经验,则绕过土地征用,完成了土地所有权的变更。

9.1 政策发展线索

新中国成立初始,农民对土地拥有"自由经营、买卖和出租"等较为完整的权利,至 1950 年代后期进入合作社阶段一直延续到家庭联产承包责任制实施后的 1980 年代中期,土地流转的权利是高度受限的。1980 年代以后,开始出现农户自发的农地流转行为。集体建设用地的流转,较早和较典型的可以追溯到 1990 年代初"南海模式"中的探索,至 2013 年,已经有深圳第一块集体建设用地上市拍卖(表 9.1)。不同阶段政策间的高度交叠、细微修正,体现了中央政府格外谨慎的态度。无论是农地还是集体建设用地,都有从实践探索再到中央政策进行确认和鼓励的过程。总体上,土地流转政策的演变融在我国渐进式变革的大背景中,具备了渐进式调整的特征,以稳定为基础,实践中的探索甚至试探对后期的政策取向起到了重要的作用。

表 9.1 土地流转政策梳理

年份	政策出台部门	政策文件名称	主要内容
1984	中共中央	关于 1984 年农村工作的通知	规定土地承包期一般延长到 15 年以上,同时,鼓励耕地向种田能手集中,提出对于转出承包权的农户要给予适当的资金补贴
1988	人大	宪法修正案	将原来的"任何组织或者个人不得侵占、买卖、出租或者以其他形式非法转让土地"修改为"任何组织或个人不得侵占、买卖或者以其他形式非法转让土地,土地的使用权可以依照法律的规定转让"
1993	中共中央、国务院	关于当前农业和农村经济发展的若干政策措施	提出土地承包期延长至 30 年不变,并规定在群众自愿的基础上可以实行适度规模经营,承包期内耕地在农民自愿的基础上依法、有偿、自由转让
1995	国家土地管理局	确定土地所有权和使用权的若干规定	在 1989 年《关于确定土地权属问题的若干意见》之后,提出对土地确权的要求和方法,为深化土地制度改革做准备

续表 9.1

年份	政策出台部门	政策文件名称	主要内容
1997	中共中央、国务院	关于进一步加强土地管理切实保护耕地的通知	规定"用于非农业建设的集体土地,因与本集体外的单位和个人以土地入股等形式兴办企业,或向本集体以外的单位和个人转让、出租、抵押附着物,而发生土地使用权交易的,应依法严格审批,要注意保护农民利益"
1998	中共中央	关于农业和农村工作若干重大问题的决定	鼓励"发展多种形式的土地适度规模经营"
2001	中共中央	关于做好农户承包地使用权流转工作的通知	除重申之前已明确的内容,还规定土地流转应当主要在农户间进行;工商企业投资开发企业,应当主要从事产前、产后服务和"四荒"资源开发,采取公司加农户和订单农业的方式,带动农户发展产业化经营……不是公司替代农户,不提倡工商企业长时间、大面积租赁和经营农户承包地
2002	中共中央	"十六大"报告	提出"有条件的地方可按照依法、自愿、有偿的原则进行土地承包权流转,逐步发展规模经营"
2003	人大	中华人民共和国农村土地承包法	以法律的形式规定国家保护承包方依法、自愿、有偿地进行土地承包经营权流转
2003	中共中央、国务院	关于做好农业和农村工作的意见	提出"各地要制定鼓励乡镇企业向小城镇集中的政策,通过集体建设用地流转、土地置换、分期缴纳出让金等形式合理解决企业进镇的用地问题"
2004	国务院	关于深化改革严格土地管理的决定	提出在符合规划的前提下,村庄、集镇、建制镇中的农民集体所有建设用地使用权可以依法流转。这也是对集体土地流转问题进行了第一次正式界定①
2005	国土资源部	关于规范城镇建设用地增加与农村建设用地减少相挂钩试点工作的意见	明确提出开展农村建设用地整理土地产权研究,探索农村建设用地流转制度
2006	国土资源部	关于坚持依法依规管理节约集约用地支持社会主义新农村建设的通知	提出"要适应新农村建设的要求,经部批准稳步推进城镇建设用地增加和农村建设用地减少相挂钩试点、集体非农建设用地使用权流转试点,不断总结试点经验,及时加以规范完善"
2007	国土资源部	农民集体所有建设用地使用权流转管理办法(建议稿)	略
2008	中共中央	关于推进农村改革发展若干重大问题的决定	指出"改革征地制度,严格界定公益性和经营性建设用地,逐步缩小征地范围。在土地利用规划确定的城镇建设用地范围外,经批准占用农村集体土地建设非公益性项目,允许农民依法通过多种方式参与开发经营并保障农民合法权益"
2009	中共中央	关于促进农业稳定发展农民持续增收的若干意见	提出"逐步建立城乡统一的建设用地市场……明确土地市场准入条件,规范集体建设用地使用权流转。今年,在城镇工矿建设规模范围外,除宅基地、集体公益事业建设用地,凡符合土地利用总体规划,依法取得并已经确权为经营性的集体建设用地,可采用出让转让等多种方式有偿使用和流转"

① 在此之前,1999年《土地管理法》实施,当年国土资源部就在安徽芜湖和其他地方进行了农村集体建设用地流转的试点。

续表 9.1

年份	政策出台部门	政策文件名称	主要内容
2014	中共中央	关于全面深化农村改革加快推进农业现代化的若干意见	提出"稳定农村土地承包关系并保持长久不变,在坚持和完善最严格的耕地保护制度前提下,赋予农民对承包地占有、使用、收益、流转及承包经营权抵押、担保权能"。"引导和规范农村集体经营性建设用地入市。在符合规划和用途管制的前提下,允许农村集体经营性建设用地出让、租赁、入股,实行与国有土地同等入市、同权同价,加快建立农村集体经营性建设用地产权流转和增值收益分配制度"。"选择若干试点,慎重稳妥推进农民住房财产权抵押、担保、转让"
2014	中共中央办公厅、国务院	关于引导农村土地经营权有序流转发展农业适度规模经营的意见	核心是规范土地流转行为

注:下划线突出较为关键和代表性的内容。

与土地流转相关的政策目标,均是定位为维护农民利益、促进农业规模化经营以及提高经济效率等方面。从隐蔽与非法的土地流转,经历逐步放开与走向合法化的过程,目前到了政府鼓励与法律规范化的阶段。土地流转也从自发的小规模私下流转,到经过土地整治后的成规模流转,其间伴随着 2003 年左右农村税费改革的波动,逐步趋向于与市场对接。在以上与土地流转直接对应的政策之外,如果要全面地考察土地流转的发展,1990 年代后期始的土地整理,2000 年以后的城镇建设用地增加与农村建设用地减少相挂钩试点,以及更加包罗万象的土地综合整治项目等,都与此有紧密的关联。

江苏属于政策先行先试的地区。2003 年《土地承包法》出台后,江苏省紧跟出台了《江苏省农村土地承包经营权流转办法》,2008 年,在《中共江苏省委关于贯彻落实党的十七届三中全会决定 加快推进农村改革发展的意见》中,提出"引导和鼓励在城镇有稳定就业和住所,或参加城镇社会保险以及自愿放弃土地承包经营权的农民,有序转为城镇居民","积极开展'双置换'改革试点,允许农民用土地承包经营权、宅基地和住房置换城镇社会保障及住房保障,实现农民向市民的身份转换"。其中,以土地承包经营权置换城镇社会保障具有突破性的意义。

9.2 土地流转的类型和特征

农村集体经营性建设用地流转包括租赁、入股、抵押等形式。农地流转的形式一般包括转包、租赁、转让、互换、托管、入股、拍卖、抵押等,并逐渐发展出"让渡"的类型。"让渡"指承包人在自愿的前提下,将原承包经营的土地转让给集体经济组织,由其负责转让方(承包人)的基本生活保障及其他社会保障,执行过程中一般参照被征地农民保障体系进行保障。农户与村集体签订土地承包经营权让渡合同书,村集体与劳动保障部门达成协议,将这部分农户原承包地的流转收益纳入其社会保障资金,这部分农民参加社会保障所需资金由政府、村集体经济组织、个人共同出资筹集。通常所说的"承包地换社保",就属于让渡的类型。在此过程中,农用地名义上还是集体所有,但农民却可能永远放弃了承包权。一般来说,农地以

"流转"的名义集中到政府的融资平台,融资平台最终成片把土地租赁给规模经营企业或是承包大户,租赁收益在村民、村集体和政府间进行分配。

资料:农地流转的形式

转包:承包方将部分或全部承包地的使用权转给村内其他用户,承包方保留承包权。

租赁:承包方将承包地使用权出租给农业服务组织、农业科技推广单位或个人经营,由承租方向出租方支付租金。其中反租倒包是指由集体租回农户的土地,重新发包给其他承包户。

转让:承包方在承包期内将全部或部分承包地及其相应的权利义务以一定方式或条件转移给新的承包者,集体与原承包方终止原订合同,与该承包地的转入方签订合同,原承包合同内容不变,只是变更承包方。

互换:农户将不同方位的零碎、插花地块置换连成一片。

托管:承包方将承包地委托给农业服务组织或农户代为经营管理,托管双方签订协议,承包方向受托方支付一定的费用。

入股:承包方将土地使用权以折股的形式与其他经济组织或农户的生产要素相结合,组建股份合作企业,联合期限在剩余承包年限内由联合各方商定,收益按股分红。

拍卖:经村民讨论同意,将未承包到户的荒滩、荒地、荒水等资源,以竞标方式公开拍卖经营权,实行开发经营。

抵押:依照《担保法》的规定,承包方经集体同意,将承包土地的使用权,向债权人提供债务担保。承包方到期未偿还债务的,债权人依法将抵押的承包地使用权拍卖,以其所得价款实现抵押权。

(资料来源:本章参考文献[1])

考察土地流转的特征可能包括以下内容:参与流转的土地面积;流通渠道和流转范围;流转程序和流转效率;流转价格和流转收益;流转后的用途,是否存在农地非粮化和非农化的现象;以及对农民合法权益的保障。

资料:2010年南京市江宁区土地流转统计

全区现有承包农户16.76万户,承包耕地面积53.7万亩,全区土地流转面积达29.87万亩,流转比重为48.9%。土地流转形式主要有转包和出租两种,分别占流转总面积的50.8%、46.4%。互换比重很少,股份合作刚刚起步。全区耕种15亩以上规模经营户有1785户,规模经营面积19.71万亩,规模流转比重为32.3%;50亩以上规模经营户1276户,规模经营面积17.75万亩。全区全年累计建立土地合作社30家,入股农户7970户,入股面积2.41万亩。目前全区100亩以上经营大户共有220户,经营面积7.44万亩。由农户自发流转价格为年均460元/亩左右,经组织参与的流转价格为年均690元/亩左右。

(资料来源:调研组.江苏省南京市江宁区农村土地承包经营权流转情况的调查与思考,http://www.caein.com/index.asp?xAction=xReadNews&NewsID=61351,2014-3-27 摘录)

资料:全国土地流转概况

截至2012年12月底,全国土地流转面积约2.7亿亩,占家庭承包耕地面积的21.5%,经营面积在100亩以上的专业大户、家庭农场超过270多万户。

(资料来源:国土资源部网站,http://www.mlr.gov.cn/xwdt/mtsy/xinhuanet/201403/t20140304_1305634.htm,2014-7-9摘录)

环顾乡村内外,刘伯龙总结土地流转的原因是:"插花地"不便经营;部分外出打工经商农民无暇经营承包地;种田能手扩大经营规模的需求;部分老弱病残农民经营能力弱;非农资本向农业寻求新的投资领域;以及瞄准土地价值的"圈地"动机等。还有一些地方是为了发展农业的适度经营与规模经营,由村镇或村民小组等主导调整承包土地,或者实行"反租倒包"。

资料:支持土地流转的调查

在2008年对南京市江宁区1 000余户的农户调查中,可以有所体现。被调查者认为农业生产中遇到的困难包括以下3类:首先是缺少资金投入(80.9%),其次是产品缺乏销售渠道(71.5%),然后是缺乏技术支持(45.2%)。相应地,越来越多的农民期待农业生产组织方式的升级与变迁。绝大多数的农民(84%)认为"公司+农户"的农业生产经营方式最有利于提高农业产出,另外12%的农民认为公司化规模生产最为有利,3%的农民认为家庭单独经营主导的模式最有利。

(资料来源:本章参考文献[3])

"让渡"的土地流转形式,有政府参与而不是完全交给市场,已经是一种复杂的、牵扯面广的做法。对承包地经营权、宅基地使用权和其他集体土地权利等,各地创造性地设置了置换条件和方式。

资料:土地权利置换的类型

① 浙江嘉兴"两分两换"模式:农民的宅基地和承包地可以分别处置,即农民可以自主选择保留或者置换。对于自愿退出土地承包经营权的农户,给予置换社会保障或经济补偿,参照被征地农民补偿办法办理社会保障和就业扶持;对于自愿退出宅基地的农民,则以优惠价格鼓励其到城镇购置商品房。

② 浙江余姚"三置换"模式:"三置换"模式是指在近郊村、城中村实施农村住房和宅基地置换城市住房、土地承包经营权置换社会保障、村级集体发展留用地置换物业经济产权。置换过程以整体置换流转、整体搬迁集聚、自愿依法有偿为前提。

③ 苏南"两置换一转化"模式:农民以农村住宅置换城镇住房保障,以土地承包经营权置换城镇社会保障,实现农村居民向城市居民的转化。

(资料来源:本章参考文献[4])

9.3 方案的价值分析

9.3.1 对集约化的促进意向或可能性

土地集约利用与土地流转之间有极高的依存度。正如前一章中提到的土地整治是为农地经营提供了更多的选择,也为集体建设用地的使用提供了更多可能,土地流转恰恰是实现这种选择转变的必要过程。流转渠道是否便捷和通畅,信息是否及时和透明,影响到转变的效果,最终影响到土地使用和经济运行的效率。

9.3.2 对于不同利益个体和群体的影响

对于农民而言,放开甚至鼓励土地流转,是对农民和农村集体对于土地权利的确认和保障。通过土地充分流转,增加了农民就业和居住选择的多样性。农村劳动力在已经部分转化的背景下,完全、彻底地转化为非农劳动力,可以通过市场将附着在土地上的权利兑现,从而不再被土地捆住手脚。"两栖"或者"离土不离乡"的农村剩余劳动力变得更加自由。

对企业而言,被允许和鼓励进入到农业经营范畴,是对企业经营权利的保障。对乡村集体而言,原来拥有的内向、封闭的资源调配权力逐渐减弱,可能在重塑集体组织的功能后,在新的起点上成为代表农民利益、具有强大经济功能的自治组织。对政府而言,在土地流转的平台建设、信息化建设方面,有提供公共品的责任。如果政府介入较多,则可能分享经营带来的收益,同时分担因市场波动带来的风险。

对于具有标志性意味的深圳首宗集体建设用地入市案例,这里再补充一些细节。深圳的"第一槌"的落下,有深圳市优化空间资源配置促进产业转型升级的"1+6"文件中的《关于深圳市完善产业用地供应机制拓展产业用地空间办法》的支持。根据规定,申请挂牌后的土地将有两种收益分配方式供选择,第一种方式是所得收益50%纳入市国土基金,50%归原农村集体经济组织继受单位;第二种方式是所得收益70%纳入市国土基金,30%归原农村集体经济组织继受单位,原集体组织可持有不超过总建筑面积20%的物业用于产业配套。在本案例中村集体选择了第二种利益分配方式。

9.3.3 对于社会整体的其他影响

在私有权统治下的纯粹的市场环境下,土地作为经济要素进行交换,能够充分实现其市场价值,也就不存在显性和隐性的问题。但在各种土地产权混杂的背景下,包括土地国有和集体所有并存,再加上前文阐述的产权约束,使土地的交易不完全是通过市场完成,从而造成土地的显性价值与隐性价值的差异。弱化这种差异,统一城乡建设用地市场,成为盘活资源、提高资源效率的手段。统一的大市场也有希望变得更加公平。

随土地流转,增加了包括土地、劳动力、资本等经济要素的流动性和活力,也调动了经济主体的积极性,从而给整个经济带来正面激励。其中,对农业而言,由于有多元主体参与、多元资本融入,总体而言会有正面效应。另一方面,当下乡的资本较多集中在高效农业和经济作物的种植时,可能在一定程度上挤占过去普通农户在高效农业和经济作物上的收益(贺雪峰,2010)。

在集体经营性建设用地流转方面,其土地的价值主要在于其区位,与大中城市的距离、交通可达性等成为首要衡量的要素。较之农地流转,建设用地进入到城乡大市场进行华丽转身,其间的价值增量要高得多,从经济的角度带来社会整体福利的提升。对其关注多集中在流转后土地收益的分配方面,即在地方政府、村集体,甚至个人间的分配比例。在集体经营性建设用地能够正式流转之前,除了土地被国家征用,有关的非正式交易包括乡镇和村主导的"以租代征"等,不改变土地所有权,仅改变使用权。这一过程中,因为缺乏制度保障,虽然可以部分结合市场需求,但因土地使用权属的买卖面对的是不完全市场,难以实现效益的最大化。另外,在乡镇企业的发展过程中,乡镇企业土地使用曾属于土地自用的非交易过程,乡镇企业改制后仍遗留下一定的问题。当乡村经营性建设用地逐渐走向市场,有望对历史遗留问题逐渐消化解决。

对土地流转的一种担忧,认为其会导致土地兼并或者土地高度集中,农民会两极分化,对社会稳定产生不良影响。赵冈等从研究历史的角度,对此观点明确予以了批判。对土地流转的另一种担忧,以贺雪峰为代表,强调随着农村不在地地主数量的增多,严重影响到村庄内部的整合,乡村治理会陷入困境,农村的公共物品供给难度将持续加大。在实际操作过程中,如果是整村的土地流转,矛盾会较为弱化。另外,潜在的长期影响也不可忽视。王景新2005年前的调查显示,农村内部土地流转速度加快,苏浙两省流转土地占农民承包土地总数分别为12.5%(苏南约为30%)和22.8%。其中,江苏流转土地58.8%进入本地种养大户,11.5%由非农村住户经营,1%进入农业股份合作社,28.7%以其他形式流转或转为非农用地,或作为建设储备地。王景新由此认为,随着用地主体的变迁,家庭经营的核心地位、乡村的用地形态、对其他设施的要求、农村的社会构成等方面会产生深刻而长远的改变。其中,失地农民有可能转化为本土资本或者外来资本的雇工(表9.2)。

表9.2 土地流转政策的利益界定

	利益影响
农民或农村集体	• 保障了更加充分的土地权利,包括农村集体经营性建设用地流转带来的(部分)增量收益; • 在农地权利兑现为资本后,具有更多的就业和居住地选择
企 业	• 进入农业生产领域的机遇
地方政府	• 提供信息、交易平台等公共品需要财政投入; • 如果通过成立开发公司等参加土地流转,既可能因经营获利,也可能承担通过财政兜底补偿农民土地收益的责任而需要投入; • 可分享农村集体经营性建设用地流转带来的增量收益
国家、社会	• 鼓励经济主体进入农业生产领域,从而刺激了经济活力; • 农地和乡村建设用地面对更广阔的市场,价值提升; • 改变农村社会结构

9.4 方案的质量分析

9.4.1 政治可行性

当农地流转是由乡村集体甚至个人直接面对市场时,相关政策属于自我管制性政策的范畴内,较原先严格受限的土地权利,其本质上只有利益的增量,所以在政治上没有多少争论。争论在于政府介入的程度。交易平台或信息平台如何建设,是否需要成立专门的农业开发公司,是否需要为土地流转做担保等。如果由政府直接参与市场,因涉及政府财力的投入和政府行为界限的划分,还有许多的不确定。目前土地流转可以区分两大类,一是自下而上的,即个人和集体自发的;另一种是自上而下的,伴随着大型土地整治项目推进的,包括万项良田项目。后一类中,土地流转可能有一定的强迫的意味。农户资金有限,难以"吃"下动辄大几十亩甚至上百亩的农地,迁居也给其继续耕作带来不便,在项目推进后,农户将土地流出往往成了不二选择。

集体经营性建设用地正式入市可能引起的争议,不仅在未来收益的分配方面,还需追溯到原始的土地权利的合理性。集体经营性建设用地的形成过程中就有着诸多是是非非,许多非农建设用地的产生是在一种模棱两可的、介于合法与非法之间的状态下,由带有投机性质的行为落定的。随着已经非农化的用地的利益越来越容易变现,似乎政府以一种既往不咎的态度,鼓励了投机。而对那些起步晚、非农化程度低的地区,却会产生一种新的不公平。这需要在更大的区域范畴内考虑和比较,也需要较高层面的政策去协调。

9.4.2 经济和财政可行性

从集约利用的角度看土地流转,说到底是打通了资本对土地的替代渠道。解除原有的政策约束,更多兑现农民的土地权利,不需要经济投入成本,所以土地流转政策总体上不存在经济可行性方面的问题。但如果政府介入过多,则会增加多种可能。梳理一下,土地流转至少有4种类型:一、全部由市场自发配置完成,其成败都内化于市场。如果是农民通过土地股份合作社等经营主体直接实现农地流转,由农村集体组织参与市场交易,其得失随市场波动,属于正常的情况。二、政府参与交易平台的建设,应该说成本可控。在一定程度上,政府提供交易平台,属于必需的公共品的建设。以南京市为例,自2009以来,为促进土地向规模经营集中,南京市计划每年在财政预算中安排1 000万元,用于促进土地流转及服务体系建设①。因为在农民自组织能力弱的前提下,如果没有政府介入,耕作大户想要经营数百上千亩土地,他就得与数量众多的农户进行谈判,这种谈判的成本巨大,即交易成本无法估量。三、政府不直接参与市场运营,但给予一定的支持。如2008年江苏省财政厅、农林厅出台的《江苏省财政扶持农村土地流转实施意见》中,提出对具有一定流转规模的土地集中连片流转的流出方(农户)实行以奖代补,给予一次性奖励,补助标准为每亩100元。二、三模式可以叠加使用。四、政府直接参与市场运营,这需要通过市场效益核算与风险评估。特别是当政府作为土地流转的中介,成立开发公司先揽下所有土地再对外发包,当支付给农户的土地流出收益非限定,则政府、农民集体和农民个人的收益均受到市场波动的影响。如果规定了流出土地的补偿价格,农民和村集体收益固定,市场风险由政府承担。在不利的情况下,需要政府财政兜底给予农民补偿,则对政府的财政保障要求更高。政府参与经营的效率容易被质疑,在市场利好的情况下,政府可以获得经营收益。

资料:常州新区的土地流转相关政策

以土地流转为例,所涉及的12个行政村全部成立了具备法人资格的股份合作社。为确保土地流转过程中农民权益不受损,故约法三章:一是流转资金不低于500元/亩(这个标准是根据前3年农民种田收益测算的)。二是建立递增机制,5年一个周期,按20%比例增长。

---

① 资料来源:南京市农委网站信息,http://boss.njaf.gov.cn/col66/col86/2009/02/2009-02-01115875.html,2014-3-5摘录

三是国家给的政策性补贴全部归农民。也就是说,土地经营权流转了,农民的收益权没有改变。

(资料来源:夏珺,秦晓燕,张晏.苏南:土地整治破"三难",http://finance.people.com.cn/GB/12241188.html,2010-7-25)

土地流转,不仅有"供"的方面的考虑,也涉及"需"的程度。根据贺雪峰的判断,如果是从事高效农业,即使没有政策限制,也会因为市场总规模的限制,而使资本下乡经营土地的规模并不庞大。贺雪峰认为中国农地主要用于种植大宗粮食作物,而种粮食作物,资本下乡的规模经营效率并不比小农家庭强,则资本下乡的收益会成问题。无论贺雪峰的判断对错,市场对农地经营资源的需求,将在很大程度上决定最终土地流转的数量和结构。一些苏南以外的先行先试区的失败经历,或许在包括融资等许多方面可以为土地流转的开展提出警醒。即使大方向没有问题,仍然可能因制度不完善、政府行为不规范,以及行为主体在操作上过急过猛而引起失误。

资料:一个重庆村庄的坎坷案例

2007年6月,重庆成为国家城乡统筹发展试验区,九龙坡区成为综合改革先行示范区。是年12月,重庆近郊的千秋村成为具体落地的试点,千秋村与庆业爱农公司签下土地流转协议。于重庆市各级政府而言,这是当年的城乡统筹试点、城市资本下乡十大项目之一;投资方瞄准的是改革试点有可能带来农地政策的突破和财政支持;绝大多数村民满心期待更多的收入、更美的家园、崭新的楼房。

7年后的现实却让各方都尴尬难言:已经建成的村民新居因多方原因无法入住,全村4000多亩土地均已流转,但只有200多亩种上了收益更高的良品葡萄,闲置土地甚于流转之前;预期的各项政策突破一一落空,投资无法良性循环,资方陷入资金困境,已持续3年无力全额支付土地流转租金;租金缺口不得不由镇政府补上,本已捉襟见肘的财政更为拮据。

回顾此项目,主要的事件节点如下:

2007年12月,千秋村与庆业爱农公司签下了整村土地流转的协议,租金敲定为每亩地每年一千担稻谷,依粮食价格浮动,约合每年500万至600万元不等。初步计划将千秋村建设为现代农业总部基地。招商来现代农业公司后,千秋的集体建设用地用来建办公楼、经营用房,耕地用来做展示田,更大的生产基地则放在重庆远郊农村。千秋农民也不用担心土地流转后无所事事,因为展示田还可以做成农业合作社,农民一方面入股分红,一方面继续劳作赚取工资收入。

2007年,英国某投资公司对此"稻田里的酒店"有意向,但需要庆业爱农公司出具土地权属证明,然而拿"土地承包经营权流转证"就花费了3年,建设用地指标更是难上加难,外来投资不成,向银行申请贷款也无果。其间还有两次机会,一是得知中国农业发展银行与重庆市政府签署了一个城乡统筹共建协议,支持农村土地投资项目,2008年庆业爱农公司拿着"珍禽养殖产供销一体化"项目去申请贷款。另外在2009年,世界银行计划给包括千秋在内的3个城乡统筹示范村提供4500万元的贷款,并已通过预审,但最终都不了了之。直到2011年,九龙坡区的一份增减挂钩试点文件中才正式提及了可以按照村规划批准农村建设用地,每次不超过30亩。但政策与资金的时机已发生了错位。

其间在土地整理方面,股东特别看重的是国土部门的2000万元的政策投资红利,但此项投资被拖延了两年。而按照最初的市国土局与九龙坡区共建千秋试点的协议,地方政府还需与土地整理资金按1∶2的比例配套财政拨款,相当于至少4 000万元。但是该款项一直无声无息。

直至2011年,关于土地政策宽松、融资等方面的政策预期迟迟未有突破,而庆业爱农还需要建造村民新居(因为需要借此获得节省出的农村集体建设用地,来换取集体建设用地指标)、支付土地流转租金、投资农业合作社,前后填进了接近一亿元,终于陷入资金困境。

虽然类似葡萄园的投资已经开始盈利,但总的来说,依赖农业本身的盈利空间十分有限。公司对本项目的兴趣,计划是如果要让整村的4 500亩地产生价值,一定是靠集中居住后整理出来的400多亩的集体建设用地,其中安置房用掉90亩,剩下的300多亩依然能够带动发展。说到底,还是寄希望于商业开发。

(资料来源:王小乔.土改"千秋"败局 一个重庆村庄的7年试点. 南方周末,2014-04-24经济版)

9.4.3 技术可行性

农地流转也是需要条件的,除了市场上的供需条件,一般还包括以下内容:承包土地的空间分布状态;相关耕地的可耕作条件;地方政府对土地流转的规范行为;土地流转的中介组织、服务、监管体系是否健全等。另外,农业产业的发展水平、非农产业工作岗位的可得性、农村公共产品供给的能力等也与之关联。农村的自组织程度对土地流转也起到了关键性的作用。对应以上条件,主要存在的问题就可能包括:土地流转渠道不畅,流转范围窄;土地流转程序不规范,流转效率低;流转价格低廉,流转收益低;流转后用途单一,有非粮化和非农化的现象;农民的合法权益缺乏有效保障等。

土地流转很多时候在行政村层面进行,从决策体系来讲,由于委托—代理关系生成过程中的矛盾和漏洞,造成村干部的代理行为有时不能真实地反映被代理人——村民的意图。由于村干部自身有寻租倾向,带来与村民争利的情况。在不少地区,由村干部代理的集体资产,出现经营不善的情况,正是由于集体资产与农户利益没有直接挂钩,或者透明度较低,致使村民对集体经济运行质量关切度较弱,集体资产可能因贪污、挪用、拖欠、挥霍浪费或被低价承包、变卖等。周一星的观点反映了村领导人可能的寻租行为及其负面后果:"集体土地承包制度设计存在的所有权和承包权关系的弹性与内容的模糊性,引致了城市和农村利益集团的互相勾结,并利用现行家庭承包经营责任制的外部性,弱化法定的、分散弱小的农民承包权。强化村社领导人操纵下的所有权,加剧了强权掠夺弱势农民的现象,非但没有起到保护农民利益的作用,反而引致大批农民失地失业(周一星,2006)"。安苑也指出:集体产权原先就具有的使村干部产生行为外部性的倾向依然存在。由于信息不对称,监督村干部的行为十分困难,即使有村民代表大会决议之类的程序,村民在表决时面对的也极可能是经过村干部"加工"后的信息,村民无法直接约束村干部的行为,在对共用资源支配的博弈中,村民与干部处于一种极不对称的地位。

虽然土地流转可以从下而上自发进行,但在给定的政策基础上,以土地交易平台建设和包括土地整理、土地综合开发、滩涂围垦等在内的项目带动,能够产生直接而显著的效果。土地流转需要多部门的参与,如无锡市经验中,明确市委农办牵头"双置换"和负责土地流转管理;国土部门负责项目实施的日常管理、服务指导及协调工作;农委负责项目方案与现代农业项目规划的衔接和规模经营的指导等职责①。

> **资料:高淳区东坝镇土地流转中心的职责**
>
> ① 负责确定土地承包经营权出租工作的具体方案,确定各村农民集体土地承包经营权流转方向。
> ② 参与制定种植结构调整方案。
> ③ 收集、发布土地承包经营权流转供求信息,建立农村承包地流转信息库,承担土地承包经营权流转中介服务。
> ④ 制定实施土地流转最低保护价和片区指导价,为跨乡镇的土地流转供求双方提供信息服务,维护农村土地流转交易秩序,保护当事人的合法权益。
>
> [资料来源:东坝镇人民政府.高淳区东坝镇土地综合整治规划(2012—2030)]

还有一些细节性的内容需要考量。如在土地承包权换保障的方案中,根据《江苏省农村土地承包经营权流转办法》规定,土地承包经营权的流转遵循流转的期限不得超过承包期的剩余期限,即以此轮农村土地承包经营权作为最后的流转期限,那么此轮承包期满后,让渡土地承包经营权换取社会保障的协议落在哪里,还不是很清晰。

9.5 兼容性分析

土地流转是非常表象化的、易于观察到的事项,但其背后的"因"和关联的"果"则要复杂得多,较突出的关联政策包括如下内容。

第一类属于土地产权制度的调整性政策,特别是在现有基础上,牵涉对包括宅基地在内的集体建设用地的权利和利益分配问题。因宅基地量大面广,临近大中城市城郊的土地的内在价值更是难以遮蔽,即使是政策的微调,也会产生广泛的效应。

第二类是推进农业产业化发展的政策。对"产业化"的认识,在一定程度上是指用更加先进的产业组织模式,包括强化对产前、产中和产后的管理。产前加强市场信息搜集以优化经营策略,产中运用更加高效的组织模式提高劳动力和资本的效率,产后利用现代服务体系及时将产品输送到市场中去。整个过程中,现代企业的思维和运营模式至关重要,或者本地农村经营组织能从无到有地建立,或者传统的经营方式能自我升级、脱胎换骨,或者引入市场中的企业来提升运营的层次。部分鼓励农业产业化的政策,在资金方面能够对此给予正面激励。

第三类是前面已经提到的土地整治政策,土地整治为土地流转准备了条件。有时候,土地整治对乡村居住的控制和引导,也会与土地流转产生关联,最不利的就是因迁居政策被迫进行土地流转。情况也会反过来,因为土地能顺利流转,消除了农民迁居的牵挂,则能更有效促发农民迁居。

第四类是社会保障政策。如果牵涉承包地换社保,那么社会保障体系的建立、交换条件

---

① 资料来源:江苏省国土厅网站,http://www.jsmlr.gov.cn/xwzx/ztjc/mqltjsgc/gzdt/20111001/140300136849.html,2013-4-22 摘录

的设定是否对农户产生吸引力,与土地流转的动力息息相关。还有城镇的保障(简称"城保")与原有的农村社会保障(简称"农保")之间如何衔接,如何转换,还有更多问题需要解决。

土地无论怎样流转,它的前提是必须要遵守用途管制制度,还要遵守土地增值收益分配的公平公正原则。土地流转政策的推进,给予了包括农户、乡村集体和企业更大的自主性,对土地要素的市场化配置是利好条件。对农地而言,一般来说,随着土地流转,单位土地面积上的劳动力投入将减少,而资本投入会增多,单位面积的收益有望增强。对乡村集体建设用地而言,通过土地流转,资本和劳动力与土地的要素配置结构可以在更多要素组合集中由市场选择,土地利用效率随之提高。

有两个方面值得注意,一是市场对规模经营土地的需求会直接影响到土地流转的规模和结构,因农业产业化政策的支持而增加了的市场需求会逐渐回归到真实的水平。现实的问题是,在农地上承载的公共利益价值无法与个体利益充分对接,国家的农业补贴无法消除国际市场影响,从而带来成本和投入的不经济的状况,也会造成农地闲置或者非高效利用,这种内在的矛盾,能否在土地充分流转之后得以消除,尚存在很大的疑问。二是政府对土地流转的介入,在提供必要的作为公共服务的交易平台之外,如果大包大揽地承接过多,动则"兜底"的做派,会模糊市场的指向,使土地流转的交易行为脱离正常水平,也会使政府本身承担更多的财政风险,造成不经济的后果。而如果农民的长期保障与未来的土地市场挂钩,如何规避市场波动带来的风险则成了最值得关注的问题。

本章参考文献

[1] 朱为群,等. 中国三农政策研究. 北京:中国财政经济出版社,2008
[2] 刘伯龙,竺乾威. 中国农村公共政策:政策执行的实证研究. 上海:复旦大学出版社,2011
[3] 马璇,王红扬,冯建喜,等. 城乡统筹背景下农村居民基本诉求调查分析——以南京市江宁区为例. 城市规划,2011,35(3):77-84
[4] 闫岩,李放,唐焱. 土地承包经营权置换城镇社会保障模式的比较研究. 经济体制改革,2010(6):83-87
[5] 贺雪峰. 地权的逻辑:中国农村土地制度向何处去. 北京:中国政法大学出版社,2010
[6] 赵冈,陈钟毅. 中国土地制度史. 北京:新星出版社,2006
[7] 王景新. 现代化进程中的农地制度及其利益格局重构. 北京:中国经济出版社,2005
[8] 周一星. 土地失控谁之过. 城市规划,2006,30(11):65-66
[9] 安苑. 城郊农村村级治理的博弈分析——一个博弈均衡制度观下的案例//中国制度经济学年会论文集,2006:668-679
[10] 原玉廷,张改枝. 新中国土地制度建设60年:回顾与思考. 北京:中国财政经济出版社,2010

10 村庄规划建设管理政策

农民居住用地的集约化,既可以通过严格控制宅基地,如南京市规定新建村庄人均建设用地指标不超过 130 m²[①],也可以通过推进居住集中实现。在居住集中的过程中,因目的地的不同,又可区分为向城镇、农村社区(中心村)的不同迁居类型。向城镇集中多采取统一规划、统一新建的方式,而向农村社区集中有时结合居民自建的方式进行。

10.1 政策发展线索

乡村居住变迁除了与第8章中已经涉及的土地整治的政策有密切关联以外,其他推进居住集中、清理村庄闲置用地等政策也有线索可循。1999年,国土资源部的《关于土地开发整理工作有关问题的通知》中提出"凡有条件的地方、要促进农村居民点向中心村和集镇集中、乡镇企业向工业小区集中"。2000年,中央《关于促进小城镇健康发展的若干意见》中鼓励积极开展迁村并点,鼓励农民进镇购房或按规划集中建房,提出节约的宅基地可用于小城镇建设用地。2004年,国土资源部《关于加强农村宅基地管理的意见》中要求各地因地制宜地组织开展"空心村"和闲置宅基地、空置住宅、"一户多宅"的调查清理工作。就江苏省而言,推进居住集中与镇村布局规划、土地利用规划,以及城乡统筹规划密切结合(表10.1)。

表 10.1 江苏省推进村庄集约化建设政策梳理

年份	政策出台部门	政策文件名	主要内容
2003	省政府	关于深化土地使用制度改革优化配置土地资源的意见	提出加大村庄整理力度。对农民建房实行统一规划集中连片建设。鼓励建设农民公寓,实现社区化管理
2004	省政府	关于切实加强土地集约利用工作的通知	规定:"要积极采取措施,鼓励和引导工业向开发区集中、人口向城镇集中、住宅向社区集中,调整优化城乡建设用地结构,发挥土地资源集聚利用的效应。"
2005	省政府	省政府办公厅关于做好全省镇村布局规划编制工作的通知	要根据各地的实际情况,撤并整合分散的自然村落,引导农民逐步集中居住。配套有《推进全省镇村布局规划编制工作方案》、《江苏省镇村布局规划技术要点》
2006	省住建厅	关于开展小城镇集约发展试点的通知	"小城镇集约发展试点镇"享受省重点中心镇的优惠政策;各级各有关部门积极协调、落实国家安排的小城镇建设政策性贷款项目优先向试点镇倾斜

---

① 资料来源:江苏省住建厅. 江苏省村庄规划导则,2008

续表 10.1

年份	政策出台部门	政策文件名	主 要 内 容
2009	省政府	江苏省土地利用总体规划(2006—2020)	对2005年镇村布局规划做出了呼应,提出:"合理规划村庄布局,推进新农村建设。坚持农民住房向城镇、镇村布局规划保留居民点集中的原则,积极进行农村居民点改造。"
2010	省住建厅	江苏省节约型村庄和特色村庄建设指南	对鼓励节约型村庄的建设给出相关的定义和要求
2010	省政府	省政府办公厅关于加强城乡统筹规划工作的通知	强调促进公共资源在城乡之间均衡配置,加快生产要素在城乡之间合理流动。对乡村空间的控制和引导突出"注重促进空间集聚集约发展"等内容
2014	省政府	关于加快优化镇村布局规划的指导意见	督促进行相应的空间调整
2014	省住建厅	关于做好优化镇村布局规划工作的通知	建议将自然村庄分为"重点村""特色村""一般村",其中"重点村"和"特色村"是规划发展村庄

资料:江苏省镇村布局调整方案

推进农村居民点的迁并和整理,撤销偏、小、远及布局不合理的自然村,鼓励农村人口向建制镇和镇村布局规划保留居民点迁移,逐步缩小农村居民点用地总规模。至2010年全省农村居民点用地调整为91.00万hm^2,至2020年调整为90.20万hm^2,与2005年相比,分别减少2.31万hm^2、3.11万hm^2。在此基础上,鼓励各地可以根据农村建设用地整理潜力和实施能力加大整理力度,实施城乡建设用地增减挂钩。

具体措施包括:加强农村宅基地管理。合理安排农村宅基地,禁止超标准占地建房,逐步解决已有的超标准用地问题。镇村布局规划保留居民点新建住宅,优先使用村内空闲地、闲置宅基地和未利用地,并调配适量宅基地指标用于新增居民建房。确保规划保留居民点宅基地增加与非规划保留居民点原有宅基地减少相适应。严格依法加强农房建设的规划管理,确保所有农房建设项目必须按照镇村布局规划和村庄规划实施;镇村布局规划未保留的村庄不得新建、改建、扩建农村住房。严格执行"一户一宅"制度,坚决制止乱占多占宅基地。

(资料来源:江苏省人民政府.江苏省土地利用总体规划(2006—2020),2010)

村庄布局调整的主导思想,多是在优化公共设施和基础设施配套的同时,以自上而下地推进居住集中为主要特征。居住的集中还与"双置换"(宅基地换房+承包地换社保)等有关,也在受到"增减挂钩"的政策激励后有了更多从上而下的动力。自下而上自发推进的居住集中,如江阴新桥镇,属于一种较少的情形。

资料:江阴新桥镇的"无村镇"建设

新桥镇地处江阴市东南,2005年初面积19.3 km^2,下辖10个村民委员会和4个社区居民委员会,全镇总人口4.5万人,其中外来人口2.2万人,按本地人口计算人均耕地面积不足0.6亩。自1998年开始,新桥镇开始规划"无村镇"建设,并着手进行积极的拆建过程,其进行整体拆迁的前提是由农民以村民小组为单位投票同意。新桥镇有强大的经济实力做支撑,镇内有包括跻身世界毛纺10强的江苏阳光集团和海澜集团在内的四大集团公司,镇里财政状况良好。通过乡镇企业改制,镇里收回8亿元集体资产,部分用于公寓和基础设施建设、社会保障等。

新桥镇规划将全镇划分为 7 km² 的工业集中区、7 km² 的生态农业区和 5.3 km² 的商贸居住区。经过用地测算,实施"三集中"战略,光是农民住宅向镇区集中一条,就使户均住宅占地面积由 0.72 亩降为 0.25 亩,到规划期末,全镇 6 700 户农民集中到镇区后,可节约土地 3 000 多亩。就农地规模经营而言,全镇至 2006 年左右,形成了以阳光生态林(阳光集团投资)为主体,海馨园艺、华明绿化、洪源多彩花木、神龙生态园等为辅翼的多种经营、规模联动、整体开发的新格局。在取得较好经济效益的同时,农业从多数人的副业变成少数人的主业。新桥镇"三集中"建设的核心特征在于人口少、土地紧张、大企业带动、经济基础强、社会保障到位等。同时,还有国土部门等的政策支持,如有特批的 400 亩土地作为土地置换启动的盘子等。

(资料来源:本章参考文献[1])

虽然在前面土地整治的章节中,也有村庄调整的内容,但单列一节,将视野纳入到村庄体系中研究,则更易将问题阐述透彻。考虑到政策效果的影响面和影响深度,以下的结构性分析内容均针对以迁居为主体的村庄规划建设管理政策。鉴于现实中的农民迁居多以城镇为目的地,也将此作为假定条件。

10.2 方案的价值分析

10.2.1 对集约化的促进意向或可能性

居住集中后,采取更加城市化的、紧凑的用地组织模式,势必较传统的、松散的乡村聚落形式减少了人均居住用地,甚至因提高了公共设施的配套效率,在同样的公共服务水平下,也可能减少了人均公共设施用地。容积率、建筑密度、单位面积内的居住人数等指标均能有所提高,满足了用地集约化的最直接的要求,提高了空间的利用效率。

10.2.2 对农村居民的影响

与土地整治项目,特别是与增减挂钩政策相关的村庄整理和农民居住地的变迁,对农民的利益影响因农村居民个人化的因素而参差不齐。居住集中首先使农民的生活方式及场景发生巨大改变,居住建筑的形式、交通的连接、周边配套公共设施的条件等改变了农民的居住环境。农民更容易在饮水、通信服务、清洁能源、卫生改厕、环境保护等方面直接受益。同时,农民可以享受到更好的教育、医疗等公共设施。不能忽视,在生活方式渐变的过程中,农民一般更偏爱传统的农村居住形式。根据陆希刚的调查,在农民最倾向的居住形式中,农村独院式住宅占 73.4%。因为公寓式住宅丧失了储存农具、种植花果蔬菜、饲养禽畜的传统功能。

迁居对农民心理也会产生影响,主要是因拔根而起产生的不适应,甚至对未来的不安全感。同时,农民的社会交往环境随之改变,包括邻里的组织形态、社会资本的构成形态等。马璇等对江宁的农户调查中,对迁居能够提供支持性数据资料:大部分未迁入城镇生活的居民都表示有迁居城镇的意向,而关于未能迁居的原因,选择"没有条件迁入"的最多

(37.5%)，其次是"不愿意失去承包地"（30.9%），9.8%的人表示"喜欢乡村生活"，8.8%的人选择"需要就近承包地从事农业生产"，8.1%的人表示"舍不得亲邻关系"，仅有4.3%表示"从未想过迁向城市"。在已经迁居的居民中，73%的居民对撤乡建居持"满意"态度，20%认为"不满意"。

居住地的区位势必影响到农民的就业选择。在地区产业发展的特定阶段，迁居后的农民，如能顺利进行二、三产业的就业，才可谓全方位地转化为了"新市民"。类似在苏南等地区，年轻劳动力多已转化为非农劳力，从劳动方式和收入上讲，和土地仅维持着较为松散的关系。这时乡村居住地的变迁、保留农地的"再集体化"，就是将隐性城市化转变为显性的过程，已经不会产生实质性的冲击。对那些原本滞留在乡村的剩余劳动力，迁居则会形成一股强有力的推力。媒体资料显示，南京六合区万顷良田工程将1万名竹镇农民转变为农业和服务业工人①。

迁居后，在"有限选择"下，大多数农民往往一步到位地进入城镇。伴随着宅基地置换和农地承包经营权转移，农民从拥有房屋到拥有可交易的房产，农户也有了更有价值的不动产。同时，对农民而言，最理想的是同时获得就业性收入、保障性收入和财产性收入，分别对应着非农就业的工资、社会保障兑现的收入，以及土地及其他集体资产资本化以后带来的股份收入等。

对农村居民产生的价值影响，有两个层面，一个是居民能够直接意识到的，并进行选择或评价的，还有一个超乎了居民的个体评价，关于农村社会整体层面，并在更长期和更深刻的意义上对农民个体产生影响。因此，有专家担忧，以政府强干预为特征的居住集中过程，带来的是农村居民自主性的丧失。在没有取得农民广泛认同的基础上，乡村集中社区规划很容易成为官僚系统、专家系统单向地将其意志、价值观念强行输送给农民（陆希刚，2008）。

10.2.3 对政府的影响

对政府而言，居住集中带来的利益增量直接体现在建设用地的指标上。凭借增减挂钩的政策寻找到的建设用地指标，通过空间上的置换，可以兑现为更有价值的城镇产业发展用地，为求地若渴的政府救急，甚至让政府继续找到"土地依赖型"增长的感觉，在以GDP为主要考核指标的政绩衡量标准下，会助长机会主义行为。同时，如果居住集中确实给居民带来了福利，则可视为政府进行公共服务的成效，对改善民生有增益，提升了政府的形象。集中居住还为公共设施、交通、市政等设施的配置和环境污染处理等带来了便利性，部分减轻了政府的财政压力。但推动居住集中中的初始政府投资，却是一笔惊人的财政支出。

10.2.4 文化的转变②

由于空间的邻近、设施的共享、利益的关联、文化的共通，使集体成员具备社会区域形成的基本条件，成员之间保持密切的交流和相近的文化意识形态。其社会关联来自于包括集体记忆、习惯、象征、价值观、行为规范的集体认同，影响着村民的心理和行为。无论是"安置

---

① 资料来源：新华日报电子版."万顷良田"工程，一招城乡共赢的好棋，http://xh.xhby.net/mp2/html/2010-07/22/content_258226.htm，2014-7-11摘录

② 本节的部分内容已在《建筑与文化》2010年第11期《乡村空间建设与乡土文化转变》一文中刊出。

区"式、还是"新型农村社区"型的居住集中,在原有的独特地域性的乡村风貌丧失的同时,将不可避免地带来"社区记忆"的损失、社区自组织形态的破坏和原有社会资本的丧失。

放在历史过程中来看,费孝通曾提出中国农村的"差序格局",指社会关系从一个一个人逐渐推出去的网络结构,以家庭为核心,反映了典型的乡土社会特征。苏南乡镇企业曾使业缘关系得到实质性发展,也是"差序格局理性化"的过程,即利益原则成了差序格局中的一个重要维度。基于村级经济的发育,农民的生产、生活、社会福利、文化与教育医疗服务等各个方面无不打上了村级经济的烙印。人们就业在村庄,居住在村庄,享受村庄提供的公共服务与社会福利,对村庄社区产生了强烈的归属感。但乡镇企业改制后,情况发生了变化,乡镇企业的纽带功能缺失或弱化,村级组织依靠资源或者强权进行控制的可能性减弱,村集体对村庄的整合力削弱,改制前高度组织化、制度化的农村社区随之瓦解,村民与村集体的关联度降低。

乡村空间与文化意识形态关系密切,就文化与空间的作用而言,有学者认为,中国城市化是农村社会共同体瓦解的过程。在哲学层面上,前有柏拉图、亚里士多德,后有卢梭对社会共同体的认识,其中,卢梭认为社会共同体的基础是感情而不是理性,共同体有自在价值。当经济理性大于感情的份量,共同体的瓦解就会自然地发生。传统的苏南地区从强烈的经济理性的洗礼阶段走出来,"共同体"意识异常淡漠,农民之间非正式制度关系削弱,在一定程度上也为农村居民居住空间的调整减弱了阻力。

在城市化的冲击下,农村社会不是实现它自身的迈向现代社会的蜕变,而是类似动外科手术似的裂变,使传统的文化资源大规模地流失。在庙会、集市场合的聚会,随着交通条件的改善而日渐减少,农村守望相助和频繁交往的生活传统日渐改变,农民闲时聚会聊天的机会因为外出打工而无法持续。即使是政府组织的传统活动,捡起的是形式而舍弃的是内容,与真实而平静的农村生活隔膜。伴随着信息工程的建设、农技推广网络等的拓展,传统的家庭观念、生育观念、人际交往、生活方式、乡村文化逐渐被城市文化替代,乡村地域"边缘化"特征显著,也带来文化的"失范性"——在城市文化重压下异化了的乡村文化。

空间变化对文化的转变也有积极作用,不同的地域文化也将随着人的动迁和空间形态的改变而呈现出差异性的景观。在经济的世界里,当文化成为附属,传统文化的沦丧和新文化的形成,似乎是不可扭转的趋势。弗里德曼(J. Friedmann)有关"经济空间"与"生活空间"的概念,生动描述了经济和生活的原动力造成现实中人无法做出两全的选择,结果是物质和精神的割裂(弗里德曼,1988)。

针对乡村空间形态与文化意识两者之间的互动,娄永琪借用哈贝马斯(Jurgen Habermas)关于系统和生活世界的区分,对长三角地区进行研究认为:"系统对长三角农民生活世界殖民化的表现,就是农民基于交往互动的生活世界的主观力量在农村居住形态的形成和嬗变中所起的作用越来越弱。该区域的居住形态正面临着巨大的变化,但新兴居住形态与传统居住形态之间的传承脉络并不十分清晰,可以说是突变大于渐变。更重要的一个趋势是,影响居住形态嬗变的力量是外来的,而不是根植于长三角农民的生活世界中的。"进一步,他通过界定专家系统和大众文化两类"脱域(Disembeding)机制"(主体赋予信任的对象可以脱离时空限制),得出结论:专家体系的合法化和大众文化的泛滥是考察长三角农民心态对居住形态产生影响的重要因素。同时,娄对居住形态形成过程中规划权力的介入做出反思,认为"现代社会对规划理性的片面强调使得规划越来越有可能促使生活世界的片面合理化和物化",应该"对作为国家权力的规划在长三角农村居住形态形成过程中的介入的程度和必要性进行重新思考……权力适度抽回后的空隙将为农村居住形态的发展提供更多的回旋可能性,这种多样性有助于长三角农民生活世界的重构"。同时,娄永琪还提出一些洞见,包括:"1949 年以后,原来协调农村生活的机制和社会力量被有效地消除了。传统文化的式微,血缘和地缘关系的淡漠,国家权力的下伸等使得农民的价值观、生活态度和行为准则也出现相应的变化"。"迁居涉及原有生活经验与新环境之间的调适问题"。"当生活世界的一切都能用系统的要求来解释的时候,生活世界的危机就已经到来了"。

在重新组织农村居民居住空间的过程中,势必会对原有农村社会产生解构和重构的作用。在苏南地区,农民生活空间跟随经济空间而发生了较大的转变,其过程中还存在着一定的选择机会。即便如此,如何鼓励建构经济成本较低但精神福利较高的生活方式及相应的社会文化制度和价值系统,提高农民们对生活的长期期望值,使农民们可以真正找到安身立命的地方,让改变了的共同体成为农民们实现其人生价值的场所,就成为格外重要的议题。

10.2.5 对于社会整体的其他影响

马永坤的博士论文资料显示,2001—2007 年,江苏省农村居民点用地减少受不同方式的影响比例为:转为非建设用地的占 27.3%,转为城乡建设用地以外的建设用地占 9.3%,转为城镇工矿用地的占 63.4%。如果这个数据属实,证明了农村居民点的整理对建设用地新的指标的获取和农地的增加均有显著的正面效果,而不是单纯的建设用地空间区位的腾挪。

如果农民有持续的收入和社会保障,居住空间转换并不会伴随显著的阶级分化。农民转化为市民,一般都有足够的收入和保障。在代际传递中,整个社会有可能通过改善了的教育条件等,缓解不同人群的矛盾和差异,进而形成相对统一的整体。在新的环境中,使原来处于弱势的农民可能获得机会均等的条件,进而向社会结构中的上层登攀。总体上,有望达到融合城乡、缓解城乡社会矛盾的效果。农民大规模迁居后,释放出来大量城镇化需求,与国内拉动消费的总体目标一致。但在不具备条件或者操作不当的情况下,机械地推动农民迁居,不考虑就业情况,仅因人口迁居而机械地增加了城市化指数,则有可能引发恶果,甚至促发产生过度城市化。这时,拉美国家的城市贫民窟和过度城市化就给我们敲响了警钟(表 10.2)。

表 10.2 居住集中政策的利益界定

	利 益 影 响
农 民	居住环境变更; 心理上的适应性和安全感的变化; 社会交往环境变化,社会资本的重塑; 影响到就业选择; 更深的层次上,影响到农民的自治能力
地方政府	"找到"建设用地指标,并能兑现为现实利益; 便于其进行公共设施和市政设施的配置; 可能增加居民福祉,体现公共服务的成效
社会整体利益	提高了乡村空间的利用效率; 有助于减少环境负面影响; "社区记忆"丧失,"共同体"弱化,乡村社会被外力重构,文化产生异化

10.3 方案的质量分析

10.3.1 政治可行性分析

规划控制引导的迁居都溯源到政府的意愿上，也依赖专业部门的管理，并结合具体的增减挂钩项目等得以落实。在推进过程中可能遇到3种情况：一是规划方案全面，项目设计合理，安置补偿到位，推进顺利；二是因与居民意愿冲突，处于长期协商、妥协的过程中，在磕磕碰碰中推进；三是规划高高在上，与现实脱节，缺乏细致的执行性措施，基层单位本身就没有实施的意愿，也没有进入到实质性的操作过程中，最终规划落空。其中，要保证政策的顺利推进，国土、建设、社会保障等部门间的协同至关重要。

研究表明，对于宅基地的退出意愿的强弱，往往与居民的年均纯收入、已拥有的宅基地宗数、购买城镇住房的能力、具有职业技能的能力成正比，与居民的年龄、农业收入占总收入的比重成反比。"离土不离乡""空心村"或者"留守儿童"等现象的产生，是现有土地和户籍体制下市场诱导而产生的结果。与之对应的，青壮年农民较高的非农就业比例成为向城镇迁居的优势甚至必要条件，因为农民个体除非有足够资本转化为家庭农场主，否则只能被动推向非农劳动，而他们的知识和能力与城市劳动力市场之间可能存在差距。风险的确存在，伴随着经济发展的波动，进城农民乃至城镇原住民可能因为非农劳动力数量的膨胀，而均受到伤害。

如果农民是"被上楼"，特别是在相对落后地区，就会出现农民选择和发展的权利被剥夺。如果农民进城以后无法维持体面的生活，也无法返回到以前的生活状态，就会在城市中出现大量由未充分城市化农民聚居而成的贫民窟，从而带来一系列的社会问题。所以在经济发展到一定阶段、土地区位优越和价值潜力大、农民已经逐步脱离农业生产转向二三产业就业的地区，对较大强度的迁居有更高的可接受能力。

对乡村地区建设用地进行调整和城市里有极大差异。以住宅论，城市居民面对的是更加开放的市场、流通的信息、多样化的选择，至少动迁对其生活方式的改变力量较弱。对农村居民而言，迁居则可能彻底改变其生活方式，因而具备了更大的冲击力。就信息获得渠道而言，涉及的政府、企业、开发商、民众目前还难以对等；就意见表达而言，公共选择尚不充分。伴随着农村社区自治的呼声越来越高，基层社区自我选择的能力增强，利益博弈的格局发生改变，情况才可能会有较大的改观。

10.3.2 经济和财政可行性分析

在节约用地之外，居住集中还能带来更多的正面效应，如包括学校、医院、道路、供水、污水处理等的运作能够在居住集中的空间布局中获得更高的效率，对此的解释可以从居住集中带来的集聚经济效应方面进行。在经济地理学的研究领域内，关于人口密度与商业设施空间布局的关系多有研究，认为人口空间密度与市场规模具有相关性，市场规模受人口规模和人均收入影响。在引入交通成本后，市场的边界就必须同时引入交易半径。也就是说，在真实的世界里，市场规模是由一定交易半径范围内居民的数量和可支配收入的乘积决定的。

在人均收入一定、交通技术与经济制度不变（意味着交易半径不变）的条件下，单位面积内人口数量、亦即人口空间密度成为决定市场规模至关重要的变量。动态地看，居民居住地的选择和公共设施能否维持良性运转之间存在互动。如果能进入到良性循环，公共设施能获得应有的经济和社会效益，不断扩大规模和提升服务质量，居民能获得较为满意的服务，并使居住地具有更强的吸引力。反之，因为存在设施布局的门槛，当居民分布过散，可能会造成公共设施难以维系。基于消费者的分散状态，如果用经典的市场门槛相关分析模式，可以发现，在农村很多市场自发的产品和服务很难成立。现实中，乡村基层公共服务和公共物品的供给主要来源于政府，对苏南地区而言，企业的回报也曾成为公共产品供给的重要来源。在乡镇企业改制后，后一种源头变得更加不稳定和难以期待。同时，农民集中居住后能扩大对工业产品和三产服务的需求。总体上，居住集中可以有效地将需求与市场结合，而减少政府的财政负担。

在上述基础上，赵燕菁做了进一步发展。与市场布局对应，从居民消费效率的角度，赵燕菁的研究表明：传统的农村地域中，分散的居住空间影响了消费效率，使得财富在分散的空间布局下缩水，即"财富空间缩水效应"。通俗地说，同样100元钱，在城市和农村可以获得的消费满足大相径庭。更进一步，一个人的真实财富很大程度上取决于消费的效率，而消费效率是空间密度的函数（赵燕菁，2006）。在农村难以获得产品和服务的规模效益，结果使消费欲望受到消费环境制约。

农民迁居涉及拆迁、安置、补偿等多种资金投入，在现实中也会有多渠道的资金来源，包括地方财政投入、中央财政转移支付、帮扶资金等。和土地整治项目一样，如果是以政府信用或者土地做担保，向银行进行融资，其中包含着风险，风险来源于整理出来的建设用地指标价值和实际成本的匹配关系。在实施过程中，由于必须先建农民新居、先拆旧复垦才能置换城市建设用地指标，所以通常要由政府先垫资。然而如果置换的土地没有达到预期的收益，或者政府为了招商引资不得不压低土地价格，那么政府的前期投入很可能收不回来，因此增减挂钩试点必须在特定的区位才有可能实现资金的平衡。能否合理进行农村居民点集约用地收益分配，缩短农村居民点集约用地的回报周期，在实施中至为关键。在国家"增减挂钩"的原则中，有一条"优先考虑城乡结合部地区"，其目的就是为了确保土地转型后经济价值能够得到充分提升。但是在很多地方尤其是中西部地区的实际操作中，这一经济区位的限制被忽略了（陈科，2011）。

资料：南京鼓励农民居住集中的筹资设想

① 政府财力杠杆。财政性资金要集中投入，形成启动社会资金的杠杆作用，带动多元投资，促进市场运作经营机制的形成。

② 土地级差效益。实行土地有偿使用的市场化运作，尝试农村土地使用权的拍卖转让，实现土地增值和滚动开发。

③ 提升开发能力。提倡城镇开发公司与大公司、大企业合作，提高其筹资能力和开发水平。

④ 争取金融支持。鼓励各种金融机构向村镇建设提供信贷，对农民按规划建房予以城市购房贷款的优惠措施。

⑤ 吸引外来资金。积极将基础设施建设引向市场，鼓励各类社会资本投资村镇公用

设施。

⑥ 加大资金投入。市、区县、乡镇都要加大政府投入,重点支持中心镇、村建设,对村镇基础设施的建设予以一定比例的贴息和补助。

(资料来源:《市政府关于郊县农民向城镇和农村居民点集中的实施意见》宁政发〔2005〕224号)

前文已经论及中国乡镇政府普遍存在财权和事权不对称、公共物品供给不足的问题。而在现实中,也普遍存在乡镇政府寻求短期行为,谋求公共物品制度外供给的状况。集中住区建设需要强有力的资金支持,因推进居住方式转变和公共设施提供往往采取"捆绑式供应"方法,"集中"的过程可以视为公共福利创造的过程,其中需要从无到有地提供大量的公共物品。"集中"过程的启动,事实上已成为一道高高的门槛。即使能够获得作为转移支付的国家或者上级政府的补贴,地方的资金缺口仍然巨大。在相应体制未调顺之前,地方政府既有可能消极无为,也有可能另辟蹊径,继续寻找公共物品制度外供给的渠道,进一步可能加剧了不合法、不合理、不公平的行为。

如果政府部门作为公共物品的单一供应者,其中潜在的问题包括供应不足和错位。中国农村呈现出典型的分散的空间分布状态,公共物品提供的规模经济作用受限。从较激进的角度,虽然可以通过大幅度的空间集聚来实现公共物品的规模效益,但空间集聚的"度"是要寻找的对象,否则就会陷入"巨人国"似的、实施强烈控制的陷阱,甚至反而会使部分公共物品供给丧失效率。

10.3.3 技术可行性分析

居住用地集约的程度主要体现在建造方式上。极端的如江阴市华西村,其于2007年动工建设了一幢74层、高328 m、名为"增地空中新农村"的农民公寓,建筑容积率达到12.4,节省近400亩土地。事实上,江阴每个乡镇都建设了颇具规模的高层农民公寓,新桥、申港等镇的大型农民公寓,将几千户农民集中居住①。

除了在城镇建成区中的安置点,还可能以"撤村并点"式的农村新型社区式形式推进居住集中。如果和行政村对应,即一个行政村有一个农村新型社区的选点,虽然从空间上未必合理但相对容易操作。如果跨行政村进行选点,则与传统的土地产权划分格局相冲突,磨合期会是个漫长的过程。

在具体的操作方案中,能否给予农民适度选择,如现金补偿还是实物补偿或者二者兼有,住房可以补偿1套还是多套,套型如何,区位如何等,都会对政策推进顺利与否产生影响。对农民而言,在传统的征地拆迁过程中,因习惯于将补偿标准与农转非后实际用途之间的土地收益进行比较,所以容易产生强烈的被剥夺感。虽然这种比较本身是欠妥的,暂且不论,但其确实带来了现实中的冲突。而通过建设用地指标来过渡,以空间上的错位,使得农民改变了比较的标准,只能拿项目推进前后自身状况的变化进行对比,一定程度上使围绕土地增值利益的矛盾不再那么尖锐。对特定的专家系统或者政府综合评估系统而言,可借助指标体系来评价居民对集中安置区的满意度(表10.3)。

---

① 江阴市国土局网站. 江阴节约集约用地"十八法", http://gtj.jiangyin.gov.cn/a/201206/article_9wmhslnk9xh9.shtml,2014-7-11摘录

表 10.3　王雅文等的农村居民集中安置区人居环境满意度评价指标体系

子系统层	指标层
社会经济满意度	家庭经济状况
	就业状况
生活环境满意度	安置区基础设施
	环境卫生状况
	绿化状况
	污水处理
	水电气供给
出行满意度	日常生活出行便捷程度
政府及政策满意度	政府财政公布
	农地用途
	政府执行能力
	政府公平公正
	政府回访
	土地权益保障
	土地整理补偿
房屋质量满意度	户型设计合理
	工程质量
社区管理满意度	安置区治安状况
	安置区维修管理状况
	环境卫生管理状况
	管理人员素质

资料来源：本章参考文献[9]

在农村原来享有的一些优惠政策，在一定的过渡时限内，如果还能够继续享有，对农民也是个利好消息。如苏州在 2011 年推进"三置换"过程中，规定农民在 5 年内可继续享受农村生育政策和计划生育奖励政策①。

10.4　兼容性分析

居住集中改变的不仅仅是农民的居住模式和土地利用形式，其广泛地与农民的就业、土地权利等联系。首先是农村土地整治政策，居住集中常常是土地整治项目的重要构成内容。土地整治项目给农民居住就业的选择提供了非常规的机会。其次，土地流转政策的广度和深度，对应着农民土地权利的充分兑现，也就最终影响到土地和农民之间的关联。再次，如

---

① 资料来源：苏州通过"三置换"推进城乡一体化，http://www.gzlo.gov.cn/publicfiles/business/htmlfiles/gzs-fzb/s10213/201202/896801.html，2013-10-8 摘录

果往城镇集中,居住集中的推行与城镇的接纳能力有关,从这个角度,城镇的产业发展政策能否带来有效就业是至关重要的要素。同时,农民和原城镇居民能否享有同等权益保障和公共服务的政策,也具有深远影响。近年,户籍政策正在持续变得更宽容。典型如苏州《关于鼓励农民进城进镇落户的若干意见》中,界定五类农户为适用对象,即:在城镇就业并在城镇有合法固定住宅的农户、动迁安置在城镇和开发区的农户、实行"三置换"进城进镇的农户、城中村和失地的农户、其他具有进城进镇愿望的农户这五类。

资料:《国家新型城镇化规划(2014—2020)》(择选)

以合法稳定就业和合法稳定住所(含租赁)等为前置条件,全面放开建制镇和小城市落户限制,有序放开城区人口50万~100万的城市落户限制,合理放开城区人口100万~300万的大城市落户限制,合理确定城区人口300万~500万的大城市落户条件,严格控制城区人口500万以上的特大城市人口规模。

对于农民居住集中的争议,追根究底在两方面,一是如何界定居住模式和农业发展阶段的匹配性?另一个相关联的问题就是现阶段采取较大幅度推进的时机是否成熟?这里内含着更多的疑虑,首先是规律性的认识,即如果没有政府的外力强推动,居住是否也会自然走向集中?然后就是逻辑上的因果关系,政府的行为究竟是顺势而为,还是期望以"集中"为"因"激发经济发展和居住条件改善的"果"?抑或是两者的结合,已经充分考虑了空间策略与经济社会发展之间的互动。

居住的集中应该和居民的就业状态紧密联系。没有农地的规模经营,农民居住格局的调整就没有基础。对于苏南地区而言,在农业技术上早已具备了大规模、机械化耕作的条件,关键还是落在农村剩余劳动力转化的渠道是否充分、成熟和稳定,农地产权问题是否解决到位,受市场影响土地权益能否顺利流转。现实条件不同,会出现不同的结果:或者是剩余劳力顺利转化,农村劳动生产率提高的潜力充分释放,经济发展、社会和谐,空间利用得以优化;或者是城镇的二、三产业就业机会不充分,农民作为一个整体与土地始终不离不弃,将兼业的状况长久地维持下去,农民没有动力实施迁居,乡村空间调整在操作中被架空;或者是被强力推进集中,保守地说,不能取得预想的经济社会效益,激进点说,在社会保障日益完善的环境中,虽然不会产生社会动荡,却依然会有长期的、深远的负面影响,即与原有社会性的割裂,和因原农民未能有效就业产生的消极的社会形态。

本章参考文献

[1] 王海卉. 乡村地区利益博弈与空间重组——以苏南为例. 南京:东南大学,2009
[2] 陆希刚. 从农村居民意愿看"迁村并点"中的利益博弈. 城市规划学刊,2008(2):45-48
[3] 马璇,王红扬,冯建喜,等. 城乡统筹背景下农村居民基本诉求调查分析——以南京市江宁区为例. 城市规划,2011,35(3):77-84
[4] [加]弗里德曼. 生活空间与经济空间. 国际城市规划,2005,20(5):5-10
[5] 娄永琪. 系统与生活世界理论视点下的长三角农村居住形态. 城市规划学刊,2005(5):38-43
[6] 马永坤. 城乡建设用地增减挂钩机制的经济学分析——以成都为例. 成都:西南财经大学,2011
[7] 赵燕菁. 就业增长与空间政策. 城市发展研究,2006,13(2):6-12

[8] 陈科. 基于城市化角度的增减挂钩政策实施研究. 城市规划,2011,35(7):14-19
[9] 王雅文,税伟,王晨懿,等. 成都市新津县城乡建设用地增减挂钩农民安置区人居环境满意度分析. 地理与地理信息科学,2011,27(5):74-78
[10] 王德. 基于农户视角的农村居民点整理政策效果研究. 城市规划,2012,36(6):47-55
[11] 王勇,李广斌. 苏南乡村聚落功能三次转型及其空间形态重构——以苏州为例. 城市规划,2011,35(7):54-60

11 乡村工业用地集约利用政策[①]

本章要讨论的是指向乡村工业用地的政策,不同的政策手段可独立,亦可交叠使用。政策手段之间差异甚大,评价结果可能迥异。

11.1 政策发展线索

自改革开放以来,一方面是工业经济总量的快速增长,如全国工业增加值从1978年的1 607亿元到1990年的6 858亿元、2000年的40 034亿元和2010年的160 722亿元,在进入新世纪后以年均近15%的速度增长。另一方面,工业用地占建设用地的比例在大多数城市均居高不下。根据贾宏俊的统计,2002年以后的连续5年中,城市年度土地供应用于工业用途的比重一直超过40%(贾宏俊等,2010)。既要保持工业发展的强经济带动作用,又要面对严控新增建设用地指标的阻碍,因之工业用地的集约化被提上议程,并成为土地利用集约化总议题中的重要构成。

"工业用地集中"在"三集中"概念中一直有所呈现,在这里不再赘述。其间的变化主要体现在对工业集中的目的地上,从早期较虚化的"工业小区"到后来的"园区",越来越指向层次更高、规模更大的工业集中区。

2004年,《国务院关于深化改革严格土地管理的决定》中不仅提出节约集约用地的总要求,也给出了针对工业区的政策导向。

2004年,国土资源部《工业项目建设用地控制指标(试行)》要求全国范围内结合地区和行业两个维度规定工业用地投资强度、容积率、建筑系数、行政办公及生活服务设施用地所占比重四项指标。

2006年,国务院下发《关于加强土地调控有关问题的通知》,提出工业用地必须采用招拍挂的方式公开出让。

2006年,《全国工业用地出让最低价标准》(后文简称《最低价标准》)将全国土地分15个等别控制最低地价。

2008年,《工业项目建设用地控制指标》要求结合地区的分等定级和产业类型控制投资强度和容积率。

2008年,《国务院关于促进节约集约用地的通知》中提出涵盖面较广的土地集约利用的要求。

[①] 本章的部分内容已在《现代城市研究》2014年第9期《工业区土地集约利用的政府管制行为辨析》一文中以基金项目的名义刊出。

2008年和2010年,《开发区土地集约利用评价规程(试行)》(后文简称《规程》)、《开发区土地集约利用评价数据库标准(试行)》陆续出台,从针对开发区土地集约利用的基础性的评价工作入手推进。

2012年,国土资源部《关于大力推进节约集约用地制度建设的意见》(后文简称《意见》)给出了引导相关制度建设的具体建议。

2012年,在1999年版本的基础上修订了《闲置土地处置办法》。

2013年,国土资源部《开展城镇低效用地再开发试点指导意见》确定在10省(区、市)开展相关试点。

2013年,国土资源部《节约集约利用土地规定》中提出"市、县国土资源主管部门可以采取先出租后出让、在法定最高年期内实行缩短出让年期等方式出让土地"。

在整个政策体系中,从指导性思想到评价标准再到具体政策措施,推进工业区土地集约利用的工作正在循序渐进地全面展开。无论是鼓励工业区用地的"二次开发",还是具体到以门槛指标对企业的进出进行控制和管理,无论是重在外延式扩张的用地控制,还是重在内部的挖潜改造,在国家政策的大框架下,各级地方政府已经有了诸多探索和实践。

11.2 工业用地非集约利用的原因

推动土地的集约利用,意在针对土地非集约利用的现实而做出决策,那么如何理解土地的非集约利用就成了关键。可以观察到的非集约利用,一般表征是地价低、土地产出率低、税收贡献低、建设强度低甚至闲置等。土地集约利用与否是相对而言的,与发展的阶段性和地区差异有关。在分析造成土地非集约利用的原因时,可以从经济发展阶段、土地市场的完善程度、空间主体的利益诉求、空间资源的配置过程等方面来进行分析。较多的观点笼统地表达了这样一些判断:在快速城市化的背景下,国内较发达地区取道工业化发展之路,经历了持续约30年的经济快速增长。但是这种增长是在政府通过强制力完成了对农转非的土地征用,在对土地一级市场进行垄断的前提下,以缺乏成本收益评估的"土地换增长"的方式实现的,结果是土地价格畸形走低,土地浪费严重,国有资产流失。1994年分税制改革和1990年代的土地使用制度改革,起到了关键性的推波助澜的作用,加剧了地方政府追求财政最大化的诉求,而使政府供地成为财政最大化的手段之一。另外,借用尼斯卡兰的官员效用理论中的解释,任期内官员以高涨的热情进行供地以扩大政府预算规模,造成提供土地的产出量远大于实际需求量,并带来社会整体的福利损失。而在乡村空间中,没有通过征地程序作为工业生产的用地,也因为集体土地产权的缘故,土地的使用呈现出大手大脚、粗放使用的特征。

上面的论断中,特别是关于土地一级市场垄断的论点却有值得推敲的地方。与之相对应可以导出以下论断,即如果政府没有对土地一级市场进行垄断,或者政府不是通过土地出让实现财政最大化,土地的集约性就可以从源头上得到改观。可是,这些观点是否成立?以下就以土地一级市场并非垄断性而是竞争性的论点入手,结合经济学中关于供需关系影响价格的基本认识,对工业用地低价的现实进行解读。

先来剖析与土地出让有关的观点。土地一级市场垄断是一个集体的误读,这使得人们对政府出让土地的动机出现了误判。工业用地价格走低和集约度不高,在一定程度上是土地供给者竞争的结果。如果明确市、县等地方政府是真正的土地供给者的话,就会发现土地一级市场其实是一个竞争市场。如果是一个垄断的土地市场,垄断者就可以通过调节土地供给而提高土地价格,这和我们观察到的现实恰恰相反。在工业用地的价格上,地方政府因为出让价格低甚至零地价而备受诟病,这也是《最低价标准》出台的原因。在标准颁布后,土地出让价格并没有被明显地抬升,地方政府死守最低限价而没有溢价,这表明土地供给者——地方政府是价格的接受者,这是竞争市场的特征。

解释土地一级市场非垄断,要从城市内部和外部两个角度分别阐述。在一个城市内部,勉强可以称作寡头垄断市场。按照《土地法》,土地使用权的出让由市、县人民政府负责,并有土地管理部门一个出口,这是"垄断说"的由来。但在一个城市中,"多头供地"的局面从来都是存在的。一个城市内部的区政府、开发区政府、新城政府等,各有一定的供地权限,因为历史和政策原因往往还有其他供地主体,他们在土地的供给——也就是招商引资上各有权限和利益诉求,所以呈现出寡头垄断的局面。放在全国土地市场的层面上看,工业企业的区位选择更加多样。毕竟工业用地的买家并不是固定在一个城市的,相反,是跨市、跨区域甚至跨国流动。从全国或区域的角度来看土地市场,由于供地者数以千计,为了吸引来合适的企业落户,它们彼此之间是竞争关系,土地市场只能是一个竞争性市场。在竞争市场里,包括低价供地在内的地方政府的行为恰恰是非常现实、非常理性的(图11.1)。

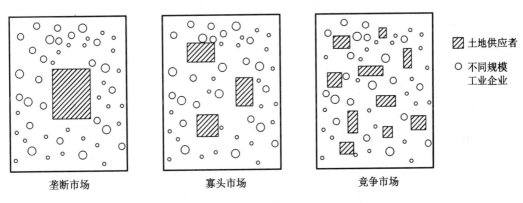

图11.1　3种土地市场中卖方和买方的数量对比

工业用地和商业经营性用地不同,工业企业属于向城市外出口的基础经济部门,主要面向城市外部的对象销售而为城市带来经济收益,其产品可以在任何地方生产,和本地的需求关联较小,大多数企业不具备足够强的地方根植性。在对资本极度渴望的经济发展阶段,地方政府对企业的需求旺盛,对类似于500强的、有价值和潜力的企业更是求贤若渴。多数人都会注意到土地是稀缺的资源,但是相比土地,有价值的企业则更为稀缺。地方政府努力招商引资,造成中国特色的园区成为低价土地、税收补贴和快速服务3个竞争法宝催生的产物(张倩等,2013)。

所以仅看到工业用地价格低,就给出土地非集约利用的判断是草率的。由此引出的对工业用地出让最低价限制的手段等将在后文中进一步展开讨论。但是从总体上,如果符合市场规律,以政府经营为基础,以土地集约利用为手段,地方政府调整其资产使用模式,却是现实和可行的,甚至可以多种角度、多种手段并用。

11.3 工业用地集约利用的政策类型

苏南地区的乡村工业发展,在1980年代中后期属于崛起阶段,传统的"苏南模式"带来分散的乡村工业布局,呈现出"村村点火"的局面,一度冲击着国家土地使用制度,并带来环境、社会效应等方面的问题。1990年代乡镇企业改制弱化了工业企业的乡村社区属性。2000年以后工业在村庄内的散乱布局被限制,并被引导进入工业集中区。同时,规模化的工业园区在基础设施建设、环境控制、分享劳动力市场、交流信息等方面有极强的正面效应。这一阶段,限制企业的分散布局并诱导企业的集中,成为富有实效的政策策略。到2010年左右,乡村工业的空间布局较为稳定,原来村庄内的工业用地虽然没有完全置换出来,但也不可能再扩展,而工业集中区则因各地争取到的土地指标和政策不同,发展有差异。

即使是2000年以后在规模化园区内伴随着招商热潮成长起来的企业,以今天的标准来衡量,仍不同程度地存在土地利用效率不高的问题。毕竟在特定的政治考核机制鼓舞下形成的招商热潮带来了过多的冲动。时至今日,土地的租值不断提高,仓促招商引资造就的土地低效利用状况日益暴露,新的更有价值、更有潜力的企业等待进入,地方政府亟待盘活有限的土地资产。所以各地开始成立低效土地清理办公室,或者出台对存量工业用地使用的优惠政策,采用"软硬兼施"的办法,积极提高土地利用效率。

已经开展的基础性工作中,不仅探讨关于工业区土地集约利用的量化评价方法(参见第5章),也考察在不同发展阶段对工业用地集约度提升的主要促动力。如贾宏俊提出企业内部机制推动、技术与经济投入、政策引导、循环经济思想渗入等要素的阶段性主导作用(图11.2)。虽然工业用地集约化的阶段发展是否遵循线型的固定顺序尚待商榷,其对动力要素的提取有一定的借鉴意义。事实上,与体制对接,政策引导的作用会超出图示中表达的发展阶段,而在工业化的整个进程中都颇具影响。从这个角度来说,进行相关的政策研究就更有意义。

结合实践,归纳工业区土地集约利用管制措施包括以下类型:一、鼓励工业用地集中;二、对工业用地出让限定底价,在前文中已有论述,被国家层面认为是促进土地集约利用的主要措施之一;三、用地规模和建设强度控制,如结合产业类型和设计生产规模,规定用地规模的上限,以及各地对于容积率、建筑密度、绿地率、非生产设施占地比例等进行限定,包括鼓励在已建设基础上提高工业用地容积率;四、设定投资和产出强度门槛;五、严格闲置和低效土地处置政策;六、鼓励企业、园区、城镇自发提高集约利用度;七、其他结合管理环节的政策。

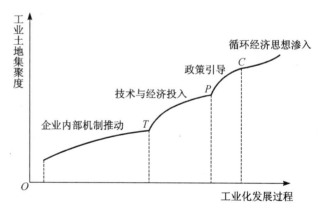

图11.2 工业化过程中工业用地集约度变化

资料来源:本章参考文献[2]

就鼓励工业用地集中而言,园区战略被视为苏南地区改革开放后发展"三部曲"中跃上第三级台阶的重要一环(唐岳良,2006)。在苏南的园区建设中,有两类主角:一类是国家级、省级以上开发区,担当了发展区域经济的主力军,如苏州工业园区、苏州新区、昆山经济开发区、无锡新区等,另一类是乡镇重点工业园区。

关于出让底价控制,最有代表性的是2006年的《最低价标准》(表11.1)。

表 11.1 《全国工业用地出让最低价标准》(2006)(择选)

单位:元/m²(土地)

土地等别	一等	二等	三等	四等	五等	六等	七等	八等
最低价标准	840	720	600	480	384	336	288	252
土地等别	九等	十等	十一等	十二等	十三等	十四等	十五等	
最低价标准	204	168	144	120	96	84	60	

就用地规模和建设强度控制而言,以《江苏省建设用地指标》(2006)为例,在考虑了苏南、苏中、苏北的地区差异的可调系数的基础上,提出按照不同的工业用地类型,对容积率、企业内部行政办公及生活服务设施用地比例、建筑密度、绿地率、总建设用地量控制标准等内容。

资料:对食品制造业建设用地指标的控制(择选)

第2.1条 食品加工业的容积率≥1.0。

第2.2条 食品加工业的投资强度必须符合:苏南地区≥3 795万元/hm²(253万元/亩);苏中地区≥2 505万元/hm²(167万元/亩);苏北地区≥1 800万元/hm²(120万元/亩)。

第2.3条 食品加工业的企业内部行政办公及生活服务设施用地比例≤7%。

第2.4条 食品加工业的绿地率≤14%;建筑系数≥45%。

第2.5条 食品加工业建设用地指标不应超过表11.2的规定。

表 11.2 食品加工业建设用地指标(节选)

行业代码		类别名称	分级	生产规模或类型	单位用地指标	
中类	小类					
141		焙烤食品制造	分级	生产规模或类型(t/年)	(m²/t)	(亩/万t)
			大型	>10 000	0.8	12
			中型	5 000~10 000	0.8~1.0	12~15
				1 000~5 000	1.0~1.2	15~18
			小型	≤1 000	1.2~1.4	18~21

资料来源:江苏省国土资源厅.江苏省建设用地指标,2006

就设定投资和产出强度门槛而言,早在2004年,江苏省就在《省政府关于切实加强土地集约利用工作的通知》中提出:"根据我省区域经济发展的实际状况,开发区工业项目用地每亩土地的实际投入,苏南地区一般不得低于250万元,苏中地区一般不得低于160万元,苏北地区一般不得低于120万元。"在此之下,各县市还有更多实施细则,并在指标上进行适时调整。如江阴市于2010年规定镇(街道)工业集中区亩均投资强度和亩均产出必须分别达到260万元和400万元,总投资3 000万元以下、供地规模15亩以下的新增工业项目不单独供地。

严格闲置和低效土地处置政策中,以国家的《闲置土地处理办法》(2012)为依据,对于闲置土地的认定标准、处理程序和处置方式等做了详细规定。在对闲置土地收取闲置费甚至依法强行收回的基础上,有的地方成立了专门的低效土地清理办公室,对集约利用度低的企业积极进行清退。

资料:句容市土地闲置费征收对象及标准(择选)

全市划拨土地闲置费征收标准为每年每亩4 000元,以出让方式取得土地使用权的,自国有土地有偿使用合同生效满一年未动工开发建设的,按每年不超过土地出让金的20%计征土地闲置费,其中工业用地按土地出让金的15%计征,经营性用地和其他用地按10%计征。

(资料来源:句容市人民政府网站,http://www.jurong.gov.cn/zwgk/szfbmxxgk1/sgtzyj/ywgz/xzsyxsf/20110926/011721768.html,2014-8-21摘录)

鼓励企业、园区、城镇自发提高集约利用度的手段比较多样。如对现有工业用地,在符合规划、不改变用途的前提下,通过厂房加层、改建、拆除重建、减少绿地面积或压缩基础设施占地面积等来提高土地利用率和增加容积率的,规定原则上不再增收土地价款及市政基础设施配套费。如鼓励企业在满足环境和安全要求的前提下利用地下空间,或者结合招商和经营管理模式的改变,通过内涵增长最大限度利用土地资源。"零土地招商"就是针对2000年以来苏南地区的主要外资项目大多进入产出期、扩张期,鼓励现有企业通过资本金的注入实现增资扩股,在不增加土地供应的前提下,通过"二次用地"提高土地的集约利用度。如锡山区实施高新技术和自主创新项目专项补贴,对拟扩产但不新增用地的企业,上一年度纳税总额200万元以上,自主创新、产业转型或资源综合利用等项目,每个项目累计补贴额最多可达100万元[①]。《意见》中也提出:"各省(区、市)确定的优先发展产业且用地集约的工业项目,出让底价可按不低于《最低价标准》的70%确定";"实行城市改造中低效利用土地'二次开发'的鼓励政策"。总体上建立了促进节约集约用地的价格和税费调节机制,对利用存量土地的,给予税费优惠。

其他结合管理环节的政策较为灵活,如配合实施专门的项目评估制度、履约保证金制度、分期供地制度等,在项目的进入和实施环节对土地集约利用强度和效益进行监控。又如"腾笼换鸟"是在不占用新地的情况下,将劳动密集型企业转为高科技企业等,由此不断转型升级,不断淘汰、更新有关产业,以挖掘持续开发的空间。对于工业用地先出租再出让以及缩短出让年期等方式,则赋予政府管理更大的弹性。

资料:无锡市节约集约用地履约保证金制度(择选)

对新增工业项目、服务业项目用地应在出让合同中约定亩均产出、违约责任和保证金收取标准。省级以上开发区产出必须达到亩均500万元以上,工业集中区产出必须达到亩均400万元以上,保证金按照合同出让金的20%计算(其中,50%考核开工,50%考核竣工)。对未按时开工和竣工的,没收相应保证金;对连续2年达不到产出标准的,按年征收相应的

---

① 资料来源:中国国土资源报.无锡锡山:"十向调节"节地发展战略,http://www.mlr.gov.cn/xwdt/dfdt/201209/t20120903_1137507.htm,2014-7-17摘录

违约金。

(资料来源:《无锡市进一步推进节约集约用地促进产业转型升级的实施意见》锡政发〔2011〕235号)

资料:锡山区项目评估机制和履约保证金制度(择选)

建立完善项目评估机制。具体实施两类评审:在工业项目申请立项前,由区发改、经信、国土等部门审查,对不符合区供地政策的项目一律剔除,3年来,共剔除建设项目89个,涉及用地5 630亩,确保每个新上项目质量优、产出高;强化对重大建设项目的扶持,定期召开区重点建设项目联席会议集中评审,将有限的用地计划向技术含量高、税收贡献大、产业带动强的项目倾斜。

从2010年起,锡山区全面实行工业项目合同履约保证金制度,按照每亩不低于7万元收取保证金,实行区级财政专户管理。履约保证金的返还或没收实行分段考核,其中每亩2万元考核开工,每亩2万元考核竣工及约定的建筑指标,每亩3万元考核竣工后两年内的约定产出。投资主体缴纳每亩10万元的基础设施配套建设费,如投资主体取得土地使用权之日后第5个会计年度达到约定产出标准的,将应收的基础设施配套建设费用全额奖励给投资主体;如未达到约定产出标准,则向投资方一次性收取基本设施配套建设费用,防止闲置土地、囤积土地和项目弄虚作假情况发生。

(资料来源:无锡锡山:"十向调节"节地发展战略,http://www.mlr.gov.cn/xwdt/dfdt/201209/t20120903_1137507.htm,2012-9-3)

总体来说,政府管制手段包含不同类型。既有从国家层面强制要求的,也有地方政府积极作为的;既有针对拟入园企业的,也有针对已入园企业的;既有经济手段如涉及地价、投资强度、税收优惠等,也有空间手段如涉及建筑密度、容积率等,还有管理手段如鼓励二次开发、进行项目评估等;既有消极的控制手段,也有积极的引导和激励机制。多样化的政策呈现,体现了集约化的大趋势,也给政策评价提出了更高的要求。

资料:江阴市节约集约用地"十八"法

一、隔江借地。"一桥飞架南北,天堑变通途"。2003年,江阴把拓展用地空间的眼光投向长江对岸,打破现有行政区划,在靖江建立了总规划面积60 km^{2}的江阴经济开发区靖江园区。

二、科技管地。投资3 500万元,建立了城镇1:500、农村1:1 000的全数字化地形、地籍和土地利用现状数据库,广泛用于土地登记、土地利用管理、建设用地审批和规划修编等各项业务领域。

三、集中生地。继续推进"工业向园区集中、农民向城镇集中、农地向规模集中"的"三集中"战略,并且赋予工业向园区集中的新内涵,明确提出了新兴产业规划。

四、"三强"盘地。2006年,江阴提出了强势分割、强力征收和强制收回的"三强"举措,对企业存在批而未用的土地进行强势分割;对被认定的闲置土地,强力征收土地闲置费;对闲置两年或两年以上的土地,坚决依法强制收回土地使用权。

五、门槛限地。自2004年以来,江阴连续出台五个文件,四次提高用地门槛,明确把节约集约用地作为招商引资的重要内容,把注册资本、投资强度和亩均产出等作为供地条件。

六、论证核地。规定对用地面积超过100亩的重点、重大工业建设项目,由国土部门牵头,会同市发改、经信、商务、环保、规划等相关职能部门和专家论证后确定供地计划。

七、差别定地。探索和建立了工业用地出让价格差别定价机制。一是实行按产业定价,对列入现行《国家产业结构调整指导目录》中的鼓励类项目,公开出让底价可以在市场评估的前提下适当下浮或按工业用地出让最低价标准确定。二是实行按园区定价,按照园区特色和区位,确定各类园区相对统一的用地基准价格。

八、二次用地。出台相关优惠政策,鼓励老企业对原有土地进行二次利用,鼓励新企业租借低效企业土地进行发展。

九、分期供地。严格控制企业新增用地需求,对一些分期实施的大中型工业项目,实行"整体规划、总量控制、分期供地、限期开发"的原则,预留规划用地范围,按照实际到账资金和生产建设进度进行分期供地,不得先供待用。对同一企业有多处土地,部分土地尚未落实项目或已批土地尚未建设的,一律不再安排新的土地。

十、合并省地。在老城区改造中,对涉及搬迁的众多小企业,以优惠的措施和优质的服务进行集中安置。企业可以合用标准厂房,共用办公大楼、职工宿舍和食堂。

十一、"回头"找地。每年年初,江阴都要组织"回头看"活动,由市长率领监察、财政、发改、招商、规划、国土等部门领导,深入各镇、街道和开发区,检查企业投入产出情况和用地情况,督促企业及时开工建设和缩短投入产出的周期,缓解用地紧张的矛盾。对查出的部分投入产出达不到要求或存在闲置、浪费土地的企业,严格按合同处理;对不积极主动配合、无正当理由的,坚决收回土地使用权。

十二、区域控地。以"不开发"谋求集约式发展路径,在全省率先编制完成了《江阴市南部地区不开发区域产业发展暨结构调整规划》,把占全市1/5面积的南部6镇约200 km^{2}的土地列为禁止建设区域,不适合的工业项目一律撤出,迁入其他工业园区。

十三、履约取地。创新批后监管措施,对企业实行合同履约保证金制度。对工业用地,按照实际成交价款的20%收取履约保证金,其中10%考核按时开工,10%考核集约用地;对经营性用地,按照实际成交价款的10%收取履约保证金,其中5%考核按时开工,5%考核按时竣工。对未履行合同约定的,履约保证金不予退还,上缴市财政,并可按出让合同的约定追究相关违约责任。

十四、宕口垦地。通过关闭矿山和砖瓦窑厂,复垦土地,盘活存量土地。

十五、向天要地。要求各镇(街道、开发区)要通过盘活存量、复垦挂钩等措施,每年新建100~200亩左右的多层标准厂房,切实解决3 000万元以下的中小企业用地。对于安置房建设,江阴要求必须以小高层和高层为主。

十六、置换增地。从2008年下半年开始,开展了以土地承包经营权置换社会保障、农村住宅置换城镇住房、农民身份置换城镇居民身份的"三置换"改革试点。

十七、点供奖地。2005年以来,对投资达到较高规模,且符合国家和省产业政策及环保要求的高新技术类工业项目,采用向省国土资源厅争取点供用地计划指标的办法予以重点保障和优先保障。同时,以点供政策为导向,建立了项目的节约集约利用评价机制,变招商引资为招商选资,提高引进项目质量,促进投资规模和集约用地水平的提高。

十八、考核节地。江阴每年都按照单位GDP和固定资产投资规模增长的新增建设用地消耗等相关指标,对镇、街道和开发区进行综合考核,并逐年提高相应的比重。对考核不达标的地区,市政府不予安排或减少安排新增建设用地计划,国土部门暂停受理该地区农用地转用、土地审批等相关用地手续。在此基础上,又对各镇工业集中区的土地集约利用状况进行专项考核,按照土地利用强度、土地利用结构、土地投入产出、土地资源消耗四个方面,把各工业集中区分为优秀、良好、一般、较差四个等级,对集约利用水平较高的进行奖励,对集约利用水平较差的责令整改。

(资料来源:江阴市国土资源局网站.创新用地举措 建设幸福江阴——江阴市探索形成节约集约用地"十八法",http://gtj.jiangyin.gov.cn/a/201206/article_9wmhslnk9xh9.shtml,2014-04-14 摘录整理)

11.4 价值总体分析

工业用地的集约化,是一种用地方式的改良,依赖政府全过程的管理和监控,并适当鼓励企业的自我更新升级实现。从技术手段来看,除了控制工业区用地总量,还直接控制建设强度、投资强度和产出强度。从经营管理方式来看,延续了政府主导工业区运营的模式,在强化了对土地的价值评估后,通过经营细则的变化,期冀土地能给地方财政带来更多税收,并减少经营风险。

国家层面推进工业用地集约化,从其动意看,是从宏观上改善资源配置方式、提高经济运行效率。至于具体措施的实际效果,要结合后文的经济分析来看待。工业用地的集约,也是地方政府经营方式的变化,属于对土地资产的资源重组行为。政府对投资项目的土地集约利用管制,根据经济发展阶段的变化重新设定要素价格和准入条件,一般应符合其自身的利益诉求,最终追求经济利益最大化。随着经济发展环境的成熟,面对新的投资者,地方政府也多设定门槛,从被动角色转变为"选商"的主动角色。但因为地方对于发展经济、带动就业、改善财政能力保持着旺盛的、综合性的诉求,所以一定程度上仍延续着对土地自降身价的"协议式"的招商方式。提高对企业的集约化建设要求,能减少政府经营土地的风险,其与市场力推动的集约会有一定的对接,但可能因招商门槛设置方式的整齐划一,而与市场之间产生错位。那些投资少、风险高、利润潜力大的企业,或者是技术密集、环境要求高的企业,不一定能达到地方政府对投资强度、建筑强度的刚性要求。一种以政府经营为特征的产业推进方式,既可能与市场匹配,也可能产生扭曲。

企业则必须适应投资环境的变化,调整自身发展策略。当企业被纳入到罚款或清退的对象时,可以通过两个要素来衡量其利益有无受到剥夺,首先是被清退的企业是否被给予充分合理的补偿,更重要的是程序上是否合法。因为历史遗留问题,部分企业的规划、土地手续尚不完全,为后期的操作带来不少隐患。政府提高企业进入工业区的门槛、限定各种附加条件并加强监督管理,兼管制和自我管制性政策的特征,要求企业满足地方政府对于土地利用的效用要求,部分企业会因为有利益损失而产生一定的抗拒。

当限定条件发生作用时,任何类型的限制,都会减少市场交易量,减少实际土地使用,从运作的角度,能够提高已建设用地的集约度。伴随着政府更高的供给条件,待建设用地的发展潜力却受到压制,产生经济福利的损失。短期福利的损失,有可能在长期发展过程中得以弥补。至于经济福利的损失是否能在资源环境的社会价值层面上得以弥补,是跨价值维度讨论的事情。地方政府自己选择时,已经将不同维度的意愿融合在其中了,其合理性就超乎了单纯的经济合理性。如果是上层政府的强制行为,因无法和地方政府的意愿有效对接,就会产生包括经济效益在内的损失。当鼓励性的积极政策发生作用时,会推动集约化进程,如果考量政府投入与经济成效如何,则有着更大的不确定性(表11.3)。

表11.3 工业区用地集约化的利益界定

	利 益 影 响
国家	目的是为了改善资源配置方式,提高经济运行效率
地方政府	提高土地资源的资产价值; 减少经营土地的风险; 推动地区经济发展; 融入了有关保障就业、保护自然环境等方面的价值诉求
企业	受到直接影响,正面和负面均有; 当被纳入到清退名单时,具体的补偿内容和执行程序最为关键

11.5 政策手段之一:工业用地集中

11.5.1 典型示例

1990年代初的山东的"孙耿模式"一度在全国范围内以其"邻村换地、集零为整"的探索,对工业用地集中产生了全国性的影响。

资料:"孙耿模式"

孙耿镇地处济南北部,1991年以前的孙耿是一个典型的农业镇,1992年,孙耿镇采取了"邻村换地、集零为整"的办法,按人均0.0555亩(约占全镇人均耕地数量的1/20)的面积从各个村调地,调地从镇最外围的村开始,遵照相邻和给好地的原则把地拨给内侧的邻村;内侧的村按本村应调出的土地面积加上外侧邻村换入的土地面积遵照同样的原则把地拨给更内侧的邻村,依此类推。把调出来的土地集中到104国道两侧,设立开发小区,作为城镇发展用地和各村共有的乡镇企业用地。全镇参与集地的43个村共集中土地1535亩。开发小区形成以后,建立了相应的组织,统一规划、管理和建设,除一定面积的土地(事先确定人均0.01187亩)属于全镇的公共用地外,其余土地不改变所有权,但不区分各村的具体地块。由镇经委牵头,各村以地(每亩地计算股本6000元)入股,成立了股份制企业济南三利达开发有限责任公司,负责土地的经营开发。各村按照"先有项目先选位置"的原则,在开发区内使用与调出土地面积相当的地块,发展村办企业,或引进外资办企业。对小区尚未利用的土地,由公司以优惠条件承包给农民耕种。在此后几年里,开发区引进了三株药业有限公司等企业前来落户。本镇的一些小型村办企业也纷纷进入开发区,一时间形成了热气腾腾的开发局面。

孙耿镇的"集地"模式得到了许多专家的高度评价。一般认为,既为乡镇企业集约发展提供了空间,也体现了共同富裕的原则。或者认为,这是一个政府以最低的费用与农民进行土地交易,从而在短时间内无痛苦地完成工商业资本原始积累的典型案例,认为这是中国农村基层干部群众对改革与发展的又一创造,具有一定的国际比较意义(温铁军,1996)。也有学者认为,孙耿案例为广大分散的、具有社区属性特征的乡镇企业找到了一种通过低成本方式实现集聚发展的路子,可以有效解决乡镇企业发展中非农化与城镇化脱节的问题(曹广忠,1997)。

(资料来源:本章参考文献[6])

传统的"三集中"包含了工业用地的集中,虽然关于集中的区位和强度比较模糊,总的趋势是愈来愈指向层级更高的工业园区。2011年,南京市发布全市重点工业集中区名录,溧水的7个乡镇(包括县城永阳镇)中仅有包括东屏在内的4个乡镇列入名单内,高淳的8个乡镇(包括县城淳溪镇)只有2个列入。重点工业区的设定,在推进工业集中时,往往伴随着限定条件和鼓励政策。江阴市2010年规定①:"强化规划导向作用,加快园区产业集聚。以省级经济开发区为主体,实施"445"的千亿级产业集群发展规划、百亿级新兴战略性产业园发展规划,突出规划龙头作用,实行有序开发,发挥集聚优势。加强各类开发区、工业集中区的资源整合"。"凡在省级经济开发区、镇(街道)工业集中规划区外,一律不再新审批工业建设用地,以节约土地资源,避免重复投资建设和过程性浪费"。

11.5.2 方案的价值分析

从空间经济学的角度,现代产业发展通过生产活动在空间距离上彼此接近,能加强产业联合,实现深化分工,促进资金周转、商品和技术流通、劳动力培养、企业的技术创新升级与竞争等方面的集中运行,从而获得效益。同时,产业集聚还能够带来配套产业的发展、地方基础设施的完善、就业和人口增长。在企业之外,可以产生外部规模经济和外部范围经济。对于外部规模经济的一般理解指同一个地方同行业企业增加,多个企业共享当地的辅助性生产设施与服务、劳动力供给和培训,带来成本的节约和效益的提高;外部范围经济指同一个地方,单个企业生产活动专业化,多个企业分工协作,组成地方生产系统,最终获得效益的提高。此类研究已经比较成熟,并延伸至产业集群的专题研究,其中有诸多案例可供借鉴。所以,产业布局的集中或者分散程度不仅关系到单个企业的前途,更关系到地区经济和社会的全面发展。正是从整体的层面上,工业企业集中提高了经济效益,也提高了工业用地的效率。

资料:工业集中的效益

乡镇企业集中同时包括两类经济效益,第一类包括:一、有利于企业间的生产分工与协作,促进各种生产要素优化组合,降低生产和运输成本,提高生产效率;二、可以加速新技术传播和新产品开发,加快信息传递,有利于乡镇企业的技术进步和产业升级;三、各种生产要素的集中有助于要素市场的建立,并不断产生新的市场需求,带来本地市场规模的扩大,由此促进较高程度的专业化,使企业从规模经济中获得收益;四、同类企业的集中必然会引起竞争,可以促进技术的革新和管理水平的提高,有利于龙头企业或支柱产业的培育和形成,增强乡镇企业的竞争能力。

外延更广泛的第二类经济效益包括:一、可以提高土地和基础设施的使用效率;二、将促

---

① 资料来源:《江阴市人民政府关于进一步提升节约集约用地水平 促进产业转型升级的实施意见》澄政发〔2010〕108号

进农村人口居住的集中,突破制约许多服务行业发展的人口门槛,带动小城镇第三产业的发展;三、乡镇企业的集中布局还有利于环境污染的集中治理,减轻工业化对农村生态环境造成的破坏。

(资料来源:本章参考文献[7],做了适当修正)

工业集中区一般只在县市开发区和重点镇选点布局,对集中区选点的重点乡镇而言,有了以土地换发展(包括税收、就业、城镇景观)的机遇,总是欢迎的。因为有了特殊的头衔,可以获得超出常规的用地指标。对一般乡镇而言,可能因工业集中区的兴起,被剥夺了发展机会,即使有救济性的政策,也不能完全弥补损失。如果是在本镇辖区范围内的工业集中,便于政府管理和进行设施配套,也降低了非法用地的风险。

对新建企业来说,工业园区较为完备的配套设施和政府的亲商政策,塑造了较好的投资环境。对已建成但未入园的企业来说,尤其是村办企业,原来分散的原因在于历史的惯性、地价低、劳动力便宜、政策优惠、交易成本低、环保原因、个人情结等。如果选择迁址入园,可能拓展了长远发展的空间,但也面临着较高的初期交易成本。原来村庄较小的社区环境、全方位体贴的服务、更多依赖非正式契约完成的合作现在必需转向依赖正式契约。县市或乡镇政府虽然有更强的能力,但除了针对少数龙头企业,与一般企业未必有更强的合作意愿。

对于村级组织而言,非农企业继续在村庄新建或扩大布局的可能性被遏制,必然促使村级经济发展的转型。缺失了土地、厂房出租带来的村集体收益,村组织除非在其他经济发展方式上有进一步的拓展,否则将面临组织涣散的可能。

对于在企业中就业的人群,就业地的改变可能会影响到其居住地的选择,有利于在工业集中的前提下带动居住集中(表11.4)。

表 11.4 工业用地集中政策的利益界定

	利 益 影 响
农民或农村集体	除"明星村庄"外,大部分失去了在原有土地上发展工业的权利,也因此损失了部分潜在的经济利益 对在工业企业就业的农民的就业和居住选择有直接影响
企 业	改变了新建企业或扩建企业的投资区位的选择范围 已有企业迁址与否成为一种选择,极端情况下是被动的选择
地方政府	有利于工业管理、设施配套、环境治理等 因集中层次不同,乡镇之间、乡镇与城市之间的发展机会被人为拉开

从促进就业的角度,集中也能带来显著的社会效应。即使存在很多的非正规就业,以至于影响到就业统计数据的真实性,总的来说,"奥肯(Arthur M. Okun)定律"还是在中国体现出不适用性。赵燕菁曾分析认为,中国分散的农村工业化使第二产业发展不能促发联动效应,造成等量的资本带来的就业机会仅仅处在其可能范围内的底线水平。因为理论上每增加一个第二产业就业岗位,可以新增两个第三产业就业岗位。而在乡村工业分散的背景下,乡村第三产业不发达,城乡人口主体在乡村,而消费主体在城市,实际上大大降低了等量工业资本所提供的就业机会,造成就业增长与经济增长不成比例,难以获得就业增长的社会效应。这也是缺乏产业空间集聚带来的正外部效应的一种表现。

资料:"奥肯定律"在中国的不实用性

1962年,美国经济学家阿瑟·奥肯提出了著名的"奥肯定律"——"劳动力需求的水平,在动态意义上主要决定于经济增长。经济增长速度快,对劳动力的需求量相对较大,就业岗位增加,就业水平高;经济增长速度慢,对劳动力的需求量相对较少,就业水平低"。相对发达国家的发展历程大多已经验证了此发展定律。

但在中国,1985—1990年,全国GDP年均增长率为7.89%,同期就业人口年均增长率为2.61%;1991—1995年,GDP年均增长率为11.56%,同期就业人口年均增长率为1.23%;1996—1999年,GDP年均增长率为8.30%,同期就业人口年均增长率为0.96%。再从整个1990年代来看,我国GDP每增长一个百分点,大概能够带动120万就业岗位的增加;但是进入到1990年代后期,GDP每增加一个百分点,大概只增加了80万不到的就业岗位。在国外得到普遍认同的"奥肯定律"在国内出现了变异。

(资料来源:陈舸帆,等. GDP增长就业率反而下降 奥肯定律在中国碰壁,http://news2.eastmoney.com/060403,388503.html,2007-12-12摘录)

空间的效应还可以有其他的理解。如孟海宁从技术空间经济效率方面进行分析,论及发展循环经济,无论是"减量化、再利用",还是废弃物的"资源化",首要前提是微观主体在空间上的集聚、合作与共享,依靠第三方而不是每个个体的小而全或技术创新,否则,就难以达到现有技术条件下的最佳规模,实施成本无法降低,推行起来就会困难。

11.5.3 方案的质量分析

就政治可行性而言,工业用地集中主要通过用地管制实现,是政府土地管理的基本职能。焦点问题有两个:一是在乡村地域范围内从原来允许利用自有土地兴办乡镇工业到禁止或严格限制,是否牵扯到利益的剥夺。当部分地区因先行一步掘到了第一桶金之后,对其他后发地区是否形成了不公平。另一个问题是在推进既有企业集中的过程中,是否有足够的激励机制,是否利用强权采取了强制性措施,当发生了利益侵害时,是否给予了有效补偿。如果说后一个问题要结合具体的政策方案才能讨论,第一个问题则比较复杂。从法无禁止则可行,到明确规定不可行,时间的变化带来了权利的变更,但因最基本的土地权利仍然没有确定,所以把保护耕地和环境的理由加上去,从而对乡村集体使用土地权利做出调整,并不能断言为不合理。

就经济和财政可行性而言,对新建企业的规定,不需要政府有经济付出。对已有企业的搬迁给出的激励政策,兴建工业区的规模或设施配套的水平,地方政府自会量力而行。所以这里经济和财政的可行性不形成实质性的障碍。至于地方政府高估了当地争夺优质企业的能力,或者对未来的企业税收预期过高,而因此在前期做出了过量的投资或过度的让利,有可能在土地非充分利用的同时,使地方财政陷入困境。

就技术可行性而言,工业集中的实施策略既有在园区之外限制相关建设的硬性规定,也有园区自身积极的引导。譬如通过"工业用地调剂使用制度"来推动工业集中,其内容包括:明确各区县乡镇的工业用地规模、额度,同时规定区县级工业园区外不再上新的工业项目。作为补偿,一是非工业区所在镇(村)将自行招商或联合投资项目安排在工业区内,而税收依然划归引资或投资的镇(村);二是允许非工业区所在镇将本镇的工业用地指标套换工业区土地,可以作为土地投资入股。总的来说,是既承认乡镇的工业用地使用权,又允许此权利的有效转让,能保留各自的发展机会。

11.6 政策手段之二:限制最低地价

11.6.1 典型示例

在全国《最低价标准》的统一要求下,江苏省于2007年出台了《江苏省工业用地出让最低价标准》(表11.5),一方面划定了各城市分区的工业用地价格执行的等别,并按等别控制最低价。另一方面,也预留了破例的口子,如规定"对少数地区确需使用土地利用总体规划确定的城市建设用地范围外的土地,且土地前期开发由土地使用者自行完成的工业项目用地,在确定土地出让价格时,可按照不低于本标准相对应最低价的60%执行"。在国家和省制定的土地出让最低保护价的基础上,如无锡锡山区先后三次调整工业用地出让最低价格,每亩地价从2006年的19.2万元调整到2012年的35万元[①]。

表11.5 《江苏省工业用地出让最低价标准》(2007)(择选)

类别	区域名称	最低价标准(元/m²)
四等	常州市(天宁区 新北区 钟楼区) 南京市(白下区 鼓楼区 建邺区 秦淮区 下关区 玄武 雨花台区) 苏州市(沧浪区 虎丘区 金阊区 平江区) 无锡市(北塘区 滨湖区 崇安区 南长区)	480
五等	徐州市(鼓楼区 云龙区)	384
六等	南通市(崇川区 港闸区)扬州市(维扬区 广陵区) 镇江市(京口区 润州区)南京市栖霞区 常州市戚墅堰区 苏州市(吴中区 相城区)	336
七等	江阴市 昆山市 连云港市(海州区 新浦区) 启东市 泰州市(海陵区 高港区)张家港市 南京市(六合区 浦口区 江宁区) 无锡市(锡山区 惠山区)	288
八至十三等	略	252

11.6.2 方案的价值分析

当地价在企业投资成本中的构成比例偏低时,对企业的区位选择不构成显著的影响,也说明土地的区位价值差异没有充分体现。只有发展阶段推进后,土地价格上涨,往往还伴随着劳动力价格上涨等,这时,企业就会重新评估土地成本,甚至可能迁移发展。在城市主城区和郊区的发展进程中已经有太多的案例。而在大的区域范围内,昆山的企业向内部迁移提供了很好的示例。

---

① 资料来源:无锡锡山:"十向调节"节地发展战略,http://www.mlr.gov.cn/xwdt/dfdt/201209/t20120903_1137507.htm,2012-9-3

资料：企业的主动迁移

2000年以后，苏南地区企业搬迁强度增大，迁移方向一般是苏北或其他内陆地区。"对于那批早早进入中国的第一代劳动密集型外企而言，外资云集的昆山已不再是一个廉价劳动力俯拾皆是的制造业天堂。他们得不断寻找下一个水草丰美的地方……"。由于劳动力成本、土地使用成本的持续提高，改变了企业的区位选择。

（资料来源：徐钟.外企搬家.南方周末，2006-7-13经济版）

对工业用地而言，政府出让土地，是卖方，卖方的逻辑是价低者得，开发商和厂商是买方，买方的逻辑是价高者得。但是，土地的买卖又不同于一般商品，它买卖的不是"断权"，即全部的权利，而是部分的产权，土地的买者和卖者之间有一个结构性的合约（张五常，2010），土地的卖者除了转让价之外，还获得了一个分成比，那就是未来的税收，特别是增值税。因而，政府在挑选买家的时候，除了考虑买家的出价，还考虑未来的分成比，也就是未来收益的高低和可获得性；而同时，厂商在考虑买地的时候，除了考虑政府的卖价，还考虑整体环境和服务，也就是未来增值的可能性，因为买了一个城市的土地，等于同时买了这个城市的公共服务。这是现有的土地制度——也就是买卖合约本身约束的。

政府不仅有推动经济发展的职责，还有维护公共利益的职责。考虑到资源和环境的约束，在控制建设用地总量增长的前提下追求经济增长，提高土地价格和对土地"惜售"，似乎是一种合理的手段。但是，以违背市场规律的、通过行政的层级从上而下地对土地进行限价却有很大的问题。

前文论及，放在较大的地域范围内，即有若干个地方政府发展主体的区域内，土地一级市场其实并非垄断性市场，而是竞争性市场，地方政府低价出让土地有其现实逻辑。价格是供需曲线的均衡点，在其他条件不变的前提下，人为地抬升工业用地地价，且不论供给方是否会受限于用地指标紧缺而无法相应地增加供给，至少高价位的需求者总量会减少，就可能出现"供大于求"的现象，对某个特定的工业园区而言，参与的企业变少了，用地也可能出现空置，当然事实上可能是企业转移到别的没有管制或低管制的城市，甚至转移到国际上其他地价低的地区，也可能干脆从实业中转移到别的行业。需要强调的是，前面仅仅描述了理论上的情形，操作中地方政府完全可以在别的地方进行补贴，使其回到市场均衡点，也就不会把企业赶出场。这个过程在最低标准出台后的多个城市已经得到了验证，即使在2006年全国统一要求工业用地进行招拍挂之后。

理论上，如果是在一般的竞争性市场中，地价限制直接影响供需平衡，如果市场平衡价格低于限价，则政策实施使成交面缩小，产生总福利的损失。图11.3中，市场上有大量的卖方和买方，会形成市场均衡点A，均衡价格是P_1。假设限制一个最低价格P_2，P_2对应的供给量B在均衡点A之上，那么在B点的价格水平P_2上就会出现相对多的卖家和相对少的买家，

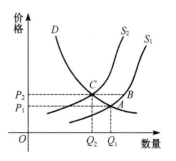

图11.3 限价带来的影响

供大于求，要么引起价格下降直到A点——和政策的初衷背道而驰，要么一些地方政府无力竞争而退出，导致供给曲线左移（S_2），形成新的均衡点C。由于土地进入市场之前就做好了土地整理和七通一平，BC之间这一部分土地就可能空置，造成浪费。

假使不考虑地方政府对政策的回应行为,限价政策发挥了实质作用,则其带来的最直接的效应是产量不变的前提下,企业总成本提高,土地成本占全部总成本的比例也会提高。根据第5章中的微观经济学分析,会发生资本要素对土地的替代作用,相应的土地集约利用水平提高。所以在个别企业的微观层面上,可以达致期望的土地集约度提高的效果。放在整个产业区的层面上看,因为潜在企业离场,可能造成产业区用地不充分,则单位用地面积(包括待建设用地在内)的效益反而可能下滑。简单点说,如果限价点在平衡点价格以下,限价没有作用。限价点在平衡点价格以上,则使需求与供给脱节,产业区总体的用地集约化便愈不可能。

如果和居住用地的价格管制比较,就会发现限制工业用地最低价的矛盾之处。一方面是对工业用地的直接价格管制,另一方面如2005年国家七部门联合发文的《关于做好稳定住房价格工作的意见》中,则是"对居住用地和住房价格上涨过快的地方,适当提高居住用地在土地供应中的比例,着重增加中低价位普通商品住房和经济适用住房建设用地供应量",其实质是对居住用地供给量进行调节以影响价格。对工业或居住用地的价格刻意压低都会给地方带来直接的土地收益的减少,如果说居住用地价格上涨会给居民造成损失,则工业用地价格上涨会给企业造成损失,对企业的驱逐实际上也会间接地损害居民的利益。所以用不同的价格管制标准对待两种用地是没有依据的。

人们常说的地价过高或者过低,上涨过快与过慢,但是,真的有一个"合适的"价格标准吗?价格的形成是竞争决定的,并且根据供需关系在时时变动,没有市场竞争就没有价格。价格"标准"是无法凭空提出的,也就无法判断一块地的售价是"过高"或者"过低",说一个土地市场价格"过高"了就是伪命题。说到底,还是市场供求关系在起作用。工业用地比居住用地价格低得多,是供求关系使然。居住需求面对的是本地居民,居民不会轻易"以脚投票",工业用地对价格才会表现得更加敏感。经济的发展会反映在地租上,经济在发展,土地才能升值,使用效率才会相应提高。没有企业创造产值,只想提高土地价格,是虚妄的和难以实现的。

因而,不恰当的价格管控是损害了经济发展而不是起促进作用。认知到土地市场是一个竞争市场的现实,并进一步肯定了市场竞争是配置资源的高效方式,那么,除了公共设施部分,土地以何种价格、如何分配还是应以市场为主。市场秩序越是公正、透明,竞争的效率也就越高,城市总体的财富才能增加。或许制订最低地价限制的目的是遏制不同地区间的恶性竞争,但其往往是以降低经济活力为代价的,其损耗更大于"恶性竞争""重复建设"的结果。严格执行最低工业地价标准,最终可能弱化工业的竞争力,降低工业企业在整个国内经济结构中的比重,甚至将中国在全球生产体系中重新定位(表11.6)。

表11.6 限制工业用地最低地价政策的利益界定

	利 益 影 响
企业	重新设定影响其要素投入决策的平衡点,进一步影响到其区位选择
地方政府	因工业用地需求减少,对环境有不同程度的改善; 地价抬升带来的局部利益增加,可能被暗处的、政府提供的补贴抵消掉,而从整体上,地方政府从经济发展中得到的利益降低

资料：厉以宁对限价问题的观点（择选）

既然我们要继续体制转型，那就必须懂得限价政策的局限性，因为这是破坏市场机制发挥作用的手段。

限价政策只能短期有效，但给经济带来的损害却是不可低估的，因为限价政策实行的结果是，结构失调现象必然更加突出，更加严重。

从土地资源、水资源、矿产资源角度来考察，不能完全按市场需求来制定使用和分配规则，政府在必要时可以实行配额管理。但配额管理的利弊并存，不能随便使用，否则对经济运行不利。配额管理的弊病中还包括了"寻租"活动的盛行。

最有效的对策是推进资源价格体制的改革。

（资料来源：本章参考文献[10]）

11.6.3 方案的质量分析

就政治可行性而言，通过行政指令的上传下达，上层政府对价格的限定能够起到硬约束。但地方政府现管的便利在这里又发挥作用了，以各种变形的方式应对上面的管控，其中包括采取"实物地租"的形式暗补出让金，或加大配套费的比例压低"出让金"，这就相当于变相降低地价。就经济和财政可行性而言，前面已经反复论证过，价格限定实质性地发挥作用时，对地方经济是有损害的。就技术可行性而言，既然从经济的角度，最低限价从根本上就是不合理的，则无论限制线划在什么地方，都无法继续探讨其合理性，但仍可以关注以下方面：如对不同产业实现差别限价，其对引导产业类型是否具有实效，进一步对集约用地的成效能否体现。如觉得最低限价不合理，从国家层面上，有何替代方案，能否通过某种方式收取"资源占用费"，其和地价控制又有何区别。

2009年，《国土资源部关于调整工业用地出让最低价标准实施政策的通知》中，在2006年硬性规定的基础上，补充了很多细节，以鼓励优先发展企业和用地集约的企业。在给政策执行带来弹性的同时，也留下了容易突破的口子。江苏省在其《关于调整工业用地出让最低价标准实施政策的通知》（苏国土资发〔2009〕175号）中，落实了该政策。

资料：对全国工业用地出让最低价标准执行的修正（择选）

对各省（区、市）确定的优先发展产业且用地集约的工业项目，在确定土地出让底价时可按不低于所在地土地等别相对应《标准》的70％执行。优先发展产业是指各省（区、市）依据国家《产业结构调整指导目录》制订的本地产业发展规划中优先发展的产业。用地集约是指项目建设用地容积率和建筑系数超过《关于发布和实施〈工业项目建设用地控制指标〉的通知》（国土资发〔2008〕24号）所规定标准40％以上、投资强度增加10％以上。

以农、林、牧、渔业产品初加工为主的工业项目，在确定土地出让底价时可按不低于所在地土地等别相对应《标准》的70％执行。农、林、牧、渔业产品初加工工业项目具体由各省（区、市）在《国民经济行业分类》（GB/T 4754—2002）第13、14、15、17、18、19、20大类范围内按小类认定。

对包括上述类型的工业用地，在确定土地出让底价时可按不低于所在地土地等别相对应《全国工业用地出让最低价标准》的70％执行。如果按本通知上述规定拟定的出让底价低于该项目实际土地取得成本、土地前期开发成本和按规定应收取的相关费用之和的，应按不低于实际各项成本费用之和的原则确定出让底价。

(资料来源：《国土资源部关于调整工业用地出让最低价标准实施政策的通知》国土资发〔2009〕56号)

资料：江苏省对高标准厂房工业用地地价的规定

各地对高标准厂房工业用地，在确定土地出让底价时可按相关规定，以不低于所在地土地等别相对应《全国工业用地出让最低价标准》的70%执行。

(资料来源：江苏省国土厅《关于鼓励高标准厂房建设 促进产业集聚规模发展 推进土地节约集约利用的意见》，苏国土资发〔2012〕356号)

11.7 政策手段之三：投入和产出门槛限定

11.7.1 典型示例

举无锡市、江阴市、无锡市锡山区的示例，因其行政的隶属关系，可以看出彼此之间政策的同步和一致。

资料：无锡市工业用地门槛的变更

2004年《无锡市政府召开土地集约利用工作会议决议》中规定："国家级、省级开发区工业用地实际投入不得低于每亩250万元，市级开发区不得低于每亩120万元，其他各类园区不得低于每亩120万元，每亩低于120万元的不得直接供地。"

2006年无锡市政府《关于全力推进高水平节约集约用地 争创全国节约集约用地先导区示范区的意见》中规定："省级以上经济开发区亩均投资强度由250万元提高到300万元，工业集中区亩均投资强度由150万元提高到200万元，到'十一五'期末，亩均投资强度再提高30%，进一步提高土地产出率，到2010年，亩均产出要提高40%以上。项目总投资低于2 000万元人民币以下的项目原则上不单独供地。"

2008年无锡市政府《关于切实提高土地利用效率的对策措施》中规定："总投资3 000万元以下，国家、省级工业园区亩均投资强度达不到360万元以上，一般工业集中区亩均投资强度达不到250万元以上的工业性项目不再单独供地，能进标准厂房的一律安排进标准厂房。"

2011年《无锡市进一步推进节约集约用地促进产业转型升级的实施意见》中规定："提高工业用地准入门槛。进一步提高土地投入产出标准，新增建设项目用地省级以上开发区亩均投资强度必须达到400万元，工业集中区亩均投资强度必须达到300万元，注册资本外资企业不得少于投资总额的40%，内资企业不得少于投资总额的30%。一次性投资低于5 000万元的新建工业项目，原则上不单独供地，标准厂房的容积率不得低于1.2。"

(资料来源：课题组整理)

资料：江阴控制工业用地门槛的升级

2004年《关于切实加强土地集约利用工作的意见》中规定，对投资额小于1 000万元的工业项目，原则上要求进标准厂房；市开发区工业项目用地，每亩土地的实际投入一般不低于250万元，镇工业集中区工业项目用地，每亩土地的实际投入一般不得低于200万元。

2006年《关于严格土地管理保障经济社会可持续发展的实施意见》中规定,对达不到江阴市集约利用土地要求的项目一律不予供地;投资2000万元以下的项目,原则上不单独供地。

2007年《江阴市工业用地招标拍卖挂牌出让办法》中规定,对于生产性工业用地,省级以上经济开发区亩均投资强度应达到300万元以上,工业集中区亩均投资强度应达到200万元以上。化工类项目应在化工集中区域建设,且投资额不得低于5000万元。用地规模在10亩以下或总投资低于2000万元人民币的项目,除安置拆迁企业、利用零星边角地、技改扩能项目用地外,一般不单独供地,一律入驻多层标准厂房。

2010年《关于进一步提升节约集约用地水平促进产业转型升级的实施意见》中规定,省级开发区与镇(街道)工业集中区亩均投资强度和亩均产出必须分别达到390万元、260万元以上和500万元、400万元以上;总投资3000万元以下、用地规模15亩以下的新增工业项目不单独供地。

(资料来源:课题组整理)

资料:锡山区的控制要求

在无锡市的统一要求下,锡山区在《区政府办印发关于全区新增用地工业项目准入的指导意见的通知》中明确,建设项目在符合国家、省、市产业发展政策和区工业专业园区发展规划的前提下,预期年开票销售不低于5000万元且税负率不低于4%,或亩均税收不低于20万元;加大产出强度控制,拟入驻锡山经济开发区、高铁站商务区的项目,投资强度不低于每亩400万元,产出强度不低于每亩500万元,拟入驻各镇(街道)的项目投资强度不低于每亩300万元,产出强度不低于每亩400万元。对申请用地在10亩以下的或开票在3000万元以下的工业项目原则上不供地。

(资料来源:无锡锡山:"十向调节"节地发展战略,http://www.mlr.gov.cn/xwdt/dfdt/201209/t20120903_1137507.htm,2012-9-3)

11.7.2 方案的价值分析

设定投入和产出强度门槛,符合土地集约利用的一般衡量标准,以单位面积土地上更多的资本投入或产出直接表征了土地利用效率。如果通过控制土地投入期冀得到更高的土地产出,有内在因果关系,但逻辑并不严密。在第5章中已有阐述,因为工业用地的土地产出和投入之间不是严格的对应关系。对地均投资强度的要求,其本质和制定地方产业发展目录是一样的。地方政府主动划出了一条清晰的界限,只是前者涉及的是企业自身实力或者在本地的投资规模大小,后者涉及的是产业类型。提出企业以地均投资若干万元的门槛价格方能拿地的要求,体现的是政府选商的过程。对政府行为的判断要一分为二地看,是上层政府强行规定的,还是地方政府主动制定的。这与前面的最低价限定的被动执行情况不同,部分地方政府往往会自愿调高投资强度要求。如果仅属于受上层政府行政指令的约束而设定投入门槛,其行为依然以一种破坏市场均衡的方式,会产生不利的影响,造成社会福利的损失。而如果是地方政府自愿制定标准,则是出让土地过程中合约一方即政府的意志的合理表达。表面上是地方政府通过对投资强度进行限定而对另一方行为模式进行约束,其背后还包含了地方政府对企业的资格审查。这种政府行为属于内化在交易过程中的市场行为,不会对市场自身的运行产生干扰。按照前面已经论证过的政府与企业之间的结构性合约的实质,政府选商体现的是对企业发展潜力的要求。土地交易不是"一锤子买卖",它和其他商品交易有内容广度和时间维度上的差别。

表面上看起来,设定投入产出门槛与设定最低限价有相似之处,都会把一些企业拒之门外。最低限价政策实施过程中,拒走的是对土地价格在成本核算中比较敏感的企业,投入和产出门槛拒走的是投资强度低的企业。从数量上看,一般要求的单位面积土地的最低限价只占投入强度门槛的十分之一左右。从与企业最终产出的关联性来看,非土地的成本投入较土地投入高得多。从对地方政府未来长久利益的保障来说,显然还是非土地成本的投入要更加有效。租用土地到产生有效税收有较远的距离,在这段距离中,还包含着土地投机的可能。控制土地投入强度,是地方政府以拒绝部分企业的方式,在建设用地供给越来越受限的背景中,给自己的未来收益加一份保障。所以从短期看,在产业区层面上可能会产生与最低限价政策一样的负面效应。但从长期看,则因有更稳妥的投资来源和收益,而可能使集约度提高和经济效益增加。这里折射出一种认识,即短期的、单个地块的集约化程度提高,并不能与长期的、产业片区的总体效益提高画上等号(表11.7)。

表 11.7 对工业用地限制投入和产出门槛政策的利益界定

	利 益 影 响
企业	对于规模企业,可能促使其提高土地利用效益; 对于小微企业,入园门槛增加,直接影响其投资决策
地方政府	因工业用地需求减少,对环境有不同程度的改善; 如果是地方政府自己选择的,能够体现其选商的要求;如果是上级政府硬性规定的,则会产生负面效应; 不同层级的城市承接不同投资强度的项目方面,会逐渐拉开差距

11.7.3 方案的质量分析

就政治可行性而言,投入和产出强度的限制,是制定合约的条件,以及对合约执行情况的监督和反馈。正如生产性企业一旦与产品买方签订合同,在合同执行期间的某个节点必须提交达标的产品一样。企业无法正常履行合同,则会遭到解约、罚金和其他惩罚性措施。在现实中,对投资和产出的要求还与生俱来地具备打击和避免企业囤地投机的功能。所以总的来说,在地方政策能掌控的范围内,对企业进入条件以及合约履行状况相关要求的设定,是政府一方同意合约的价码,是地方政府在寻求通过企业的发展而使本地中长期受益的保障。就经济和财政可行性而言,并不存在实质性的障碍。其间涉及的经济福利的得失,会在不同阶段有着差异性的显现。就技术可行性而言,有几个重要的技术细节,一是如何界定门槛的精确值,多结合经济发展趋势及地方政府对财政收入分阶段的期望来综合制定。二是如何监督实行。特别是当企业没有达到预定要求时,采取何种惩戒措施。这将和后文中关于低效企业的清退一节有衔接。

资料:全国开发区土地集约利用情况

截至2009年12月31日,223个国家级开发区单位工业用地固定资产投资达到4 812.43万元/hm^2,工业用地产出强度达到12 563.33万元/hm^2,高新技术产业用地产出强度达到22 248.39万元/hm^2。

(资料来源:国家发改委网站资料,http://xwzx.ndrc.gov.cn/ywdt/201111/t20111116_444930.html,2014-8-10摘录)

11.8 政策手段之四：鼓励二次开发

11.8.1 典型示例

无锡市 2011 年规定①："积极引导开发地上、地下空间。工业企业经批准在现有厂区内翻建生产性用房或加层建造多层厂房用于生产的，继续免征土地出让金，并可由各地政府给予一定奖励；建立地下空间土地使用权市场配置新模式，明确地下空间的土地使用权，允许地下空间土地使用权在土地二级市场依法流转。利用地下空间建设非营利性生产、生活设施的，免征土地出让金。对利用地下空间进行商业开发的，负一层土地出让金按宗地地面土地使用权平均楼面地价的 50% 征收，负二层土地出让金按负一层的 50% 征收，依此类推。"

江阴市规定②："存量工业用地在符合规划、不改变用途的前提下，提高土地利用率和增加容积率的，不再增收土地价款；新增工业项目厂房建筑面积高于容积率控制指标的部分，不增收土地价款；建设多层标准厂房的城市基础设施配套费，一层全额征收，二层、三层减半征收，三层以上免征。"

镇江市 2013 年规定③："新建项目已按法定程序办结立项、土地、规划、建设等相关手续，用地单位要求进一步提高厂房建筑面积的，具备条件且经相关部门批准后，免缴增加部分建筑面积的市政公用基础设施配套费，并不再补交土地出让价款"。"符合要求的改、扩建项目，对原有建筑面积部分，免缴市政公用基础设施配套费、人防易地建设费等行政事业性收费，相关经营服务性收费减半征收；对新增厂房建筑面积部分，免缴市政公用基础设施配套费，不再补交土地出让价款"。"已建工业企业重新改造开发后，凡达到《江苏省建设用地指标》要求的，自项目竣工验收合格之日起，三年内按照新增税收地方留成部分的 10% 给予财政奖励"。"在不改变用地性质前提下，经有权部门批准，工业园区范围内相邻工业企业可实施集中联片改造，改造过程中免收各项行政事业性收费且所涉税收地方留成部分给予奖励扶持；如联片开发后原各宗地出让年限不一致的，按其中单幅地块出让年限最长的为基准重新确定土地出让年限，征收相应延长出让期限土地的土地出让金；所涉企业转让该新整理的地块，与原企业用地等面积部分所涉税收地方留成部分按土地权属比例奖励给原企业"。"对提高用地效率的工业中小企业，同等条件下优先推荐省级科技型、高成长型中小企业，优先推荐申报国家、省、市级中小企业专项引导资金"。

二次开发的具体方式，主要有以下两种：一是土地利用形式置换为能够带来更多利润、或者能促进形成更优化的产业链的行业类型；二是提高已利用土地的建设强度、单位土地面积的产能等。鼓励二次开发的手段，则集中在税费减免或者专项资金激励。通过税费减免类的经济手段激发企业的集约利用土地行为，和前述的规定性政策不同，属于引导性政策。企业自主提高建设强度或者进行"二次用地"等，从本质上与提高投资强度呈现一定的正相

---

① 资料来源：《无锡市进一步推进节约集约用地促进产业转型升级的实施意见》锡政发〔2011〕235 号
② 资料来源：《江阴市人民政府关于进一步提升节约集约用地水平 促进产业转型升级的实施意见》澄政发〔2010〕108 号
③ 资料来源：《镇江市人民政府关于鼓励工业企业提高土地利用效率的实施意见(试行)》镇政发〔2013〕22 号

关关系,也是因企业更多的资本投入,既直接提高了土地利用度,又保障了地方的长远利益。

11.8.2 方案的价值分析

对企业来说,政府鼓励"二次开发"的手段为其提供了更多选择,是福利净增的过程。这种带有补贴或者再分配性质的政策,在效率和公平之间优先选择了效率。对于入场早、占地多、使用土地相对粗放的企业,可以利用此类政策获得较高的收益。企业受到正面的激励,扩充了其行为选择的范围,在进行成本与效益的考量时,可以降低成本的预算,相应调整其行为的均衡点,从而促发更高强度的空间利用行为。

对地方政府而言,以损失部分潜在税费的代价,通过刺激盘活已沉淀的土地资产,期待在不增加土地资源耗费的前提下,因企业改变行动策略增加的投入带来财政产出和关联性效应,可视为政府主动与企业合作的途径,对引导土地的高强度利用,改变资源利用结构有积极作用。这种"空手套白狼"式的策略可以和低价出让土地的策略进行比较。低价出让土地,交易的是土地使用权,而鼓励企业进行土地集约利用,是政府以无偿的方式赋予企业更高的土地发展权利,两种策略看重的都是未来土地带来的税收。如果说它们之间有连贯性和一致性,那么也佐证了前面执行上级规定对土地限定底价策略的荒谬(表11.8)。

表 11.8 鼓励工业用地进行二次开发的政策的利益界定

	利 益 影 响
企业	在投资决策的过程中,因政府的让利而更偏向用地强度高的选择
地方政府	以损失部分潜在税费的代价,博取更高的财政收入; 能够积极引导包括土地在内的资源配置结构

11.8.3 方案的质量分析

就政治可行性而言,因其属于分配性政策,所以企业是直接的获利者,相应的不会有政治上的阻力。就经济和财政可行性而言,地方政府采取的是以小博大,即以税费的减免优惠博取更高的财政收入,这里的"小"在没有被激发之前,甚至是不存在的,所以政府的投入有限。就技术可行性而言,需要做的最精准的事,就是拿捏好让利的度。在本地投资需求旺盛时,让利自然可以降低甚至趋于无,要激发企业的投资热情时,则跷跷板需要向另外一个方向倾斜。

11.9 政策手段之五:对闲置和低效用地的清退

11.9.1 闲置和低效用地的产生

"低效用地"不是一个绝对的概念,是工业园区发展主体(或地方政府)基于自身的利益诉求界定的对象,其最直接的表征就是企业带来的财政贡献率低。因为产业发展的动态性和地区所处经济发展阶段的差异,界定"低效"的标准也是动态的。产生闲置和低效用地的企业之所以没有被市场赶走,是因为土地使用税征收标准偏低,在地价上涨的背景下,土地的保有成本低于地价上涨带来的收益。从这个角度来说,政府的金融税收等政策的变革,以增加土地持有者保有土地的成本,从而激励土地持有者主动退出土地,是从根本上较为可行的策略。

工业区规模过大、用地失控、存在大量闲置低效土地等毫无争议地成了靶的。理论上,政府会推崇基础设施建设与用地开发尽量同步的安排,"Concurrency"是西方国家进行规划控制和管理中出现频率很高的关键词,就是表达了要求二者的同步与协调,其基本立足点是考虑经济性。即便是基础设施适度超前建设,也应该控制在相当的限度以内。中国产业园区中出现的用地闲置和低效明显与此原则相悖。

在对上述行为判断为不合理的大前提下,却要看到其阶段性的局部合理性。事实上,在发展初期,除了低价出让土地,空置土地也成为推动园区开发的行之有效的策略,这一点看起来颇让人费解。根据张倩的分析,作为城市的经营者,企业化的政府在市场上的行为和企业在某些方面颇有相通之处,过剩的生产能力往往是其市场竞争的手段。各级工业区面临着国际、全国和区域的激烈竞争,在招商的热潮下,园区提前进行土地整理和基础设施建设,预留大片空置的土地是为了显示实力、增加吸引力(张倩,2012)。竞争环境下的用地适度空置是基于土地市场信息不均衡而带来的理性行为,是供给主体为参与激烈竞争所作的准备,如果没有一定的土地"现货供应",则可能在市场竞争中落于下风。如果不考虑到这一点而片面反对任何的空置行为,就有可能打击到市县竞争,进而影响市场经济的活力。所以,表现为"非集约利用"的土地空置,放在特定的条件下,也可能是在市场竞争中的理性行为。直到园区建设走向成熟,其基础和实力已经充分彰显,土地潜在价值高涨,这时闲置和低效土地再没有存在的理由,反而对园区的升级发展造成阻碍。

11.9.2 方案的价值分析

对闲置和低效土地的清退,对象非常明确,必然会使非集约利用土地的状况得到直接改观。政府敦促企业执行产出约定,进行奖惩,甚至收回土地重新获得土地发展权利,是维护地方利益的行为,也可积极推动产业升级,为地方的长远收益做铺垫。对低效企业进行清退,首先需要明确低效企业的属性。是早已进驻在园区,并没有和园区管理方有事先约定,只是因为企业主经营乏力而面临困境的企业,还是在进场之际已经与政府有了关于产出方面的约定,但未能达到预期目标的企业。对不同的对象,清退的依据和手段迥异。对于第一类企业,正当的方式是由政府给予合理的补偿,且在双方一致同意的前提下进行,才不会对企业有损害,也可能引致双赢的局面。对于第二类企业,可以依合约办事,大家一起来遵从游戏规则。政府在收取罚金或支付了必要的补偿之后,从清退企业重新取得土地发展权利(表11.9)。

表11.9 对低效企业清退政策的利益界定

	利 益 影 响
第一类企业	应得到合理的补偿; 应满足自愿原则
第二类企业	受到合约的惩戒作用
地方政府	支付必要的补偿; 重新获得土地发展权利; 对推动产业升级、保障土地收益有利

11.9.3 方案的质量分析

就政治可行性而言，除非政府是对第一类企业采取硬性清退的方式，否则不会存在利益的侵害和剥夺。就经济和财政可行性而言，一定是当重新获得的土地发展权大于清退成本时，政府才会致力于此。就技术可行性而言，对第一类企业，因为没有事前约定，且企业已经取得了土地的使用权，此时政府对其的清退只能是采取协商的方式，因此需要较长时间的磨合和谈判。对于第二类企业，依规定和程序办理即可，但一般为了简化流程，降低难度，政府也会人性化地给予企业部分超出约定范围的补偿。

现实中难以操作的有两种情况，一是缺乏初期的明确约定，企业没有达到政府新拟定的产出标准，此时政府提出协商的要求，在给予补偿的前提下，请企业退场或收缩规模、让出部分用地等，可能是个漫长而焦灼的过程。更麻烦的情况是，如果企业进场时就打着擦边球，缺乏相应的手续，没有取得合法的土地使用权证，依规定处理的依据就不充分，作为权宜之计的违法土地却成为日后限制土地利用方式随土地价值提升而自然更替的瓶颈。有证土地如果空置可以依法回收，无证土地却无法可依，没有正常的退出机制，会带来更大的争议。这两种情况可能同时遭遇到，这是清理闲置低效土地中真正需要面对的困境，亟须政策的创新。

园区管理者或地方政府优化低效土地的衡量标准，如果从供地之初就开始介入，是增加此手段的技术性和合理性、减少不必要的纷争的有效措施。更重要的是，"关停并转"已批企业相对还容易些，但是新的企业及时跟进、避免土地空置的任务则更加艰巨。有时现状规模小、分散的低效用地，可能斑块大小只有几十亩甚或十几亩，对于拟入园的规模企业而言，难以下手，而小微企业受用地门槛限制也难以接手，造成盘活低效用地过程中的鸡肋现象。融合在产业结构调整的大背景下，管理者的经营策略至关重要。

改变土地税收的征收策略，可能是一个更有效的手段，以体现奖优罚劣的原则。当前土地使用税征收是按单位面积统一标准的形式，此种"大锅饭"的原则失去了以税收来调剂土地使用的机会。如果能够对质优企业给予土地税收上的减免，反之则加大其土地税收负担，作为土地经营者的政府，可以从中得到更高的土地总体收益，也降低了清退低效企业的障碍。但其中涉及的公平问题，则要审慎处理。

11.10 政策间的一致性

推进工业用地集约的各种手段，从本质上或者操作阶段上，有一致性或前后衔接的关系。如投入产出的门槛控制与低效闲置土地的清理，前者多成为后者的前提条件。促进土地集约利用的措施中，有些与提高投资强度呈现一定的正相关关系，如地方政府在土地出让条件中提高容积率标准，或对现有企业的提高建设强度行为提供正面激励，均因企业更多的资本投入，既直接提高了土地利用度，又保障了地方的长远利益。初期的用地强度控制，又和其后的鼓励用地二次开发相一致。清退闲置低效土地与通常讲的"腾笼换鸟"以及鼓励二次开发同时关联，区别就是前两者多是企业被动离场，由园区经营者引进更高级别、能带来更高收益的产业部类，后者由企业主动选择产业升级，土地还在原来企业手上。表11.10中表达了不同手段之间的关联性。

表 11.10　工业用地集约利用手段之间的关联性

	用地集中	限定出让底价	建设强度控制	设定投资强度门槛	设定产出强度门槛	对闲置低效土地的清退	鼓励企业自发进行二次开发	"腾笼换鸟"
用地集中	—	×	○	○	○	○	×	×
限定出让底价	—	—	●	●	×	×	×	×
建设强度控制	—	—	—	●	×	○	●	×
设定投资强度门槛	—	—	—	—	○	○	●	○
设定产出强度门槛	—	—	—	—	—	○	×	○
对闲置低效土地的清退	—	—	—	—	—	—	○	●
鼓励企业自发进行二次开发	—	—	—	—	—	—	—	●
"腾笼换鸟"	—	—	—	—	—	—	—	—

注：●表示本质一致，○表示操作上有前后的衔接关系，×表示关系不显著。

与城乡规划相关的空间政策和其他政策一样，常常要在政府和市场的进退之间寻求某种平衡，这其中涉及一个根本性的问题，即对政府经营者角色的认定。在前文的论述中，均默认政府是合约的一方，政府自身进行着经济角度的成本收益的评价，并和企业在市场上直接交易。在我国产业园区开发的进程中，特别是已经经历了草创阶段之后，是否还应保持以"政府企业化"形象出现的政府主导经营的模式本身就是很有争议的。所有有关政府角色的认定的争议目前并无定论，所以前面的讨论有其局限性。认识到这一点，对于保持思维的广度和不局限于技术层面的争论，或许不无裨益。

上文的分析包含了以下逻辑，即工业用地出让既然不是在臆想中的垄断市场而是在竞争市场中进行，其地价的形成就符合市场的规律，以违背规律的限定价格的手段，未必能达致期望的土地集约利用的效果，或者即使表面上提高了相关指标，也是以牺牲整体效率为代价的。同时，由地方政府自主选择的、内化在市场交易内的提高资本强度的政策，或是对闲置低效土地实行严格监管，以及激励企业主动加强土地集约利用的政策，可以是政府经营的有效手段。

本章基于经济学的视角，开展了有关推进乡村工业用地集约化的手段的合理性的研究，也基本适用于城市工业用地的讨论。研究发现仅仅研究政策方案的效用是不完整的，因为从源头起对于是否发生了非集约利用的政策问题的认知也可能出现偏差。这些无论是出于谬误的立意还是违背市场规律而制定出来的政策，在执行过程中，都可能因为现实的力量发生扭曲，从而弱化政策的效用。不同的推进工业用地集约利用的政策，呈现出不同的效应。越是能充分表达地方发展主体意愿的手段，越是能落地生根，发挥实效，而且可以真正协调不同维度的价值取向。而一些从上而下硬压给地方的政策规定，往往违背经济规律，在现实中扭曲变形，政策的效果和预期的目的之间难以匹配。地方有地方的意愿，国家有国家的诉求，国家如何通过宏观的调控手段，而不是依赖整齐划一的、最直接的价格限定等规定来引导土地资源的价值呈现，是深刻的命题。

本章参考文献

[1] 张倩,王海卉.工业用地扩张和低效利用机理剖析——以南京市为例//中国城市规划年会2013年论文集(光盘版),青岛,2013

[2] 贾宏俊,黄贤金,于术桐,等.中国工业用地集约利用的发展及对策.中国土地科学,2010,24(9):52-56

[3] 阎川.开发区蔓延:成因及控制.南京:南京大学,2005

[4] 张倩.开发区蔓延带来的空间城市化问题初探——以南京为例//中国城市规划年会2012年论文集(光盘版),南京,2012

[5] 唐岳良,陆阳.苏南的变革与发展.北京:中国经济出版社,2006

[6] 王海卉.乡村地区利益博弈与空间重组——以苏南为例.南京:东南大学,2009

[7] 邹兵.交易成本理论:一个研究乡镇企业空间布局的新视角.城市规划汇刊,2001(4):8-12

[8] 赵燕菁.就业增长与空间政策.城市发展研究,2006,13(2):6-12

[9] 孟海宁,陈前虎,徐鑫.浙江城市化的转型之路——从囚犯困境到合作博弈.城市规划,2007,31(3):30-34

[10] 厉以宁.中国经济双重转型之路.北京:中国人民大学出版社,2013

[11] 许大伟.盘活工业企业低效用地初探.无锡国土资源,2013(4):15-17

[12] 张五常.经济解释(卷三):受价与觅价.北京:中信出版社,2012

[13] 张五常.中国的经济制度.北京:中信出版社,2009

12　镇级区划调整政策[①]

12.1　政策发展线索

实践中的镇级区划调整主要通过乡镇撤并,实现乡镇规模扩大、乡集镇改建制镇,或者乡镇改街道建制的结果,其并没有一个很清晰的政策线索,在一定程度上却是不同地方之间相互模仿和学习的结果。1990年代初热潮开始,且一直持续至今(表12.1)。与经济的差异性有关,不同地区区划调整的推进也呈现出时间上的梯度差异。

表 12.1　江苏省乡镇建制变化

年度	建制镇	集镇	乡镇总数
1985	189	1 905	2 094
1990	517	1 481	1 998
1995	823	1 167	1 990
2000	1 123	368	1 491
2005	944	105	1 049
2010	877	98	975

资料来源:江苏省统计局.江苏省统计年鉴,1985—2010

区划调整的目的本身是多元的,除了高效利用土地资源以外,改善行政管理的效用、提升中心城镇的发展潜力、推动特色产业的发展、优化区域发展结构等都可能是区划调整的动因。总体上,镇级区划调整是典型的政府构建行为,其背景复杂,既有积极层面上对于消除行政区经济的负面影响,或者提高政府行政效能的目的,也是消极层面上对于乡镇财政能力薄弱的应对。

12.2　方案的价值分析

有关行政区划调整的争议伴随着实践的发展始终存在。刘君德在1990年代提出"行政区经济"概念,随着此概念的普及,大家逐步达成共识,认为在中国现阶段的行政体制背景下,一方面是中央向地方政府放权的力度加大,另一方面是政府向企业、市场和社会的放权

[①] 本章的部分内容已在《现代城市研究》2008年第7期《区划调整的合理性与局限性辨析》一文中刊出

相对滞后,造成地方政府对经济的强干预作用。在"资本推动"的主导经济发展思路下,由于辖区大小对应着地方调动资源和吸引资本的能力,也就与区域经济发展之间存在强关联性。所以,大家习惯于把矛盾归于行政区划的分隔,或者认为区划调整即使不能一劳永逸地解决长远的、实质性的问题,至少可以阶段性地应对现实的困境,这似乎也符合渐进式发展的基本思路。行政区经济的认识,加之其后乡镇一级逐渐加大的财政压力和上级政府提升行政效能的积极愿望,推动了区划调整的进程。与农村有关的区划调整常常是为了"促进农村各种生产要素在更大范围内向小城镇集聚,优化资源配置,减少重复建设,加快小城镇建设步伐,精简乡镇机构人员,提高行政管理效率,减少财政和农民负担"。区划调整因为涉及较大范围的空间资源重组,所以对各种利益主体的冲击较为显著。

从推进土地集约利用的角度,区划调整可以理解为提供了一种契机,因为区划调整能够带来区域空间的重新组合利用,土地效率的提升多反映在宏观的、综合的层面上,却难以测度和评价。在区划障碍仍然显著的前提下,过小过散的区划会促成各地小而全的空间功能结构,如每个乡镇都有自己的工业园区、整套公共服务设施等。合并过的乡镇则可以在更大的地域范围内整合资源,使集聚经济的潜力发挥到最大。因为区划与政府管理的密切作用,要实现预期的区划调整的正面效果,其重要的前提条件是政府保持作为资源配置的主体,就政府与市场的关系而言,政府处于强势一方。反之,当市场逐渐替代了政府配置资源的主导地位,区划的调整可能不如期待的那么效果显著。区划调整对土地集约利用来说,只是创造了某种基础条件,其后,对土地利用结构的整体构画是引致有效结果的关键。所以,区划调整后的土地利用规划、城镇总体规划,或者专项的村庄布点规划、工业区规划等的方案调整及配套政策的出台,才是直接的、实质性的内容。

区划调整首先符合上级政府的利益和目标。无论是哪个层级的区划调整,都是从上而下进行的,决策依赖上层政府做出,而决策的依据也必然符合上层政府的价值观念。对于上层政府而言,整合其管辖范围内的资源以取得更高的经济效率,是区划调整的主要目的之一。同时,因区划调整后更容易实施管理,追求政府自身的行政绩效也成为直接的目标。对县市级部门来说,因乡镇数量的减少,其对乡镇一级的管理得到简化。

因可利用资源的扩充,经历区划调整后的乡镇可能有更大的选择空间。行政管理层面的效用体现在通过干部调配、人员调整过程,逐步实现了对乡镇冗余人员的分流,精简了行政机构。就日趋紧张的乡镇财政来说,因降低了行政成本,确实减轻了部分压力,但也意味着乡镇的行政效率面临着更大的挑战。同时,对每一个现存乡镇而言,其管辖地域扩大,在空间组织、资源调配方面的能力增强,如更易于组织镇区、工业区等的集中建设。就改善行政效能而言,不能不提到自20世纪80年代中期盛行于西方国家的新公共管理主义,鉴于其近年来在国内的影响愈来愈显著,"公共选择""委托—代理"也融入到我们的词汇中。国内行政管理机构也更多地引进市场的考核标准,追求行政的绩效。从这个角度,以区划调整来改善人浮于事的局面能取得表面的效果,也确实提供了一种契机,主要在于重新构建人员结构,确定权力和责任等方面,但在人事指挥和管理制度改革、控制绩效改革等方面还远远达不到实质性的结果。事实上,当地方政府成为一级利益主体,相应的,广泛出现了地方政府企业化、企业竞争寻租化、要素市场分割化、资源配置等级化、领域效应内部化等趋势(王健,2004),这种趋势完全内化在更深的制度之中,也是不可能通过区划调整而有所改观的。

对基层的村庄及居民而言,影响可能是间接的和不确定的。区划调整,尤其是如果调整过频,会让企业、居民,甚至乡镇政府只能做出适于短期的选择,助长更多的投机行为,也会动摇普通居民对于政策的信心。如在改变居民个体的决策方面,常常会促发农村集体资产产权处置的矛盾和迫切要求。尤其是在城郊结合部,随时面临着村划入城镇管辖、村委会变成居委会、农民变为居民的可能性。这样一来,原有村组集体所有的财产容易受到损失,会产生穷村共富村的产,城镇(居委会)共农村(村委会)的产,严重挫伤富裕村组集体和农民的积极性[①]。

区划调整会影响到公共产品的供给效果。这其中,既有规模效益带来的新增利益,也有因投资的空间集中带来的利益转移。区划调整还可能有助于协调地方间的矛盾,关键看矛盾在哪里。如果是以地方政府为主体在抢占资源方面的冲突,随着主体数量的减少,"多头"协调变成少数协调,那自然是容易些,所以区划调整是有意义的。如果看得远一些,则随着地区管治的多元化、民主化,包括部分民间组织参与利益的协调,矛盾有其他的消解渠道,则区划调整的意义也会随之降低(表12.2)。

表12.2 区划调整带来的利益影响

	利益影响
上级政府	整合其管辖范围内的资源以取得更高的经济效率; 简化了乡镇管理
乡镇政府	通过精简机构、人员分流等减缓了财政压力,也迫使其提高行政效能; 资源调配能力增强
村集体、居民	因公共设施等的重新布局带来利益的增减; 易促发产生短期投机行为,对个体有其他诸多不确定性的激励;
社会	改变了公共产品的供给效果; 可能有助于协调地方间的矛盾

12.3 方案的质量分析

12.3.1 政治可行性分析

中国的政治管理体制,保障了区划调整的现实可行性。频繁的区划调整融合在社会经济快速变革的时期,本身也作为制度变革的重要内容,保持了从上而下的强调控特征,会使贫弱的地方自治更难发育。因为缺乏基层自治的强烈要求,区划调整对群体利益的冲击就隐而不显,现实中也不会作为考虑要素之一。随着民主大环境的发展,农村自治处在需要鼓励、扶持的发展期,虽然最有效的基层自治建立的空间范围和涉及的人群数量并无标准,但要充分调动地方群体的主体意识,发挥地方的能动性,而不是长期依赖中央财政的转移支付,建立稳定的农村自治发展环境就显得格外重要。

---

① 参考:潘长胜、李明,江苏农村社区股份合作制的实践与思考,http://www.agri.gov.cn/jjps/t20041216_286608.htm,2008-2-29摘录

区划调整过程中需要付出制度变革的成本。一般而言,制度变革的成本是阶段性的、暂时的,期待其带来的收益却是长期的、影响深远的,所以两者可能不具有可比性。但在现实中,由于会影响到变革的具体实施策略,则制度变革的成本至少不应该被忽略。这里所说的成本包括机构调整调研的经费、若干次会议商讨的人力物力耗费、机构办公地点迁移或整合的花费,甚至各种图章、官方信签等的制作费用,也包括由于人心惶惶产生的特定时期内行政效率低下的损失,还会因为作为投资者合作伙伴的地方政府的易变性,其决策不连续,而使投资者的信心受到影响。另外,频繁的区划调整也损害了地方居民的积极性,影响了老百姓对政府管治能力的信任。对区划调整的过度依赖,不利于实质性的法规制度、公共服务机制的创新,而可能会陷入行政区划调整—新的区域经济一体化与行政区划的冲突—行政区划再调整的恶性循环。

12.3.2 经济和财政可行性分析

唐灿明等立足于行政的规模经济效应,曾就浙江县级单位最优辖区规模人口做过经验的回归分析,从合理的行政显性成本(劳动力成本和财政成本)的角度导出理想的县级规模——约为90余万人(唐灿明等,2006)。如果应用此方法,叠加上管理技术的进步等因素,应该也能导出从管理成本角度的最适宜的镇级辖区人口规模。对此项研究提供的经验性结论尚不及评价,但在新公共管理主义盛行的时代背景下,从投入的角度分析行政管理体制的经济性,是容易被接受的。在唐灿明等人的研究中,还分析了促使行政规模效应产生的因素。包括:公共服务的边际成本较低,符合产生规模经济效应的基础条件;政府职能从介入具体的经济建设活动转向维护市场和法律秩序、提供基础设施上,更新后的职能较传统职能也更加具备规模经济效应;交通、通信设施的发展降低了行政管理成本,在此基础上,规模大一些更易于享受到单位管理成本降低的收益等。

12.3.3 技术可行性分析

空间要素的分布状态对区划调整支持或阻碍的程度不同,区划调整后,又对空间要素的分布产生作用。赵燕菁曾指出,在居住和产业分散布局的背景下进行以撤并为主题的乡镇行政区划调整,公共管理和服务有可能出现难以维系的情况,如果精简机构的措施实际效果不足,往往会降低服务水准,或是会出现机构压缩后仍然反弹的局面。如从保障基层管理的角度而言,因为考量行政管理和服务效率的重要因素之一是信息的质量,即真实的、及时的信息来源和反馈是基层管理和服务的基础。同时,获得信息需要成本,乡镇作为最底层的行政单位,其下又缺乏有效的自治组织与其衔接,获得信息的渠道更多依赖工作人员实地的信息收集。区划调整常常以扩大辖区范围为特征,往往伴随着较原机构精简了的行政构架,就收集信息的能力而言,即使考虑到交通、通信条件的完善,也需要有更有效的体制配套,否则容易因信息不畅造成政府回应性变弱,最终造成地方居民利益受损。

更加有开创性的思路来自于对区划调整的必然性的思考,如果存在有效的替代方法,也能解决"行政区经济"的问题,那么对区划调整就可以多些斟酌了。王健等人研究了奥斯特罗姆(Elinor Ostrom)夫妇的"多中心"理念,进一步提出"复合行政"的概念,即在经济全球化背景下,为了促进区域经济一体化,实现跨行政区公共服务,跨行政区划、跨行政层级的不同政府之间,吸纳非政府组织参与,形成经交叠、嵌套而成的多中心、自主治理的合作机制①。不过,从阶段性来看,"复合行政"毕竟还停留在理念构建的层面,还不能与区划调整带来的现实利益相匹敌。从利益主体的角度,"复合行政"所要求的多头博弈局面需要在民主体制完善的背景下,经历一个从下而上长期发育的过程,望梅止渴对地方政府来说当然是远远不够的。

在推进区划调整的过程中,至少应注意四个方面的问题。首先是存在空间的惯性阻碍。区划调整是个动态的过程,在现实中会有阻力,空间的形态在时间轴上会有惯性,也有其自发演化的合理性做支持。

资料:溧阳市南渡镇案例中的空间惯性阻碍

南渡镇区划调整经历了几个阶段:1992年原庆丰乡并入,1999年大溪、强埠、旧县三乡镇并入,2007年又吃进原新昌镇的四个行政村,镇域面积扩展到124 km²,实际居住人口增加到近8万。在1999年撤并的过程中,南渡和原强埠镇实力均很强,如果不考虑其他因素,谁吃谁还属于有争议的问题。尘埃落定后,虽然城镇建设集中转移到原南渡镇区来,但强埠已有基础较好的工业企业、较为完备的设施配套、较多的人口聚集,不能简单地以村或者社区的属性对其定位,也不能过度追求居住、产业迅速集中到中心镇区,毕竟加快资本折旧也是一种损失,且现实中也不具备经济可行性。

原旧县地区享受革命老区的特殊优惠政策,招商引资有比较优势,同样的项目,旧县工业区比镇区的集中工业区能够帮助投资方减少税费的支出。一拍即合,镇政府和投资者皆有意愿把旧县工业区做大。结果是原强埠地区的资本沉淀,加之旧县的资本分流,能够留在南渡镇区建设的就相对有限,在区划调整之后,集中建设在相当长的时段内不能达到明显的效果。

(资料来源:本章参考文献[1])

第二个问题是存在以效率挑战公平的情况。乡镇区划调整后,往往带来中心镇区的相对繁荣,公共设施建设的质量和规模都可以有质的提升,最典型的就是中小学、医院的迁并。但规模效益产生的净利益和对部分居民的利益侵害之间并不能完全抵消。空间调整是以非零和博弈的利益转化为基础的,常常以牺牲局部的利益为代价。第三个问题是随着行政管理面积增大,保障基层管理和服务效率的信息基础弱化。在前文中已有阐述。第四个问题是对地方自治的威胁,在前文政治可行性部分也已有提及。中国乡村贫弱的自治基础,会因频繁的区划调整而更加难以发育成熟。

区划调整和土地集约利用的关系,与其他政策措施相比是较为松散的。因为提供了空间重组的机会,所以给土地集约利用带来可能性,但其成效难以评价。就区划调整本身而言,利弊均有。特别是在应对眼前的与长远的、表面的与本质的矛盾过程中,并不是一劳永逸的做法,还有诸多焦点可供争论。

---

① 王健同时认为"复合行政"的概念有助于我国第一代发展战略向第二代发展战略转移,其中第一代发展战略是十一届三中全会后邓小平同志首先提出的,主题是加快发展、不平衡发展——"先富论";第二代发展战略则是协调、均衡、可持续地发展——"共同富裕论"。

本章参考文献

[1] 王海卉. 乡村地区利益博弈与空间重组——以苏南为例. 南京:东南大学,2009
[2] 刘君德,舒庆. 中国区域经济的新视角——行政区经济. 改革与战略,1996(5):1-4
[3] 刘君德. 中国行政区划的理论与实践. 上海:华东师范大学出版社,1996
[4] 王健,鲍静,刘小康. "复合行政"的提出——解决当代中国区域经济一体化与行政区划冲突的新思路. 中国行政管理,2004(3):44-48
[5] 谢涤湘,文吉,魏清泉. "撤县(市)设区"行政区划调整与城市发展. 城市规划汇刊,2004(4):20-22
[6] 唐灿明,张光. 规模经济与县级行政区划:基于浙江省的实证研究. 浙江社会科学,2006(5):65-71
[7] 赵燕菁. 就业增长与空间政策. 城市发展研究,2006,13(2):6-12
[8] 朱秋霞. 行政区划与地方财政体制:几个相关的理论问题. 经济社会体制比较,2005(1):35-39

第四部分

乡村空间集约化政策的案例分析

典型案例包括了南京、镇江和无锡地区的样本（图13.1），既是因为三地在其制度探索过程中各有其可圈可点之处，也考虑到了经济发展梯度差异的基础性条件不同，并与资料的可获得性有关。无锡是苏南经济的代表地区，内生动力强劲，底子厚、发展快，对制度变革的需求高。南京勉强算在苏南梯队里，影响乡村空间的自下而上的力量弱，在大都市直接影响到的郊区以外，总体上保持为传统的乡村地区，从上而下的决策显得更加小心翼翼、稳扎稳打。镇江并不具备如无锡的经济实力，又不能期待着大都市的直接辐射带动，在某种程度上，做一些跨度较大的探索，尝试另辟蹊径来寻找未来的发展路径，似乎也在情理之中。

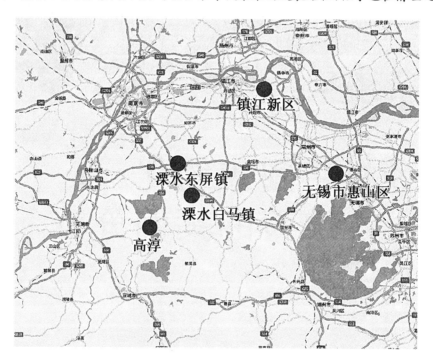

图13.1　研究样本点分布图

案例的展开与第三部分的逻辑对应。第三部分里给出了对于各类政策方案的价值分析、质量分析和兼容性分析，对于案例的剖析打算同样从这些角度入手。区别在于前面是偏抽象的、概念性的分析，即使举例也是蜻蜓点水，这里尽量提供更为生动的图景，结合相关者的主观判断、统计数据、方案操作细节等展开，既是对前面内容的延伸和扩充，也是提供接近事实的、深入思考的机会。

案例展开的基本架构包括本地区政策过程的梳理，政策基本情况和实施概况，然后是对具体政策的价值分析和质量分析。但是和第三部分不同的是，并不强求全面地进行方案分析，而是择具有代表性的方面有针对性地展开，不同的案例在分析的侧重点上也适度错开。另外，案例分析过程中，将通过访谈获取的、经研究者判断为较客观的信息放在案例基本情况中，融合了访谈者主观意愿的内容则放在评价的环节。

13 镇江新区案例

13.1 政策发展过程

镇江新区位于镇江市东部,濒临长江。1992年设立的镇江经济技术开发区和1993年设立的镇江大港经济技术开发区于1998年合并组建镇江经济技术开发区,并于2010年升级为国家经济技术开发区。新区内下辖姚桥、大路和丁港3镇以及大港、丁卯2个街道,2013年总面积为219 km²,人口约28万。镇江新区并不是一个特别规范的行政单元,而是地方政府为了协调开发区与周边地区建设,高效和谐地推动地区社会经济发展而特设的管理单元。从集约建设的角度,其空间范畴内的乡村地区与城镇建成区之间的互动使其成为较为独特的研究对象。

在江苏省"万顷良田"政策的推动下,自2009年在本区范围内开展的省级万顷良田建设项目规模大、推进力度强劲,甚至成为国土资源部推荐的全国集约利用土地的典型。而依托开发区进行万顷良田项目建设,在有强烈用地需求的地区直接兑现整理出来的建设用地的经济价值,有其独特的优势(图13.2)。2013年后,本地区又持续推动了"镇江新区土地整治示范项目",作为部省合作项目,对原万顷良田的范围做了少量的修正,换个名目也是便于继续申用财政资金。2014年,在镇江新区一期万顷良田项目的总体效果被上层政府肯定的前提下,江苏省国土资源厅批复了其二期建设工程。而同时期在全省范围内,却因万顷良田项目涉及面大、影响广、评价不一,而整体收缩。

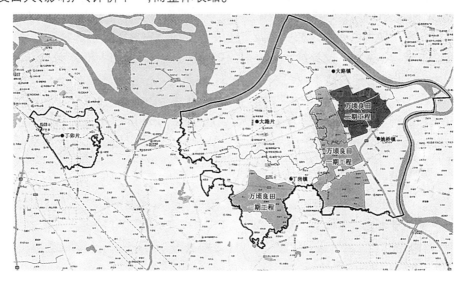

图13.2 镇江新区万顷良田工程区与镇江新区的关系示意

13.2 "万顷良田"项目方案与实施

13.2.1 建设方案

根据《镇江新区"万顷良田"建设工程规划方案》(2009),项目区范围涉及姚桥、大路、丁岗镇3个镇以及大港街道,项目总建设规模约3 727 hm²,分4个工程区。计划3年时间,即至2012年,建成"田成方,路成网,渠相通,林成行"的适应现代化机械作业的标准农田5万亩以上,计划通过居民点和独立工矿用地拆迁整理,增加农用地552 hm²,形成挂钩周转指标524 hm²,通过农用地及未利用地开发整理,新增耕地446 hm²(表13.1)。

表13.1 镇江新区万顷良田建设项目原土地利用和规划变更状况对比

地类		面积(hm²)			比重(%)	
		整理前	整理后	面积增减	整理前	整理后
农用地		2 973	3 597	624	79.8	96.5
建设用地	居民点及独立工矿用地	552	—	−552	14.8	—
	交通运输用地	13	13	—	0.4	0.4
	水利设施用地	21	21	—	0.6	0.6
	合计	586	34	−552	15.7	0.9
未利用地		168	96	−72	4.5	2.6
总计		3 727	3 727	—	100.0	100.0

资料来源:2009年《镇江新区"万顷良田"建设工程规划方案》,经整理

项目区范围内,涉及18个行政村,计划拆迁农户7 339户,涉及工厂或企业38家,还需处理35 730座坟墓。计划拆迁的农户中,有楼房4 786户,建筑面积约92万 m²;平房2 553户,建筑面积约29万 m²,牵涉总人口为21 732人。

建新区包含4块集中安置区和8块城镇建设留用地。安置区分别选择在大港街道、姚桥镇区和邻近大港街道的丁岗镇区。安置区的规模从12 hm²到131 hm²不等,4块安置区累计面积为188 hm²。建设留用地在本项目之初,并没有严格指定区位。

在万顷良田建设工程二期的规划方案中,同样以3年为周期,涉及2个乡镇5个行政村。工程区总面积18 980亩,计划复垦工程区内村庄及采矿用地2 884亩,全部复垦为农用地,其中新增耕地2 728亩[①]。

13.2.2 实施情况

实施项目主要的政策依据为《镇江新区集体土地房屋拆迁安置暂行办法》(2003)、《镇江新区集体土地房屋拆迁安置实施细则》(2003)、《镇江市征地补偿和被征地农民基本生活保障办法》(2009)(及2011修订版)和《镇江新区"万顷良田"项目家庭土地承包经营权置换生

---

① 资料来源:镇江新区政府网站,http://www.zjna.gov.cn/xwzx/jjjs/nyjj/2014/01/12164936265.html,2014-9-17摘录

活保障工作的实施意见(试行)》(2012)等。同时,因承包经营权换保障的政策执行是从2013年初开始的,项目实施过程由此发生重大变化。

以2013年8月镇江新区国土分局的汇报材料《镇江新区"万顷良田"一期工程建设情况汇报》为基础,对项目实施的客观情况进行梳理,内容如下:

资料中提及"涉及84个自然村,涉及农户为8 529户,人口25 348人,工矿企业139家。已完成8 416户拆迁"。上述几个数据与原规划方案中的7 339户、21 732人和38家企业有着或大或小的差异。

资料中提及"已完成整理面积为5.3万亩,整理好的土地已协议发包4.14万亩,镇、村组织临时种植6 580亩。通过村庄复垦,新增农用地面积8 183亩,新增耕地占补平衡指标4 600亩"。为推进项目建设,镇江新区政府成立了"新农发展公司",其职责主要是土地复垦整理和农田配套设施建设。而各镇也都有镇一级的农业经营公司,主要负责土地的流转经营。土地整理前期做了大量的土地确权工作。土地整理之后,通过农业经营公司的发包进入到本地的大型企业以苏北、南京、常州等地的较多。

项目区房屋拆迁按征地标准进行补偿,农村居民点拆迁安置可以采用房屋货币补偿安置或者产权调换统一建房安置方式,对安置房发放国有土地使用权证,并在5年后可上市流通。特困户、五保户等可以享受不低于50 m²安置房的基础保障。一户多套的安置补偿是很普遍的现象,超出自用的房屋则可以通过出租或者产权买卖的方式实现其价值。少数农户选择了直接拿补偿款。

资料中提及"平昌集中安置区在新区建成区内,占地面积1 600亩,规划总建筑面积160万m²,其中住宅1.46万套,可居住人口约5万人。同时,建有5万m²的邻里中心,一个6轨制幼儿园,1所16轨制小学,一个二级医院标准的社区卫生服务中心,一个3.3 hm²的邻里公园和公交枢纽站,一个3万m²的便捷酒店"。截至2013年中期,该社区已入住人员约2万多人。

安置区平昌新城社区管理为"中心社区"+"基层社区"的两级管理模式,并与原村组关系有适当对接,农民还没有正式转化为城市居民,保留其在原乡镇原行政村的身份。资料显示"在已入住人员集中的三个基层社区建立了人力资源和社会保障服务站,针对农村转移人员年龄大、文化基础差、劳动技能低的情况免费开展针对性技能培训。先后开展花卉园艺工、保洁员、车工、缝纫工、电子装配工等大量实用技能培训和创业培训,参训人员达3 000多人,培训后90%的人员被平昌新城物业管理公司和机关企事业单位聘用。实现成功创业386人,带动就业1 096人"。另外,访谈资料也显示,农业公司承包土地后,有一些雇佣当地农民的情况。

除了可以选择一次性经济补偿,在第一个阶段,农民承包土地和自留地流转给村集体经济组织,第一年每亩按800元、第二年按850元计算定额租金(原则上每3年增加50元,如遇粮食价格大幅上涨时,按照新区临时制定的价格补贴政策执行),即农户的原承包土地和自留地享受保底的定额补贴。而对于新增耕地部分,按实际发包价格,由镇、村和新农公司按照不同比例分配。在农地整理和流转的过程中,各方利益的实现方式如图13.3所示。同时,对村级集体资产在清产核资的基础上设定股权,折股量化,分配到人。而因土地整理产生的建设用地指标,在乡镇和新区两级政府间以一定比例分配或协调使用。由于乡镇本身也是属于新区的管辖范围,招商引资工作也多是新区政府相关部门在操作,所以在实际过程中,指标调剂使用的弹性很大。在给农民提供了承包权换保障的选择之后,土地流转费用进入到地方财政,是支撑社保的基础。

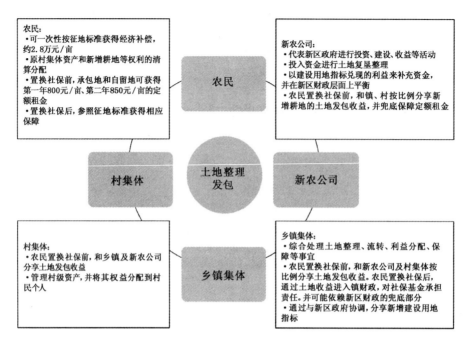

图 13.3　农地权益转换示意

自 2013 年起,推行土地承包经营权置换保障的做法,先从大路镇某村试点做起,然后推广到整个新区范围。参加社会保障,强调在居民自愿的前提下,以生产队为单位提出申请。如果不愿参加置换,农民还可以保留承包权或者兑现一次性补贴。受到按年龄界定的保障标准的影响,不同年龄阶段的人选择不同。如果农户原来土地较多,也会更偏向于继续保持土地流转分红的收益。

资料:官方对镇江新区经营权换保障的解释

经营权置换保障是指新区"万顷良田"项目中拥有农村土地承包经营权的家庭承包户,在二轮土地承包期内,自愿将承包土地全部交由村集体经济组织、村民委员会或村民小组等发包方进行流转,置换家庭成员一定生活保障待遇的一项制度。经营权置换保障人员是指具有家庭土地承包经营权或依法具有家庭土地承包经营权分配资格的农业人员。经营权置换保障人员名单确定后,以 2013 年 1 月 1 日为界限,参照《镇江市征地补偿和被征地农民基本生活保障办法》规定,将参加生活保障的农业人员划分 5 个年龄段,年龄段确定后不再调整,生活补助费、养老金标准参照镇江市被征地农民基本生活保障标准执行,并随之同步调整。经营权置换保障工作由新区管委会统一领导,新区各镇政府具体实施。

(资料来源:金山网,http://www.jsw.com.cn/zjnews/2012-12/27/content_2745728.htm, 2012-12-27)

13.3　政策的价值分析

政策评价部分主要穿插使用 8 份资料,分别是时任政府管理人员所发表的两篇文章——《开发区农村土地流转的实践与思考——以镇江新区"万顷良田"建设工程为例》和《以改革创新的精神推进城乡一体化——镇江新区"万顷良田"建设工程的思考与实践》，课题组在安置区的问卷分析资料，对居民进行访谈的汇总资料，对国土资源局新区分局、新农公司和某镇国土所管理人员的访谈资料，以及上文提及的新区国土分局的汇报材料。在后面的引用中，分别用"文章1"、"文章2"、"居民问卷"、"居民访谈"、"官员访谈1"、"官员访谈2"、"官员访谈3"、和"汇报材料"来代指上述8份资料。各类发言人身份不同、诉求不同，从不同角度进行参照，更有可能还原一种真实的图景。其中问卷资料面对安置区居民，涵盖了2013年9月和2014年9月两个批次，分别为128份和305份有效问卷中的分析内容。比较而言，第二次问卷的面更广，因居民入住安置区的时间更长，就业及对环境的适应性等方面较第一次问卷有些许变化，而在社会保障方面因政策调整变化较大。

13.3.1 媒体中的观点

受身份所限，文章1、2反映的都是正面的声音，毕竟政府官员首要的任务之一是通过发声，提供给社会正能量。其中文章1认为万顷良田项目的作用包括："因地制宜地整理出50～300亩/块的大面积高效农田，实现农田连片有效保护，推进农业现代化；也能有效缓解发展用地矛盾，破解保护耕地、保障发展的两难命题。"利益的分配方面，认为应"对宅基地和集体建设用地整理后新增的耕地面积确权给村土地股份合作社组织，收益按村集体经济组织章程进行分配，确保农民能得到合理的回报"。"将部分新增建设用地指标留存给村集体经济组织，用于建设工业集中区标准厂房"。

文章2认为项目的作用在于："增加耕作面积，减少化肥投入、农药喷洒、秸秆焚烧等传统作业方式对生态环境的污染，促进农业新技术的大面积推广，推进农业现代化，提高农业产出水平"。"把农村散乱、粗放、低效的建设用地，如撤并的村落、搬迁的学校、废弃的道路、淘汰的窑业、破产的乡镇企业等，复垦或调整置换成建设用地，规范有序地调剂弥补先进制造业和现代服务业用地缺口。既大大改善土地利用计划紧张的状况，充分缓解土地资源的硬约束，又有效提高土地使用效率，促进工业化、城市化进程；也理顺、畅通土地供需渠道，切实减少违法违规用地行为的发生"。"通过引入企业化生产经营方式和大量就业机会，实现劳动力供需贴近，解决农民在一、二、三次产业上的充分就业"。"让农民集中居住，逐步引导他们融入城市，不仅可以将发散的需求集中呈现，形成新兴市场，而且可以将潜在的消费需求进一步挖掘和激发，并放大集聚需求的乘数效应，促进服务业的繁荣兴盛"。"'万顷良田'建设工程，是以人为本的一大民生工程。农民权益得到最大限度保障"。

资料：报刊媒体中的典型报道摘录一

丁岗镇留村村主任××：我村有4 000多亩地，前年统计抛荒800多亩。村里青壮劳力95%外出打工，全村基本没有纯农户。留在家里种田的也是种"面子田"、"懒汉田"，不指望它赚钱。不少人家请外地人来种，地种不好，摆在那里不尴不尬的。这种情况，政府不推动改变，靠农民推动，不大可能。去年，搞"万顷良田"，大家积极性很高。一期工程我们村整了1 000亩耕地，增加了1/4的面积。拆迁的时候，家家户户宅基地带院子，从一砖一瓦到院子里的果树、菜园子，政府都给了补偿。承包地入了股，农民不种地，（每年）每亩地还能拿到800元钱。整理多出来的土地，还能参加第二次分配，这么实惠的事，农民当然欢迎了。

章村村民×××：我是纯农户，种了快40年田了。我家5亩地分在5个地方，下一次田要走几公里路，种地效益低，挣不了几个钱。前几年，我买了台收割机，帮人种田，增加点收入。搞"万顷良田"，我家老房子折了，政府补了近40万元，"上楼"后(指安置到新居)，分了两套新房子，一套自己住，一套给父母，还富余10多万元。我现在做梦都在想，用这笔钱买台车，搞运输。

　　留村村民×××：我家承包地加自留地，一共5亩6分田。儿子在镇江公司里上班，家里的地先前全交给外地人种，每亩地纯收入最多500元。现在家里的田全部流转了，按照800块一亩(/年)，每年补给我家近5000元钱。原先我家宅基地有225 m²，院子有6分，现在拆掉了，补偿我30万元。新建的房子分给我两套，一套140 m²，一套85 m²，两套房子花去23万，还余六七万元，简单装修钱够了。大房子我们自己住，小房子打算出租。楼房虽然空间小了点，但总的生活质量还是提高了。"万顷良田"对我们农民是件大好事，它是一步到位，起码缩短了一代人进城的时间和成本。

　　(资料来源：夏珺，秦晓燕，张晏. 苏南：土地整治破"三难"，http://finance.people.com.cn/GB/12241188.html，2010-7-25)

资料：报刊媒体中的典型报道摘录二

　　丁岗镇镇长、书记×××："万顷良田"工程解决了农村劳动力的大问题。土地集中连片发包出去以后，土地效益大大提高。在二轮土地承包的基础上，采取土地流转的方式，每亩地分给老百姓800元钱。一年不种田，一亩地仍能收成800元钱。老百姓不用去吃苦，就能挣到这个钱，老百姓是愿意的。农民的平均收入也明显提高，一是从土地流转得来的，二是就业。邻里中心等大型的服务机构，都需要工作人员，土地发包出去后也需要懂种田技术的农民参与，事实上他们的身份已经从一般的农民变成了种田工人，是拿工资的了。

　　(资料来源：张晏，秦晓燕. 城乡统筹"交响曲"，http://www.jsmlr.gov.cn/xwzx/ztjc/mqltjsgc/mtbd/20111001/140304560696.html，2010-7-19)

13.3.2　访谈调研中的观点

　　官员访谈资料1中，被访谈者算了一笔账，基于本地农户原来多是从事传统类的种植，一般来说，"一亩地的纯收入在300～400元左右，政府补贴每亩地100多元，最后算下来的纯收益大约是400～500余元"。所以认为土地流转出去，或者换了保障，农民肯定是划算的。涉及新增利益的切分，"对于农用地整理出来的新增耕地，村民小组可以获得70%，镇和新农公司获得30%。建设用地变成耕地的，则是前者拿40%，后者拿60%。毕竟所有的资金投入都是来自于镇江新区财政"。在进入到社会保障之前，"农民们对土地上的收益来源于两大块，一块是保底的自留地和承包地的流转费用，还有一块就是不保底的集体新增耕地收益"。具体到保障方面，"我们有征地失地农民保障的文件，新区专门出台的。这样就使大部分的人享受到跟征地农民一样的生活保障……里面分了5个年龄段来进行操作，其中某些年龄段有一部分人可能不愿意，如第二个年龄段按文件规定他只拿两年，那么两年以后就要到60岁(女的55岁)才能拿。所以他不愿意，不愿意他仍然拿流转费。愿意的人全部都进入了失地农民的保障"(表13.2)。

表 13.2 镇江新区社会保障的执行标准

年 龄 段		2013年1月开始执行的保障标准	抽样调查显示的人口年龄结构比例
第一年龄段	不满16周岁	一次性补助8 000元	12%
第二年龄段	女性满16周岁不满35周岁,男性满16周岁不满40周岁	238元/月,只领两年,至退休时领养老金	27%
第三年龄段	女性满35周岁不满45周岁,男性满40周岁不满50周岁	133元/月,至退休时领养老金	19%
第四年龄段	女性满45周岁不满55周岁,男性满50周岁不满60周岁	227元/月,至退休时领养老金	21%
第五年龄段	养老年龄:女满55周岁,男满60周岁	养老金380元/月	21%

注:实地调研了解到养老金标准又经过两次调整,曾经由380元/月上升到480元/月,从2014年7月起,养老金标准调整为638元/月。

资料来源:本章参考文献[3]

13.3.3 居民的反应

推进居住集中的难度,与迁居前后家庭实际收入状况有关。如果将农户收入来源分类,其变动情况呈现出多样化的态势(表 13.3,表 13.4)。两次居民问卷调查均显示出以下趋势:一,对工资收入的依赖均明显增加;二,受到新区发展阶段和安置区周边用地暂未充分使用等影响,房租租金普遍没有成为迁居后的主要经济来源;三,已经居住在安置区中,还有极少数的居民参与农业生产,并从中获取收入;四,集体收入分成或者是土地股份分成等在项目前后经历了几乎从无到有的过程,但受引入承包权换社保政策的影响,呈现出先增后减的趋势;五,低保和养老金保障面显著扩大,特别是在2013至2014的年度内就有跨越式的增长;六,如果说第一轮调查中,收入变化情况还不够令人满意,第二次调研反映出来的信息则相当乐观。其可能性在于居民工资收入提高,或者政府推动非农就业有成效,或者社会保障带来的收入显著高于从土地流转中获得的利益。极个别的,农户如果原来在农业上有一定投入并获得较高收入的,反而可能收入降低。总体来说,因社会保障收入普遍高于土地流转收入,居民大多会选择换取社保(表 13.5)。

表 13.3 农民收入来源的户数结构 单位:%

		工资	房屋租金	农业生产	集体/股份分红	低保	养老金	经商所得	其他
第一轮调研	迁居前	48	1	82	1	4	0	2	2
	迁居后	83	2	4	6	6	10	2	5
第二轮调研	迁居前	67	1	63	0	3	3	5	1
	迁居后	78	3	1	1	27	20	5	2

注:第一轮调查以126户为基数,第二轮以305户为基数,以下同。

表 13.4 收入变化情况调查

		显著减少	有些减少	没有变化	有些增加	很大增加
在被调研居民户数中的占比	第一轮调研	19%	30%	35%	14%	2%
	第二轮调研	6%	18%	31%	40%	4%

表 13.5　保障性收入与流转收入预算比较　　　　　　　　　　　单位:万元

	年保障性收入	年流转收入	年差额	说　　明
1~2 年	7 001	3 648	3 353	不含第一年龄段人员一次性补贴;第二年龄段人员只领取两年生活补贴
第 3 年及以后	4 979	3 648	1 331	

注:第 1~2 年年保障性收入=(第二年龄段人数×238 元/月+第三年龄段×133 元/月+第四年龄段×227 元/月+第五年龄段×380 元/月)×12 月

第 3 年及以后年保障性收入=(第三年龄段人数×133 元/月+第四年龄段×227 元/月+第五年龄段×380 元/月)×12 月

年流转收入=4.56 万亩("万顷良田"内耕地数)×800 亩/元

年差额=保障性收入－流转收入

资料来源:本章参考文献[3]

资料:非典型的农户收入降低案例

平昌新城内的居民张先生拆迁前家里有一台收割机,主要收入来源于为镇里的农户收麦收稻;他的妻子每年在家养十几头猪和近百只母鸡,靠卖猪和鸡蛋挣钱。项目实施后,张先生一家失去了以前的主要经济来源。现在,张先生在某企业做卡车司机,他的妻子做环卫工作,两人收入较搬迁前都显著减少,家里还有一个正在读高中即将上大学的孩子。政府在拆迁后给张先生介绍了一些工作岗位,但是限于张先生和其妻子知识技能的局限性,一直未能找到收入令自己满意的工作。张先生说:"家里的收割机现在还寄留在大队里。三年没用,都生锈了。"

(资料来源:居民访谈资料)

与收入相关的,是拥有的固定资产状况,特别是住房的情况。两轮调查中,平均每户获得 1.82 和 1.85 套安置房,即大部分人家有两套住宅。第二轮调查中,家庭内出租和空置房屋的分别占总户数的 15% 和 14%。今后对于房屋的处置计划中仍以自住为主,出租意向略有提升至 19%,明确有出售意向的占 7%,不确定的占 6%。虽然事先约定了房屋产权证书的获取及能够入市交易需在拿到房子 5 年以后,但允许了农户之间的私下交易。所以,除了直接拿房屋补偿款的,也有农户选择先选房子再内部出售的方式。

居民对收入变化的敏感程度有时比不上对支出的关注。第二轮调查中重点关注了支出的变化情况,因生活方式变化影响较大的集中在食品、水电煤气、物业费三方面(表 13.6)。而在访谈中,关于物业费的收取,居民对政府原本承诺十年不交物业费,后又按 3.5 元/m^2·年的标准收取(2014 年时的标准)的情况非常反感。特别是当其对住区安全状况等不满意时,意见更显尖锐。

2013 年始推、并在 2014 年逐步普及的土地承包权换社保的正面效应,能够在居民问卷中得到明显体现(表 13.7)。

表 13.6　对生活影响较大的支出变化调查

	食品	水电煤气	交通通勤	子女教育	医疗	购物休闲娱乐	物业费	其他
在被调研 305 户数中的占比	62%	65%	4%	7%	14%	5%	59%	1%

表 13.7 对迁居前后社会保障情况的评价

	有显著改善	略有改善	无显著改善
第一轮调研的占比	13%	33%	54%
第二轮调研的占比	12%	59%	28%

如果对迁居前后以满分为 5 分进行生活水平的总体评价,第二轮调查显示从迁居前的平均得分 3.2 提高至迁居后的平均得分 3.8。如果对于农户基本生活状况的评价从房屋硬件条件(质量、大小、套型)、房屋居住环境(景观、绿化、卫生)、房屋基础设施(水电气等)、孩子上学、看病就医、邻里交往、出行交通、工作就业 8 个方面进行评价(图 13.4,表 13.8)。在第一轮评价中,显著下降的是邻里交往质量,房屋硬件条件略有降低,就医和就业略有改善,而在居住环境、房屋设施、孩子上学和出行交通方面有明显改善,总体评价可以说是良好的。而在第二轮评价中,总体状况更加优化,即便是邻里交往方面,也处于没有变化和略有改善的程度之间,说明安置区的内外部条件更加成熟(表 13.9)。从居民需求的角度,综合考察发现,医疗服务和医疗保险、低保、商业服务设施、社区文体活动设施等是亟待完善的民生服务或设施(表 13.10)。

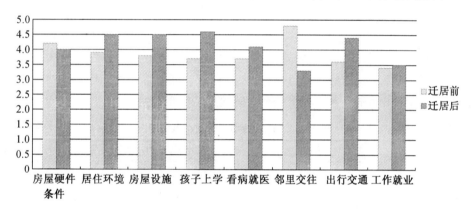

图 13.4 第一轮调查生活水平分项指标变化情况

表 13.8 第一轮调查对迁居前后各项条件获得的平均评价

	房屋硬件条件	居住环境	房屋设施	孩子上学	看病就医	邻里交往	出行交通	工作就业
迁居前	4.2	3.9	3.8	3.7	3.7	4.8	3.6	3.4
迁居后	4.0	4.5	4.5	4.6	4.1	3.3	4.4	3.5

注:从 1~5 评价增高

表 13.9 第二轮调查对迁居前后各项条件获得的平均评价

	孩子上学	看病就医	邻里交往	出行交通	工作就业
迁居前后前对比	4.0	3.9	3.7	4.2	3.6

注:1 更差,2 稍微变差,3 没什么变化,4 略有改善,5 明显改善

表 13.10 第二轮调查中亟待完善的民生服务或设施

	医疗服务设施、医疗保险	教育设施	就业保障、失业保险	养老保险	低保	交通服务设施	商业服务设施	社区文体活动设施	其他
在调查 305 户中的占比	40%	6%	19%	17%	35%	12%	30%	31%	9%

调查中又反映出不同年龄的被问卷者对不同选项的差异性反馈。年龄越大，对邻里环境的不适应性表现得越强烈。即便问卷综合反映出邻里交往水平状况不算优化，但访谈中也有认为搬到安置区之后，没有了土地上的纠纷，产权分明，彼此之间住的近，邻里之间反而关系和谐了很多。关于安置区的建设状况，在认可了"花钱买环境"的看法之后(花钱主要指交物业费和水电费等)，居民多反映的是广场面积较小、房子质量不过关、物业质量较差、安全问题较差、因烧烤摊随意设置和红白喜事放爆竹等的扰民现象较多、卫生院服务不够等，甚至也有赌博和暗娼等不良现象。原来松散居住的农民，集中居住后，互相之间也需要磨合。

即使农户还有种田的愿望，大多也因动辄几十亩、几百亩的承包门槛而却步。尽管政府已经对就业安置方面做出了积极的努力，但仍有些当地农民对此"并不领情"。不少农民认为，那些都是地方政府的一种姿态，距离他们的实际生活需求"还很遥远"。眼下大学生就业、创业那么艰难，他们这些"土包子"哪里有什么机会就业、创业，其难度是可想而知的①。非市场化的物业管理过程中，保安等职位靠关系录用的情况较为普遍。50岁左右的农民就业受到的冲击最大，失去了农地，难以觅到非农就业岗位，处于非常尴尬的境地。而过于闲适的状态，反而会让赌博等恶习有了更大的市场。

在第二轮调查时，显示出全部305户被问卷家庭中，适龄劳动力行业类型如表13.11所示，在工业企业就业的劳动力占了绝对多数。其中待就业人员占11%，多是因为难以找到满意的工作。而从劳动力的就业地点看，绝大部分都在镇江新区内(表13.12)。这也与安置区内常住人口与实际家庭人口数差额不大的数据特征相符合。

表13.11　适龄劳动力行业类型调查　　　　　　　　　　　单位:%

	政府部门或事业单位	企业职工	下岗/待业/失业人员	务农人员	其他
占被调研户的百分比	10	76	14	2	19
占被调研的适龄劳动力①的比例的百分比	8	79	11	2	—

注：①除少数经商、从事家务劳动和其他类别的劳动力，累计为572人。

表13.12　劳动力就业地点统计

	镇江新区	镇江市区	省内其他地区	省外地区
人数	464	86	52	26
占被统计劳动力的百分比	74%	14%	8%	4%

注：这里镇江新区范围含大港、大路、姚桥和丁岗，不包括丁卯街道，因其空间上距离本地较远，在居民认知范畴内属于镇江市区。

第二轮问卷对象中，入住安置区1~2年和3~4年的居民各半，考察其在城市及社区中的融入情况，总体情况较为乐观(表13.13，表13.14)。如果将被调查居民按年龄分组，根据"居民年龄和去商城购物或城市中心地区娱乐"关系的散点分布图分析，可以发现青年人更乐意融入城市环境进行娱乐活动，中老年居民的参与程度普遍较低(图13.4)。

---

① 中国经济周刊，http://news.163.com/10/0914/16/6GI8O52000011SM9.html，2010-9-14

表 13.13　居民到大型超市、商城购物及到城市中心地区进行购物休闲娱乐活动的频次调查

	一周 1 次以下	一周 1~2 次	一周 3~5 次	一周 5 次以上
占比	45%	34%	13%	8%

表 13.14　居民对社区活动的参与程度调查

	不感兴趣	偶尔参加	有时间就参加	太缺乏了,想参加也没处去
占比	34%	37%	27%	2%

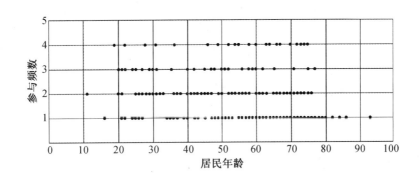

注:因被问卷人群中受人群作息影响,中老年占比大,所以不是比较同一频次中,不同的年龄构成,而是比较同一年龄构成中,不同频次的分布情况。

图 13.4　居民年龄和其每周购物娱乐活动关系的散点分布

问卷统计结果还显示出平昌新城内的户均人口为 4.63 人,户均常住人口为 4.29 人。对比《江苏统计年鉴》(2014)中的江苏户均人口 3.06 人,可见平昌新城安置区居民搬迁后在一定程度上依然沿袭了传统农村"大家庭"的生活模式。

居民访谈中对问题的关注更多集中在过程不够透明、干部徇私舞弊、有大承包小分包以蚕食国家补贴的情况、安置不够及时、货币补偿不能及时到位、村集体资产补偿去处不明、拆迁推得过急以致存在暴力拆迁现象、就业保障方面的实质性帮助不足等。在推进二期工程的建设过程中,政府已经有意识地对一期中反映出来的问题进行纠偏。

资料:极端的负面反馈

"(村主任)一家 4 口人分 4 套房子,说是搬迁前就买了 2 套,其实只分了 2 套,说出来鬼才信。人家没有权势的 5 口人才分 1 套房子的也有。(问:镇政府不解决吗?)他们都是连起来的,腐败现象太严重。我们农民也不是蛮不讲理,都知道中央政府是好的,但是'强龙压不住地头蛇',打老虎好打,小苍蝇不好教训。按道理当时也有直接补贴的 1 800 元/m^2,到手里 1 100 元/m^2,这中间的钱全给政府贪了。"

(资料来源:安置区居民访谈)

资料:项目实施过程中的糊涂账

"我就和你说说我们村的事,当初搬过来之前村里修公路是大队出的钱,生产大队的钱又是我们村民一起凑的,但是到之后搬迁的时候,这些(补偿的)钱就返还到大队,但也就只是到了大队,我们还是没有拿到。还有就是,在房屋面积测量的时候,没有明确的测量标准

给我们,什么二楼三楼算一半我们压根就不清楚,最主要的是,测量结果完了之后没有个公示,大家的意见很大,明明之前我们的房子一样大,结果分完房你比我还多一套,这算什么个道理,而且里面搞关系搞小动作的很多,干部领导家往往房子就是比一般的要大,群众就不高兴了,你起码要给个公示给个理由啊,什么都没有。"

（资料来源:安置区居民访谈）

资料:项目实施过程中的不透明和不公正

"整个资金的分配不公开不透明,没有一个合理的公示制度。赔偿款方面,存在层层克扣的问题。村里面每个人应该拿多少的赔偿款全部由村干部说了算。说五千就是五千,说一万就是一万。很多拆迁应该得到的赔偿款,没有给老百姓公开。在拆迁过程中,甚至采取一些非常极端的暴力手段。他说多少就给多少。如果不及时搬迁,晚上甚至会拿炮仗到家里来吵你,穷尽一切手段逼我们搬迁。国家一直提倡依法办事,而他们完全是依权办事。村子里面存在很多这样的现象,比如说,有房子的拿不到赔偿款,没房子的却能拿到赔偿款。有钱的能冒充困难户领取补助金,而真正困难的家庭却有很大一部分拿不到钱。"

（资料来源:安置区居民访谈）

资料:项目实施过程中的两面性

"政策实施上有很大的两面性,比如说,分房子的话,常住人口才有配额,我儿子在外工作就不能拿到房子的配额。但是一些有关系的人,即使子女在外工作,也能拿到一定的配额。如果都是统一实施,该拿的拿,不该拿的不能拿,我没有意见。但是有关系的人拿得多,没关系的人拿得少,让我心里感觉很不平衡。我觉得政策的上层制定是合理的,但是下层执行中存在太多的问题。镇里村里贪污腐败现象太严重。上头的文件许诺给的东西和我们实际能拿到的东西相差的太多太多。"

（资料来源:安置区居民访谈）

综合镇江新区万顷良田项目的价值分析结果,可以看出,政府官员能关注到项目在推进农业发展、缓解用地矛盾、保护耕地和生态环境、改善民生、推进城镇化和工业化进程、提升整体经济结构等方面的正面效应。大众媒体则将居民的赞誉与反对以最直观的方式表达。而对居民的实地调查资料显示,居民总体对项目持肯定态度,无论是在收入、社会保障、生活环境质量等方面,都给予了正面的评价。矛盾主要集中在政策执行的细节方面,也有少量来自于居民个体化的差异。客观上,在持续地推进居民就业、完善社会保障的前提下,原农民与城市的融合并不存在突出的障碍。

13.4 政策的质量分析

13.4.1 政治可行性

项目实施采取由新区政府挂帅、乡镇合作、村集体动员的方式,在镇一级层面,同时有镇政府、土地流转中心、保障办、拆迁办、农业服务中心和国土所等部门直接参与此项目的运作。在现有政治体制下,原农地的经营状况（表 13.15）和原农村居民的收入与就业状况,特别是本地青壮年农民多数已经从农地上转移出来的基础,使万顷良田项目在本地具备可行性。而从申报项目的政府决策、项目具体实施过程,以及3年内达到项目验收标准的角度来看,又存在一定程度的对农民的强制性。

表13.15 项目实施前土地的经营方式

	自耕	转租	自耕+转租	参与股份合作社	闲置
第一轮调研的占比	87%	4%	9%	—	—
第二轮调研的占比	91%	4%	3%	0.3%	2%

在具体的农地经营模式上,村成立土地股份合作社,镇里有农业经营公司,相互之间签订协议,形成相对固定的关系后,村里把土地交给镇一级层面统一经营,形式上满足公平交易的基本条件。至于在多大程度上能保持村集体对土地的控制权,由协议的细节和具体操作方式决定。但是由于市场上最实质的供、需两方是通过政府成立的经营公司连接起来,因而供需方直接的博弈格局转变为供需双方与政府的博弈格局,从而可能会影响到运行的效率和公平。

在承包权换保障时,也会因为原有土地数量差异没法做到绝对公平,根据家庭人口构成提供的保障又在一定程度上消解了原来承包土地不均带来的内在矛盾。一些特定的人口或家庭会在进入保障前较为踌躇。第一类是因历史原因,原来有土地承包权但不能进入农业人口数据库的人员,按现行规定无法进入"征地保障"体系,较一次性领取土地补偿费,可能更趋向于采取土地流转的方式。第二类是占有农地较多的家庭,土地流转收入可能超过保障收入。第三类是有新增家庭人员的农户,土地换保障不能直接惠及子孙,牺牲下代的承包权来兑现本代人的保障,也会让人犹豫。第四类就是在年龄结构中属于第二年龄段、只能在领取养老金之前享受两年保障的人群。

资料:项目的组织领导

"由新区管委会主任任组长,党工委副书记任第一副组长,其他党工委副书记、管委会副主任、主任助理等任副组长。领导小组下设办公室,管委会副主任兼办公室主任,并成立规划工作组等10个工作小组,国土、财政、农办、建设、水利、社会劳动保障、民政、环保、丁岗镇政府等部门和单位负责人担任工作小组成员,全面协调和指导该工程各项工作"。领导的高层级,有助于协调矛盾、争取资源,对项目推进是有利的一面。

(资料来源:2009年《镇江新区"万顷良田"建设工程规划方案》)

资料:问卷调查中的相关数据

两次问卷均表明,农户原有土地的经营方式中自耕占绝大多数,在两轮调查中,有农地转租的家庭户占全部被调查户的比例分别为13%和7%,还有少部分闲置。家庭户拥有农地,最多的为9亩,最少的为0.5亩。人均0.5亩以下的占25%,0.5~1亩的为46%,1.5~2亩的为27%,只有不到2%的家庭超过人均2亩地的规模。在推进项目之前,本地大部分土地并没有流转,以老人打理为主,播种收割雇人采取自动化的方式进行。

迁居前家庭收入来源中,虽然农业生产为家庭的主要收入来源,但工资收入也成为一半家庭的主要收入来源,且按常规水平推断,人均的工资水平要远远大于人均农业收入。

新农公司是专门为了万顷良田项目成立的,被赋予了重要的职能,使项目初期运作更平滑。但是其角色内在的尴尬客观存在。从其担当的土地复垦整理的任务来看，巨大的财政资金投入，带有社会福利性质。与乡镇、村共同对整理后新增土地的利益分享，带有市场经营性质。在此期间，传统国有企业的弊端都可能在其身上展现。和许多开发公司一样，政府既制定规则，也参加市场运作，则其运作效率、分配公平等方面都容易遭到质疑。新农公司在完成其初期使命之后，已与同属于镇江新区经济开发总公司下的江苏圌山旅游文化公司合并，向企业化运作方式转型。

总体而言，政府官员和居民在相关访谈中表现出对项目很高的支持率。即使有矛盾，也被认为是临时的、过渡性的，并且相信随着时间的推进，问题会逐步缓和。在居民中一些负面的认识，多集中在干部徇私以获得更高补偿，并给亲朋优先安置就业等不公平现象上。居民的个体反应与其原来的生存状况、在社会氛围中的贫富差距感受有较大的关系。"不患寡，患不均"在这里有了鲜明的表现。虽然有"阎王拆迁"的极端评价，但大多数还是对政策的立意持肯定态度，而对政策实施过程中的变形持批判态度。所以项目就在诸多争论和不断消解矛盾的过程中推进。

资料：管理人员对万顷良田项目的肯定

总体上认为"这种模式形成以后，（对于）城乡一体化发展还有走向中国现代化，应该是一条必由之路。（镇江）新区在万顷良田上做得彻底，其他很多地方都是以小城镇的模式去做。像那种模式，估计以后还会发生二次拆迁"。

对居民的支持度的判断，认为"支持率非常高，几乎没有说抵制的。在现实过程当中发现最抵制的有两种人。一种是家里当大官的有背景的，不居住在此，家里有祖宅的情况，但是像这样当大官的呢，说实话在拆迁过程中还不敢去碰。还有一种就是家里很有钱的，想住单门独院，和别墅一样，只有这种人才不愿意拆。没有那种家里很困难的不愿意拆迁的，一户都没有"。

关于集中安置的作用，认为"开发区建设过程当中，这种大规模的安置小区建了很多了。像港龙新村总共有7个小区，全部是以前农村拆下来的，刚来的时候也是物业费不肯交，有线电视费不肯交，那时候全部是走财政去支持这一块，但是现在已经没有了，十多年、二十年前的那些原住民，现在基本就融入这个社会了。因为开发区开发的进程当中，产生了大量的就业机会，包括创业机会，原来那些人从农民到居民的转变中感觉不适应，原来照顾好自己家里那两亩田就行了，现在不一样，现在他的眼界开阔了，他也知道利用自身的技能去创造财富，或者是自己去主动就业，主动去和这个社会接触了，然后更有利于他的下一代，他的小孩会受到更好的教育。新区大量的企业进来以后，新区就是他的下一代（发展的地方），大学毕业乃至于初中毕业出来以后，就业也不是那么困难了。从家庭的财产收入来讲，要比以前住在农村大幅度提升"。

（资料来源：官员访谈资料1）

资料：安置区居民对万顷良田项目的肯定

"项目从大体看是好的，毕竟现在年轻人也早就不种田了，如果不实行这个项目，那么等现在这批五六十岁的种田的人老了，地照样是荒着。现在60岁的老人一个月还能拿600多块钱，这可比种田好的多了，种田的话，天气好还有的收入，不好的话，一点收入都没有了。这个政策的方向是好的，但是在实施的过程中，或许是步子迈的大了点，或者是出了点小问题,都是可以理解的。我也是从农村搬到这边来,我感觉生活环境好了很多,但是要求什么一步登天是不可能的。要比较来看,不比较是看不出问题的,但是在试试的过程中确实是存在了很多的问题,要求一步到位是不可能,这是我个人的看法。"

(资料来源:安置区居民访谈)

13.4.2 财政和经济可行性

项目需要动辄上亿的资金投入,"钱"是个大问题。在资金预算中,需要拆迁补偿安置费、土地整理费和其他费用三项。补偿安置费中包含占大头的房屋货币补偿款,以及临时安置补助费、搬迁补助费、工厂企业及特殊用地拆迁补偿费和青苗补偿费,合计约22.1亿元。土地整理费用中从高到低的为土地平整、农田水利、道路工程、竣工验收、设备购置、管理、工程监理等费用,合计约2亿元。其他费用中包括安置区中的基础设施投资和一些不可预见的费用等,预计约1亿多元。所以累计估算了约25亿多的总盘子。

在初始的建设方案中,计划由新区管委会负责筹集资金,先期启动资金可通过镇江新区、工程区所在镇两级财政及银行融资解决,后期可通过多渠道资金筹措,如新增建设用地有偿使用费、土地出让收益等来进行平衡(表13.16)。

表13.16 初始的资金计划

资金来源类型	测算过程	估算可支持资金
新增建设用地有偿使用费	计划新增建设用地552 hm²,根据全国新增建设用地土地有偿使用费征收等别划分标准进行计算,镇江新区征收标准为56元/m²	3.1亿
土地出让金收益	参考前几年土地出让金的均值价格,推算项目期间的土地出让金纯收益约为16亿~20亿元。根据《省政府办公厅转发省财政厅、国土资源厅关于将部分土地出让金用于农业土地开发的意见的通知》(2004),土地出让金用于农业土地开发的比例按土地出让平均纯收益的15%进行计算	2.4亿~3亿元
土地开发整理专项资金	根据《江苏省"万顷良田"建设工程试点方案》(2008),万顷良田建设工程涉及的土地开发整理可按照省以上土地开发整理项目管理的相关要求申报项目,并优先安排。因此,土地整理费用可通过申报省以上投资土地整理项目申请土地开发整理专项资金,按项目工程量进行相应估算	2亿
其他项目资金	—	弹性
镇江新区、工程区所在镇两级财政	—	补足剩余部分
银行融资		

资料来源:2009年《镇江新区"万顷良田"建设工程规划方案》

一期项目范围的划定,是个不规则的空间范畴,在姚桥镇的两片工程区中间是一条狭长的不规则的间隙,其中包含了两片集中的村庄。这种有意识地避开行为,虽然也间杂了保护有历史价值的建筑的意图,但更多的是减少拆迁成本,降低操作难度,使项目推进更容易。另外,根据居民房屋建造的年代,可以从特定角度反映出房屋拆迁的经济成本。第一次问卷显示,原村民住房建造于1960年代以前的占4.3%,1970年代的占6.9%,1980年代的占27.6%,1990年代的占48.3%,2000年以后的占12.9%。当建房高峰出现在1980到1990年代时,拆迁及补偿的成本可以认为处于中等水平。

对资金状况的分析,可按两个时间段区分。在一期项目集中推进的3年中,巨大的资金投入需要落到实处。而在更长的时间内，要衡量能否通过建设用地出让和农业经营还上欠账及维持后续发展的平衡。项目实施超出预算的幅度很大，不得不增加预算并争取更多资金。安置房建设资金在原来的预算里分解至拆迁补偿安置费和其他费用中，并不清晰。而实施估算约达到48亿，对比之下，初始的预算看起来甚至有点荒唐。

资料：预算与实际支出的巨大出入

"原来我们主办方准备投资的是27个亿左右，现在总投资大概在55个亿。主要就是因为安置房这一块，整个安置房我们是集中安置的，全部安置（实际上是大部分）在平昌新城。光是安置房投资大概就达到48个亿左右，然后土地整理大概在7个亿左右。目前整个安置的情况是绝大部分都安置了，还有扫尾工作，因为部分房子没有交付。"

（资料来源：官员访谈资料1）

凑足第一笔启动资金，对地方政府已经是极大的挑战，需要动用多方资源，且带来了政府负债的风险。而要在未来仍保障农民的长远收益，则与市场环境、政府的财政能力等相关。从初始给予农民每亩地800~850元的定额补贴，到2013年初尝试以经营权换保障，都有由地方财政兜底的保证。土地发包后收入归入财政，而对失地农民无论是补贴还是保障费用都需要从财政支出。进出采取两条线，没有要求一定要收支平衡。考虑到经营的风险，财政有可能需要对此项目进行补贴，特别是在项目初期阶段。至于发放给农民的补贴、流转费用及保障费用等，程序上有细致的安排，可以简单地理解为由乡镇财政在收入的范围内首先支出，然后由新区财政兜底。财政投入过程中，对银行贷款有一定的依赖性，也加剧了财政的风险。最乐观的情形是农业经营高效对接市场，产生各利益体多赢的局面，否则经济压力将全部转嫁到政府头上。如果因政府兑现承诺不及时，则会威胁社会稳定。

资料：镇一级层面的收入和支出两条线

"土地发包收入镇财政收取，后面也是镇财政通过保障办来发农民的生活费，流转费用由镇财政来统一对簿。比如今年50万的土地发包收入，流转费可能是10万还是20万的，扣除了这部分发放给农民的流转费，其他的部分全部交给区财政，区财政来统筹安排，包括转给镇财政的保障费。"

（资料来源：官员访谈资料3，经整理）

全面地分析经济层面的得失，还要看到，即使没有此类项目，为维持甚至提高乡村的公共服务质量，本身也是需要大量的投入。所以因积极推进的行为而节省的资金，也应纳入经济效益考虑的范畴。

资料：居住集中的经济效率

"新区就算过一笔账，譬如说，以前就是这80多户自然村，新区每年大概要投2 000多万进去。修路、包括各种公益设施，那现在把它拆完了以后集中到安置区里面去居住了，配套设施每年2 000多万就省掉了，就不需要每年重复地去投这些钱。包括一些公益设施，人口集中了以后，教育资源、医疗资源等公共服务资源，都相对集中了。你说以前一个村搞一个农贸市场是不现实的，现在平昌新城集中5万人搞一个大型的农贸市场，那就很现实。包括商场也是,但是以前在农村,每个自然村不可能形成这种规模效应。所以最大的好处就是体现在城乡共同发展,就是拆完以后城就是城,村就是村。"

(资料来源:官员访谈资料1)

资料:农地整治的经济效益

"说个不好听的话,就是不搞这个土地整理,每年投到农业上,一年也要投几千万的,农地整理相当于把本该几年后投的钱一次性投下来,把整个土地的面貌都改了,把以前分散的、小农性的、小户性的种植变成了大规模化的机械的种植,实际上也是一种打破城乡二元化的方式。"

(资料来源:官员访谈资料2)

农地整理出来后,也会出现让农民心疼的闲置的情况,这可以部分得以解释,不能全部归咎于经营方的失误,其与农地价格不灵敏、信息不对称以及耕种周期长等原因有关,土地在刚刚推向市场以及易主的周转过程中会产生一定的闲置。

13.4.3 技术可行性

安置房方面,不仅在与经济开发区连片的建成区中建设了平昌新城,在大路和姚桥镇区也设置了安置区,可以给居民更多选择。农地补偿方面,如果不用经营权换保障,还可以继续拿土地流转费。对原来自家承包的田亩面积较大的农户,选择第二种方式可以获得更大的收益。就业方面,居民可以自谋生路,进入二、三产业,在大的劳动力市场竞争中,进行就业选择,或者继续从事农业经营,也可以享受到政府一定程度的就业扶持。政府在就业安置方面的积极作为,确实也可以减弱项目推进的阻力。如果能有鼓励农民继续经营土地的政策,或许会对发挥农民的生产技能带来实效。

资料:离地农民创业就业情况

2011年,新区人社部门的调查显示,万顷良田建设工程涉及离地农民2.1万人,其中适龄劳动力人数总计16 311人(男16～60岁,女16～50岁,不包括在校学生)。目前实现稳定就业人数为12 070人,占适龄劳动力总人数的74%;未就业和不稳定就业人数为4 241人,占适龄劳动力总人数的26%,这部分人员的就业成为当前需要解决的问题。中青、壮年劳动力已基本实现就业,未就业和就业不稳定人员中"4050"(40和50多岁的人群)人员占75%。

(资料来源:中国就业网.江苏镇江新区"万顷良田"离地农民创业就业工作调查与思考,http://www.chinajob.gov.cn/EmploymentServices/content/2011-09/26/content_674110.htm,2011-9-26)

资料:政府对就业的积极安置

"像开发区有不断进驻的企业,能带动就业。所以(农民)进来以后很容易就能找到就业或者创业的岗位。当然也有一些40、50(岁)的人员,(他们)没有任何技能的,作为地方政府应该考虑的最主要是这一块的人。开发区采取了一种办法,就是买一些工业就业的岗位,特别安置这部分人。有一部分保安、绿化、保洁等岗位就是在这部分人中优先进行安排。保证家庭最起码有一个人要就业。这样除了领取生活费,再有个把人就业,家庭就比较稳定了。现在20、30、40多岁的失业的、待业在家的基本没有。新区以政府购买服务的形式,向"零就业"和低收入家庭提供公益性岗位1 100多个。"

(资料来源:官员访谈资料1)

资料:促进离地农民创业就业对策(择选)

开展万顷良田范围内农村"零转移家庭"贫困户申报认定工作,建立就业援助跟踪服务卡制度,实行动态清零;开通就业绿色通道,提供"六个一"服务,实现社区与企业挂钩。同时从平昌新城安置小区提供的保安、保洁、保绿等岗位中,拿出40%~50%优先安排"零转移家庭"和"4050人员"等困难群体就业。

充分发挥三级平台就业服务功能。开展对区内企业就业岗位信息专项调查活动,各服务中心、服务站要指派专人负责,进一步收集岗位信息,提供一批适合于安置人员的就业岗位;各人力资源和社会保障服务部门定人定期与辖区内大中型企业、劳动力密集型企业建立定点挂钩联系制度,对用工大户、缺工大户企业实行动态跟踪服务,分析判断企业用工趋势,及时有效地进行劳动力资源对接。发挥人力资源配置市场招聘会平台作用,不定期举办"万顷良田"离地农村劳动力专场招聘会和"平昌新城"社区就业超市等活动,实现人力资源需求有效对接。

(资料来源:中国就业网. 江苏镇江新区"万顷良田"离地农民创业就业工作调查与思考,http://www.chinajob.gov.cn/EmploymentServices/content/2011-09/26/content_674110.htm,2011-9-26)

在提供给农民进保的选择时,有很多细节性的问题要处理。如对于那些已在企业就业并且有养老保险的人,可以在其进入社会保障后,进行适度的合并计算。农保和城保两种类型之间,在准入门槛和待遇方面,还有显著的差距。社会保障关系的有效融合,可以提高政策运作的效率。类似的问题的解决,也是逐渐解决纠纷、排解农民心结的过程。

随着土地流转和居民实际居住地的改变,行政村的名头并没有取消,有提法叫"村居合并办公"。在平昌新城中,原来同属一个行政村的居民相对集中居住。行政村委或者叫社区居委会,要处理原来集体资产相关的内容,也要应对物业管理工作。物业公司由居民原属地政府直接出资组建,物业公司经理由社区居委会主任(或社区党组织书记)兼任,实行党建、行政、物管"三块牌子,一套班子"的管理体制。此种社区组织方式对延续原来的行政村级组织、分配集体资产、进行老弱病残的救助等方面有利。调研中发现居民对居委会和村委会的办事效率低、人员冗余等多有抱怨,可见此种过渡性的角色究竟该如何定位和执行,还需要进一步的变革。

万顷良田项目建设过程中,按照增减挂钩的原则获得的建设用地量,扣除必须的安置区建设量,剩余的量在初始阶段仅仅停留在指标上,空间位置模糊,为后面的使用留足了弹性操作空间。但在项目深化阶段,受到上级政府越来越规范的限制,留用指标被要求在空间上明确其具体位置,即拆旧和建新方案必须是个全本。对地方政府而言,可操作的空间变小了,由此减少了政府进行土地投机的可能性。

资料:项目管理逐渐规范化

"当时在做一期的时候除了安置区这块,留用的地块基本都没定。什么地方需要用地就往什么地方放。现在做的二期全部要落在图上面,建新方案定下来,以后就不能改的。现在我们每次进行报批的时候必须要做一个建新方案。就是你拆旧了多少，然后建新在什么地方。原来没有这个要求，从今年一月份开始提出了这个要求。原来就是有这么多指标，随便找个地方只要符合规划就行了，然后就进行报批了。现在必须全部做建新方案，首先要符合规划，然后还要审核。"

（资料来源：官员访谈资料1）

整理出来的农地，也是要在农业统一规划的框架中使用。一期万顷良田项目中整理出来的土地中，按照规划，丁岗片区定位为生态休闲观光农业，大路片区定位为蔬菜种植，姚桥片区以粮油为主。

资料：对于农业经营的管制

"几大部分整理出来的地全部属于基本农田保护区。其种植也是有规定的，只能是种粮油，然后在局部的地区，做了一些蔬菜花卉的种植。姚桥的省级农业产业示范园，里面大量的是一些大棚种植，品种就多了，有蔬菜、花卉，还有少量的养殖，鸡鸭鱼猪都有。"

（资料来源：官员访谈资料1）

在拆迁户还没有拿到属于自己的房子之前，可领取租房补贴以解决临时居住问题。为减少农民生活环境变化的不适应，提供更柔和的过渡策略往往具有实效。2013年，镇江新区《拆迁安置小区物业管理办法》出台，其中细化了安置小区物业补贴方案，用地方财政弥补物业企业管理经费不足及小区改造的费用。重点围绕物业企业收费率、群众满意度以及小区改造等方面，增强地方政府及小区物业管理企业的责任，政企合力共同做好安置小区的物业管理工作。在镇江新区范围内，还开展了落实新建安置区物业费优惠、电梯费减免、房屋装修补贴、太阳能安装补贴、天然气初装费减免和平价菜供应6项优惠举措[①]。另外对非承包田也给予补贴，区级土地流转基金前4年对农民的耕地每亩补贴400元，以后每年按一定比例减少，土地整理期间（1年）土地流转费全部由区级土地流转基金承担。

资料：过渡期政府不做"甩手掌柜"

镇江市副市长×××认为："原来农民都有自留地，不用买菜吃。进了城，如果与市民同样价钱买菜，他肯定不愿意。我们想了个办法，在整治后增加的耕地里，安排一定面积的蔬菜基地，给新区农民使用。还有，物业管理费不要农民掏，由集体公共资产补贴，建立公共社区，满足农村婚丧喜事等公共服务需求。类似的问题，我列出了20多个，做梦都在考虑怎么解决。总之，农民变市民的过渡期，政府绝不能做'甩手掌柜'"。

（资料来源：夏珺，秦晓燕，张晏.苏南：土地整治破"三难"，http://finance.people.com.cn/GB/12241188.html，2010-7-25）

居民对项目实施的评价，总体上是肯定的（表13.17，表13.18）。问卷调查还反映出，在项目推进过程中，农户获得相关信息的渠道主要通过村干部告知，包括村会议在内。其他如通过亲戚朋友邻居的口口相传、浏览公告牌、阅读正式文件等仅是很次要的辅助手段。虽然比例均不超过一半，农户仍然反映出可以在安置房选择、拆迁补偿款、社保方案方面存在与

[①] 资料来源：金山网.新区去年谱写"富民"新华章，http://www.jsw.com.cn/zjnews/2013-02/21/content_2783104.htm，2013-2-21

政府协商的空间。对政策实施过程的认可方面,随时间推移,磨合更充分,农户的满意度也在提高。在操作过程中,如果没有在事前得到充分的信息,过程中没有足够的沟通,很容易产生对立的情绪。

表 13.17　居民眼中关于政府是否兑现了承诺的调查

	完全兑现了自己的承诺	基本兑现了自己的承诺	较少承诺没有很好的兑现	较多承诺没有很好的兑现
第一轮调查占比	2%	30%	49%	19%
第二轮调查占比	4%	65%	23%	9%

表 13.18　居民眼中对政府的项目实施过程评价

	实施过程很满意,考虑到了农民的感受	实施过程基本满意,一定程度上考虑了农民的感受	实施过程不太满意,很少考虑农民的感受	施行情况很不好,没有考虑农民感受
第一轮调查占比	3%	32%	33%	32%
第二轮调查占比	8%	54%	29%	9%

资料:媒体的负面报道

生产队拿着土地流转合同来让××家签。××说:"太突然了,非常突然。事前没有一点信息,就突然地把合同发下来了,挨家挨户地签字。他们既不开会、也不宣传,就这么定下来了。"

××说:"晚上五六个人往你家里一坐,跟你谈,叫你签合同。如果你家有人当干部或做老师,就给你施加压力。你要带头,如果不带头,对不起,'小鞋子'有你穿的,甚至于威胁你的工作。或者用收买的办法,比如给你几百元钱哪,给你一些承诺呀等等。不少人就是在威逼利诱的情况下签的合同。"

(资料来源:中国经济周刊,http://news.163.com/10/0914/16/6GI8O52000011SM9.html,2010-9-14)

资料:操作过程的规范化

"首先在调查阶段,我们分局领导对我们的要求是,所里有我亲自参加,还有政府一个纪委(委员)参加,目的就是为了防止操作不规范。并且我们在调查过程中,通知所有老百姓到场共同参与调查,动用所有老百姓进行监察,矛盾就更少了。公示的时候我们是集体和个人财产分开公示,公示一个星期,没有矛盾,一周没有异议,就开始汇总。汇总流程是:镇国土所汇总,再报新区征地所汇总,征地所汇总时也很严格,要到现场对资料进行审核。审核结束后,报国土分局会审,局会审也认可了,最后报相关政府部门签订协议。"

(资料来源:官员访谈资料3)

政府的汇报材料中突出了实施层面的几个问题,包括:设计方案不够细化,施工中偏差较大,调整力度较大;安置房回迁周期长,拆迁户反映出的生活工作的不便;小微企业的后续发展没有得到足够的关心和支持,不得不向其他地区转移;推进土地集中经营方面,对工商资本、农业龙头企业等经营主体的定位认识还不够明确等。

资料：对土地集中经营的主体和重点上的反思

"按农业生产的特点，生产主体应以培育家庭农场为重点，规模在 500～1 000 亩为宜，以防止大承包中的小分包，不利精耕细作。经营主体需大力引进工商资本和农业龙头企业，在设施农业、特色农业、统一供种育苗、植保、机械化作业、产品购销上充分发挥优势，以形成优势互补、互动双赢的局面。"

（资料来源：汇报材料）

资料：面对承包对象的田亩划分的技术调整

"一期项目建设过程中，农地的'小田变大田'也是结合地形和未来用途的，其中丁岗是丘陵地区，田亩为 2～3 亩一块，水利方面采用明渠，定位为生态观光农业；大路种植蔬菜，地块较大，采用喷滴灌溉；姚桥种植粮油，地块为 20～30 亩，采用暗管送水。考虑到一部分农民还有种田的意愿，在二期的建设过程中，可能适当划小田亩面积至 15～20 亩，降低农户承包的门槛，特别是对于那些年龄在 50、60 岁左右的，使他们在资金并不丰裕的前提下有继续种地的选择，也是一种更容易接受的过渡的生活方式。"

（资料来源：官员访谈资料2）

综合项目的质量分析结果，可以看出，邻近开发区的区位和本地劳动力的实际就业状况，使项目具备现实基础。系统的政府组织行为，在给农户提供了较多选择的前提下，仍带有一定的强制性，同时政策确实能够以较低的交易成本推进。虽然有专项经费的支持，也有对于土地整理增量建设用地指标价值兑现的期待，在满足居民土地流转收入和社会保障方面，地方政府承担了相当大的责任，财政方面存在压力和风险。在具体的社区管理、住房安置、就业等方面支持性和过渡性的措施，减少了项目的阻力，使项目推进更平滑，居民也更容易认可。政府也在不断总结经验、不断修正，使政策本身处在不断进化的过程中。

万顷良田项目包含了高标准农田建设子项目，并实施增减挂钩政策。镇江项目中又积极推进了土地承包经营权置换社会保障的做法，并采取了鼓励就业的积极手段。在同步推进农业规模化、盘活土地权利、解决农民就业、提升民生、引导农村社会转型等方面构建了系统工程。相关的政策体系中融合了农业产业发展、鼓励就业、社会保障、村居管理、户籍政策等诸多内容。

安置区的建设，在传统的城乡二元间增设了过渡性的"第三元"，安置区居民兼具居民与村民身份，诸多利益的协调、生活和就业的融合还需要持续地进行。而在置换了社保以后，仍然是在集体所有权的农村土地上，农民的土地权利还有多少以及如何实现尚不确定。一次性的土地权利与社会保障的兑换，并没有彻底厘清农民以及他们的子辈与土地的联系。从长远的角度来看，很难评价农民作为一个整体总的得失。

虽然项目的正面效应很多，但追根究底，并没有能够实现农村集体建设用地由农民自主，以出租、出让、联营、作价入股等形式进行流转，也没有能够完全实现与国有土地的"同地、同权、同价"。必须得承认，项目还是受到客观条件的多重约束。现实中充满矛盾和冲突，并且在明确农村土地产权并鼓励土地股份合作社的发展、推进社会保障的覆盖面以减轻土地上承载的社会保障功能、推动户籍制度改革减少土地流转的阻力、进一步减少障碍发挥市场机制等方面，还有漫长的路要走。从镇江案例中汲取经验和教训，是继续迈进的基础。

特别感谢：镇江案例的大量调研工作是结合东南大学建筑学院城乡规划专业学生短学期实践完成的，2013年度的工作中，有2010级的梅佳欢、汤景秋、朱骁、黑治渊、薛倩云、方永华等同学参与，2014年度的工作中，有2011级的蔡李智、张劭然、米雪、王晓、孔秋晗、于雪娟、孙树荣、黄力星、王远等同学参与，师生共同的讨论丰富了案例的成果内容，也深化了对案例的认识。同时感谢时任镇江新区规划分局领导的罗仁朝、占丰富等同志给予的极大的工作支持。

本章参考文献

[1] 李小平. 开发区农村土地流转的实践与思考——以镇江新区"万顷良田"建设工程为例. 江苏农村经济，2010(6)：11-15

[2] 胡佩成. 以改革创新的精神推进城乡一体化——镇江新区"万顷良田"建设工程的思考与实践. 江苏农村经济，2011(1)：44-46

[3] 胡光汉. 江苏"万顷良田"工程下农村土地制度改革政策研究. 南京：南京农业大学，2011

附录1：实施"万顷良田"和"增减挂钩"项目安置区居民调查问卷1

基本信息

1. 您的性别：① 男　② 女
2. 您的年龄_____
3. 您的家庭人口：总人口_____常住_____
4. 您的家庭成员职业是：
① 政府部门或事业单位　② 企业职工　③ 下岗/待业/失业人员
④ 务农人员(原有承包地/农业企业工作/承包农场)　⑤ 其他_____

迁居前后状况对比

5. 您迁居前的住处：_____镇_____村
6. 您家原有土地经营方式是：
① 自耕　② 转租　③ 自耕＋转租　④ 参与股份合作社获得资金
7. 您家被征用农地的面积是_____亩，现在还有农地_____亩。
8. 迁居前您家房子建造年代是_____，宅基地面积是_____平方米，建筑面积是_____平方米(建筑面积包括楼上楼下)。您家现有住房面积是_____平方米，有_____套。
9. 您迁居前家庭收入的主要来源是：
① 工资　② 房屋租金　③ 农业生产　④ 集体/股份分红　⑤ 低保
⑥ 养老金　⑦ 经商所得　⑧ 其他_____
您迁居后家庭收入的主要来源是：
① 工资　② 房屋租金　③ 农业生产　④ 集体/股份分红　⑤ 低保
⑥ 养老金　⑦ 经商所得　⑧ 其他_____

10. 与迁居前相比,您的收入水平变化:
① 显著减少　② 有些减少　③ 变化不大　④ 有些增加　⑤ 很大增加
11. 迁居前,有关搬迁和土地流转的推进,您是通过哪些途径获取信息:
① 村干部告知　② 村中会议　③ 通过亲戚朋友邻居　④ 浏览公告栏
⑤ 正式文件发放
12. 您觉得在哪些方面可与政府协商:
① 拆迁补偿款　② 农地的耕作权　③ 社保方案　④ 安置房
13. 您觉得迁居后的社会保障与先前相比:
① 有显著改善　② 略有改善　③ 无显著改善
14. 您认为在项目实施后政府是否实现了自己的承诺:
① 完全兑现了自己的承诺　② 基本兑现了自己的承诺
③ 较少承诺没有很好的兑现　④ 较多承诺没有很好的兑现
15. 您认为政府在项目实施过程中,实施方法如何:
① 实施过程很满意,考虑到了农民的感受
② 实施过程基本满意,一定程度上考虑了农民的感受
③ 实施过程不太满意,很少考虑农民的感受
④ 实行情况很不好,没有考虑农民感受
16. 请您对搬迁前后下列各方面的情况打分(1 到 5 评价逐渐升高,3 表示一般)

	搬迁前	搬迁后
房屋硬件条件(质量、大小、套型)	1　2　3　4　5	1　2　3　4　5
房屋居住环境(景观、绿化)	1　2　3　4　5	1　2　3　4　5
房屋基础设施(水电气)	1　2　3　4　5	1　2　3　4　5
孩子上学	1　2　3　4　5	1　2　3　4　5
看病就医	1　2　3　4　5	1　2　3　4　5
邻居交往	1　2　3　4　5	1　2　3　4　5
出行交通	1　2　3　4　5	1　2　3　4　5
工作就业	1　2　3　4　5	1　2　3　4　5

附录2:实施"万顷良田"和"增减挂钩"项目安置区居民调查问卷2

基本信息

1. 您的性别:① 男　② 女
2. 您的年龄_____
3. 您的家庭人口:总人口_____ 常住_____
4. 您的家庭成员年龄构成(请在□内注明人数):
□15 岁以下　□15~40 岁　□41~59 岁以上　□60 岁以上
5. 您的家庭已搬迁进安置区_____年

家庭就业基本概况

6. 家中适龄劳动力行业类型(请在□内注明人数)：
□政府部门或事业单位　　□企业职工
□下岗/待业/失业人员(原因：① 工资过低　② 学历过低　③ 无对口专业)
□务农人员(原有承包地/农业企业工作/承包农场)　□其他＿＿＿＿＿＿

7. 家中适龄劳动力工作地点(请在□内注明人数)：
□镇江新区(包括大港、大陆、姚桥、丁岗)　□镇江市区　□省内其他地区　□省外

迁居前后状况对比

8. 您迁居前的住处：＿＿＿＿＿＿镇＿＿＿＿＿＿村

9. 您家原有土地经营方式是：
① 自耕　② 转租　③ 自耕＋转租　④ 参与股份合作社获得资金　⑤ 闲置

10. 您迁居前家庭收入的主要来源是：
① 工资　② 房屋租金　③ 农业生产　④ 集体/股份分红　⑤ 低保
⑥ 养老金　⑦ 经商所得　⑧ 其他＿＿＿＿＿＿

您迁居后家庭收入的主要来源是：
① 工资　② 房屋租金　③ 农业生产　④ 集体/股份分红　⑤ 低保
⑥ 养老金　⑦ 经商所得　⑧ 其他＿＿＿＿＿＿

11. 与迁居前相比,您的收入水平变化：
① 显著减少　② 有些减少　③ 没有变化　④ 有些增加　⑤ 很大增加

12. 与迁居前相比,以下哪些方面支出的变化对您影响最大(不超过3个)：
① 食品　② 水电煤气　③ 交通通勤　④ 子女教育　⑤ 医疗　⑥ 购物休闲娱乐
⑦ 物业费　⑧ 其他＿＿＿＿＿＿

13. 迁居后,您家共分得＿＿＿＿套房产,您对房产的处置情况如何(请在□内注明套数)：
目前：□出租　　□自住　　□空置　　□其他
未来：□出租　　□自住　　□出售　　□不确定

14. 迁居后您到大型超市、商城购物及到城市中心地区进行娱乐活动的频次是多少：
① 一周1次以下　② 一周1到2次　③ 一周3到5次　④ 一周5次以上

15. 您平时对社区活动的参与程度如何(包括广场舞、小型运动会、宣讲会等集体性活动)：
① 不感兴趣　② 偶尔参加　③ 有时间就参加　④ 太缺乏了,想参加也没处去

16. 您觉得迁居后的社会保障与先前相比：
① 有显著改善　② 略有改善　③ 无显著改善

17. 您认为在项目实施后政府是否实现了自己的承诺：
① 完全兑现了自己的承诺　② 基本兑现了自己的承诺
③ 较少承诺没有很好的兑现　④ 较多承诺没有很好的兑现

18. 您认为政府在迁居项目实施过程中,实施方法如何：
① 实施过程很满意,考虑到了农民的感受
② 实施过程基本满意,一定程度上考虑了农民的感受
③ 实施过程不太满意,很少考虑农民的感受

④ 实行情况很不好,没有考虑农民感受

19. 请您对搬迁前后的生活质量做一个总体的评判(1 到 5 评价逐渐升高,3 表示一般)

　　　　　　　　　　　搬迁前　　　　　　搬迁后
生活质量　　　　　1　2　3　4　5　　　1　2　3　4　5

20. 自从您搬迁过来后,政府对以下几个方面的是否有做进一步的投入和改善:
(1 更差　2 稍微变差　3 没什么变化　4 略有改善　5 明显改善)

孩子上学　　　　　　　　　1　2　3　4　5
看病就医　　　　　　　　　1　2　3　4　5
邻居交往　　　　　　　　　1　2　3　4　5
出行交通　　　　　　　　　1　2　3　4　5
工作就业　　　　　　　　　1　2　3　4　5

21. 您觉得以下哪些民生工程有待改善 (不超过 3 个):
① 医疗服务设施、医疗保险　② 教育设施　③ 就业保障、失业保险　④ 养老保险
⑤ 低保　⑥ 交通服务设施　⑦ 商业服务设施　⑧ 社区文体活动设施　⑨ 其他

14 溧水区东屏镇案例

东屏镇位于南京市溧水区东北部,邻近溧水城区,属于低山丘陵地区,农业以苗木、养殖、蔬菜种植为主。2000年以后城乡规划建设的主要轨迹包括:2002年始建工业集中区,2004年国家层面政策出台后开始落实执行增减挂钩项目,2006年通过《溧水县镇村布局规划》明确镇村发展的方向,2009年修编完成《溧水县东屏镇总体规划(2008—2030)》,2012年修编了《东屏新市镇总体规划》。其间,《溧水县总体规划(2010—2030)》、《溧水县土地利用总体规划(2006—2020)》、《溧水区城乡总体规划(2013—2030)》、《南京市溧水区村庄布点规划》(2014)[①],以及溧水关于征地房屋拆迁安置、征地农民生活保障、被征地人员社会保障、低效闲置土地处理等相关政策文件都对东屏镇在农地、农民居住用地和工业用地三方面的集约化产生直接的影响。

14.1 与农地和农民居住用地集约相关的政策

14.1.1 城乡规划体系中的调整

《溧水县镇村布局规划》(2006),重点是对镇域范围内的村庄居民点进行规划调整和相关设施配套,基本出发点是推进"三集中"。除城镇建设用地,主要按照0.5~1 km的耕作半径规划居民点。根据东屏镇实际地形和用地条件,丘陵圩区的农村居民点人口规模按200人以上集聚,平原地区的农村居民点人口规模按300人以上集聚,有条件的按400人以上集聚。方案拟实现的改造如表14.1所示。同时,以$S=A-B-C$(其中S为规划实施后可节约建设用地,A为现状村庄建设用地,B为规划村庄建设用地,C为农村人口城市化需占用城镇建设用地)进行测算,规划实施前后预期可节约建设用地达154 hm^2。本轮镇村布局规划的开展,既是在省里的统一要求下,也与南京市的地方要求对应。

表14.1 东屏镇2006年村庄调整方案

	2004年调研数据	规划数据
村庄总人口(万人)	4.2	1.9
自然村(保留村)个数	180	48
平均每平方公里村庄个数	1.3	0.35
平均每个村庄人口数	235	396
人均村庄建设用地面积(m^2)	143	90

---

① 2013年溧水撤县建区。

续表 14.1

	2004 年调研数据	规划数据
50 人以下的村庄个数	4	200~300 人村庄保留 15 个
51~100 人的村庄个数	25	
101~300 人的村庄个数	113	
301~800 人的村庄个数	34	31
800~2 000 人的村庄个数	4	2

资料来源：溧水县建设局. 南京市溧水县镇村布局规划，2006

资料：南京市推进农民居住集中（择选）

着力建设基础性的规划村居民点。坚决停止低水平、分散化的重复建设，改革传统的宅基地使用制度，尽快完善规划村居民点基础设施和公共设施配套，以优惠政策引导农民从居住散、环境差的自然村居住点迁入环境舒适文明、基础设施良好共享的规划村居民点。针对不同情况，采取社区集中模式、拆迁安置模式、中心村集中模式、农村特色居民点集中模式。

（资料来源：《市政府关于郊县农民向城镇和农村居民点集中的实施意见》宁政发〔2005〕224 号）

《溧水县东屏镇总体规划（2008—2030）》中突出邻近镇区的工业集中区的建设，规划一级农村居民点 2 个，人口均大于 1 000 人。二级农村居民点 38 个，人口介于 300 人和 1 000 人之间。较上一轮镇村布局规划居民点减少 8 个，其中叠加了区划调整、城镇建设拓展、铁路线路和站场建设及村庄实际发展情况等因素的影响。

《东屏新市镇总体规划（2012—2030）》，依据《溧水县总体规划（2010—2030）》，对东屏镇的村庄布局进一步调整，保留特色农村社区 2 个，一般农村社区 30 个。

《南京市溧水区村庄布点规划》（2014），考虑到东屏与城区的一体化发展，规划东屏一级新社区 1 个、二级新社区 8 个、保留村庄 30 个。图 14.1 是 2004 年村庄现状、2006 年镇村布局规划、2011 年全县总体规划、2014 年全区村庄布点规划中对东屏村庄格局调整的示意图，村庄数量在规划中被撤并的力度可见一斑。

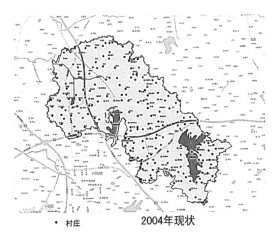

• 村庄　　2004 年现状

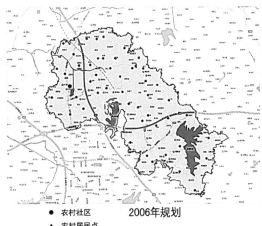

● 农村社区　　2006 年规划
• 农村居民点

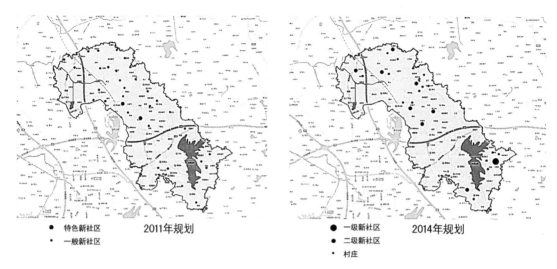

图 14.1　东屏镇村庄格局调整意图变化

14.1.2　增减挂钩政策及其实施状况

东屏镇由于地形起伏、丘陵较多、耕地分散等原因,难以操作高标准农田与万顷农田项目,增减挂钩项目实施规模也较为有限。2010—2012 年,连续 3 年的增减挂钩项目区总体规模约为 508 亩(表 14.2),涉及的总户数不足百户。同阶段,全县(区)一年的项目总量约为 2 000 亩,分解至其属下的 8 个镇,每个镇每年约 200~300 亩的指标计划。

表 14.2　2010—2012 年东屏镇增减挂钩项目区情况

年份	项 目 地 点	项 目 区 面 积
2010	方边村、长乐村窑厂、群力村河南组	分别为 81.45 亩、12.96 亩和 8.48 亩,累计 102.89 亩
2011	和平北山、爱民后村、爱民李家边、和平村大队部、群力村、白鹿村、丽山村宕口	分别为 4.46 亩、14.41 亩、88.92 亩、4.28 亩、7.80 亩、18.97 亩、17.43 亩,累计为 156.27 亩
2012	金湖村工矿复垦、白鹿村、和平窑厂、西姜巷村、长乐林家棚子、定湖张家棚子、爱廉村魏家庄	分别为 70.11 亩、23.43 亩、77.83 亩、32.64 亩、26.98 亩、17.82 亩、5.80 亩,累计为 248.81 亩

资料来源:东屏镇土管所提供,经整理。

东屏镇的增减挂钩项目自 2004 年实施,开始的时候较易操作,将宕口、废弃工矿简单整治成农田就可以了。做完废弃工矿等的整治,转做村庄的拆迁复垦,难度便增大,一般首选零散的、条件差、规模小的村庄作为拆迁对象。2013 年前,拆迁的村民统一安排集中至镇区,与土地被征用的村民安置结合。但毕竟有别于土地征用,这种只拆房屋不征地的过程,在农地流转未能同步推进之际,对农民造成不便。如能对农民进行就近安置,可以避免和缓解一系列问题。所以后续计划在已被撤并的群力乡原镇区增设安置点。虽然在村一级一般不设置安置点,但因特色村庄建设,长乐村以"点供"①的方式,获得 10 亩的用地指标,也将成为拆迁安置点之一。

项目工程区分散在乡镇辖区范围内,但为方便居民安置和增量建设用地指标的使用,往

---

① 因特殊原因,单独申请,单独走特殊程序获得的用地指标。

上层政府报批的项目区要大于单独一个镇的范畴。如2008年,全县(区)灵活设置了两个大的项目区,东屏属于东屏镇—洪蓝镇—石湫镇—柘塘镇挂钩项目区内。从挂钩项目的操作上来看,乡镇政府为实施主体,通过集中包装项目并申请获得上级政府拨付的15万元/亩的资金补贴。实现的建设用地增量指标中乡镇政府留存30%,剩余70%交给上层政府统筹支配。在溧水县政府2011年颁发的64、66、76、77号文件中,对于拆迁补偿标准和管理方法有具体规定①。

增减挂钩项目也存在着由镇一级全程操作的可能,东屏及其邻近乡镇均有此意向,即利用自身的用地潜力,自己筹资拆建,最终获得全部的建设用地增量指标。当然这需要进行具体的经济测算以验证其是否可行,也需要乡镇自身足够的资金实力。

14.1.3 土地整治和土地流转的发展状况

部分访谈资料反映出,初期自发的、一般性的土地流转带给农民的利益有限。总的来说,东屏的复垦土地或已整治土地的流转有一定的市场支撑,本地农户和一些熟悉情况且具备经济实力的个人投资者均有意愿。但因较高的人工和土地租赁价格,大型企业深入本地乡村的并不多。因土地流转很多发生在私对私之间,缺乏数据上的统计。土地流转与农村合作社的建设关系密切,特别是当合作社从以互助互利为目的发展到对土地资源能够进行整合利用的阶段以后,具备更高效率。在此背景下,能带给农民更多利益的土地流转便有可能发生。

资料:土地流转的发育状况

"土地流转方面,东屏做得不多,都是靠套财政项目。例如苗木项目,10万~20万(资金)的项目真正给老百姓带来较大收益的没有多少,也没有人真正把这个当成一个产业在做,(苗木)大户有5~6户,每户的经营规模在几十亩到百十亩不等。(项目中)真正运作的只有一半,且与中央今年(2013)的1号文所提到的土地流转、专业合作社以及农场等有一定距离。不过从发展潜力上来讲,大户经营300亩应该也没有问题。经营户普遍的想法是先把苗木做起来,绿化环境等都可以做起来,然后就种点水稻,养点鸡,以农庄的形式来做,一年投入20来万,与消遣相结合。另外还可能是,基于二轮承包期是1996—2025年,有的长期租到承包结束,有的短期租5年,或到国家征用为结束。大户随便种种,自己生活,有的就给朋友来住,当农庄。平时不赔,一旦征用,所有的成本就能回来了,甚至有暴利,因为土地上的附属物都是要赔偿的。现在南京来租农田的也比较多。"

(资料来源:镇管理人员采访笔录)

资料:土地流转仍在初始阶段

"镇村土地流转方面,溧水这边较少大的企业进入,都是小打小闹。少量国资企业进入,如青梅基地,以前是收购,现在以建设基地为主流,效益不是太大,带动性不是很强。还有茶叶种植等。租地价格很便宜,前几年仅100多元一亩,现在价格估计高点。与农业税取消无关,因本地除了责任田以外,其他额外地较多,有的一家可以有十几亩土地,包括开荒出来的,与历史有关,不一定是责任田。二轮承包等情况较复杂,每人每户手里的土地很不均衡,

---

① 64号文对应《溧水县征地补偿安置办法》,66号文对应《溧水县被征地人员社会保障办法》,76号文对应《溧水县征地房屋拆迁补偿安置办法》,77号文对应《溧水县征地房屋拆迁补偿安置标准》。

谁也弄不清楚。添人不添地,出人不减地。婚丧嫁娶,生老病死,是动态的,没法绝对均等。地被租种后,农业补贴(农民)照样拿。"

(资料来源:溧水区国土局管理人员采访笔录)

资料:溧水农民农业合作社类型

2013年3月,溧水农民专业合作社名录显示,累计194个合作社中,有102个种植业合作社,包括苗木、蔬果、蓝莓、食用菌、茶叶种植等;有44个养殖业合作社,包括獭兔、猪、鸽子、水产品、蜜蜂等的养殖;有35个土地合作社和7个社区合作社,还有其他类的5个综合社。

(资料来源:溧水政府网站资料,http://www.njls.gov.cn/info/2013/3/12/info_14_60840.html,2013-4-22摘录整理)

资料:南京市级层面对合作社建立的支持

2009年南京市委1号文件提出,加快发展农民专业合作、土地股份合作、社区股份合作,使之成为引导农民参与市场竞争的主要组织形式。到2012年,全市参加农民合作组织的农户比例达到50%,2020年达到90%。南京市财政每年安排1 000万～2 000万元用于农民专业合作组织项目贷款贴息和信用担保体系建设。

(资料来源:南京市农业委员会,http://boss.njaf.gov.cn/col66/col86/2009/01/2009,2014-8-19摘录)

在农地流转的过程中,不考虑农户间的小规模操作,如果是企业和农户之间,或者是农户彼此之间的成规模运作,一般都会通过政府,程序上也有个上报的过程,即上规模的土地流转都必须向镇政府(经管站、分管农业的镇长)汇报,同意之后再发包。与此同时,本地政府层面的农地流转平台建设并不完备,甚至镇/村管理层并不特别鼓励土地对外租用,担心在外部条件变化较快的时代背景中,这种租赁可能制约以后发展。如果土地被租出去,一旦发生农地征用,会激发太多矛盾。

资料:土地流转过程中政府参与情况

"企业与农户之间发生关系可以,但如若不经过政府,后续什么事都搞不起来,各种事情没法解决,如注册公司、领取营业执照、盖临时建筑、水电等,就算是要从别人门前过也无法解决,如果2～3亩、5～10亩还可以,100亩肯定搞不起来。而且也没有业主愿意跟多个农户协商,老百姓信用肯定是差的,今天谈好的,过几年又反悔,谈判时一对一比一对多更好。"

(资料来源:镇管理人员采访笔录)

14.2 与农地和农民居住用地集约相关的政策评价

14.2.1 价值分析

土地整治是由国家出资,由农业部门直接负责来推进项目。考虑到小田变大田的技术过程,以及原来宅基地复垦带来的农地增量等,经过整治后的农用地面积显著增加。量和质方面都产生变化的土地如果再按既定的承包方案分给农户,在农户间会有明显的矛盾,不仅是因为有增量农地,也会因为坡地整治变成平地后面积却缩小了。如果由村集体重新集中发包,可以适当化解这种矛盾。

在土地整治过程中,涉及集体资产的处理,在南京市层面已经提出对其保值增值的要求。

资料:确保集体资产保值增值(择选)

土地综合整治过程中对原有集体资产的处置方案,须经村民会议或村民代表会议讨论通过。对法律规定属于集体所有的土地、林地、草地、滩涂等集体资源,应当按面积进行逐项登记。要重点做好农村集体建设用地以及发生农村集体建设用地使用权出让事项的登记工作。对撤村撤组且集体资产数额较大、有稳定的经营项目和收入来源的村,要积极开展村集体经济股份合作制改革。对撤村撤组且集体资产数额较少的村组,其集体资产原则上可按50%兑现给集体经济组织成员,50%交由镇街集体经济组织或资产经营公司经营管理,主要用于原村公益事业、社会保障等。要进一步加强集体经济组织和资产股份合作社对农村集体资产的经营管理能力,确保集体资产实现保值增值。

(资料来源:《南京市人民政府关于规范推进农村土地综合整治工程的实施意见》宁政发〔2011〕1号)

仅仅表达在各层次城乡规划上的村庄格局的调整,对现实的意义并不显见。当其与土地整理等项目结合,才发挥了实际效力,具备了可供评价的基础。和增减挂钩项目结合的农民居住用地调整,最显著的效应是建设用地指标的增量,其直接对应的利益主体是县区级政府和乡镇政府。对东屏而言,每年计划分解下来的建设用地指标是十分稀缺的,通过划拨、点拨、增减挂钩的增量等带来的指标部分用于配合招商要求,部分用于还欠账。在土地管理严格收紧之前,实际操作中的救济性办法还可能通过调整土地利用规划,将拟建用地勾画出来,使其成为符合规划(这里指土地利用规划)但暂时没法办理产权证书的可建设用地,通过这种方法至少保住一些重点项目。随着用地手续和用地监察越来越严格,地方政府可操作的空间变小,面临的风险却在增大。地方政府的建设用地需求主要对应着三产的开发建设,特别是房地产项目上,因其回收资金速度更快(比较本地工业用地地价为16万元/亩,而商业用地最低为60万元/亩)。总体上,与农民居住用地调整关联的增减挂钩项目,能够在建设用地指标紧缺的背景下,对县区和乡镇的发展需求提供有效的救济。

对农户来说,迁居对其生产生活带来的影响不大。农户迁居后,原来名下的农地一般不会再做水稻小麦之类需要劳动力投入的农业,多进入流转。本地农民对农业收入的依赖性很小,东屏自身就有较多的工业就业机会。与此同时,单纯的土地流转给老百姓带来的价值有限。除非是转为高效设施农业等产出较大的类型,新的农业类型还能给农户带来就业等。

资料:土地流转在东屏的意义

"单纯租金并不比自己种地好处多,流转带来的利益可有可无,附加值不高,因此不值得做。只是为了怕撂荒租出去,不如留着等待以后更高的收益。土地平整后,如果还是传统农业,附加值不高。算一笔账,杂交水稻,就算1 000斤/亩,折算其成本、收益等,付了几百元的租金,利益也有限。自己种一季放心水稻900斤/亩也够了,纯利600元,实际上劳动强度不大,可以有自己的口粮,质量放心,而且只种一季的话,病害很少。除非如果像长乐村的大棚做起来后,产值高,又需要当地老百姓的劳动力,带有一些技术性,还有点意义。"

(资料来源:镇管理人员采访笔录整理)

东屏镇作为南京的郊县地区,其乡村经济基础并不似无锡、苏州等地那么强劲。以2011年数据为例,全镇3.7万农村人口,村级集体经济总收入为3 979万元,人均仅1 000余元。东屏地区的农地经过整治,以栽种苗木等为主,给农民带来的收益较为可观,在现实中得到较广泛的肯定。

综合土地整治等项目在东屏的成效,可以看出,受地形等条件的约束,此地开展的规模不大,但对提升产业结构、增加集体资产,提供建设用地指标等方面有显著的正面效应。土地流转在其中没有发挥积极的连接市场和乡村的作用。项目中农户的选择不多,受到的冲击也不是很大。

14.2.2 质量分析

在政治可行性方面,虽然乡镇和村都充分认识到土地整治进入实施层面的难度,特别是和每个农户协商需要花费无穷的时间和精力,但有用地指标的激励、有从上而下的政治要求,有严格的政治体制保证,能够在现实中跨越万难地推进。根据《南京市农村土地综合整治规划实施暂行办法》(2012)的规定,在城乡统筹发展试点地区的农村建设用地整治的基本流程如图14.2所示,从立项、审批、备案、实施、监督、验收等几个环节,由市、县(区)不同层次参与管理。

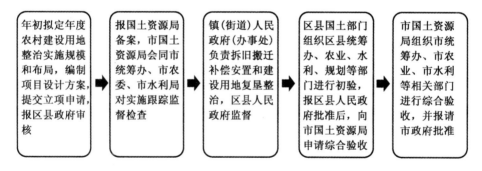

图14.2 农村建设用地整治流程

> 资料:拆迁的难度
>
> "政府只给村里1 000元/亩的管理费,协调工作不好做,房子、祖坟都要端,对农民来说,虽然田不用天天去看(指农民进行土地流转或非密集的农业劳动投入),但总归不是很方便的。磨破嘴皮,最难的是前期的拆迁,天下第一难,后面的实施很快的。"
>
> (资料来源:镇管理人员采访笔录)

在经济和财政可行性方面,进行经济性的评估非常困难,因为村庄撤并、土地整理等可能分散在若干子项目中,项目有的跨年度,多项目时常叠合,资金来源也是多渠道、综合使用的,更不要说收益是体现在更长远的时期内。不独是东屏,包括其他镇街在内,如果能靠的上南京市级项目,自然可以额外获得土地整治的资金。甚至可能有了南京市层面的激励,使有些项目能从无到有地推进。就溧水而言,对区县层面投资依赖大,资金风险几乎全部落在区财政上。就地方政府的投入究竟能否平衡,也有较为极端的看法。有的担忧资金投入太多,会有严重后患,甚至政府破产。有观点认为在通货膨胀的大背景下,好比国家的印钞机打开运转就行了,是间接地从老百姓身上掠夺,政府终究不可能破产。以2008年与东屏镇相关的增减挂钩项目区为例,其测算的资金平衡情况如表14.3、表14.4所示。

表14.3 溧水县2008年增减挂钩项目费用估算 单位:万元

估算费用类型	白马镇—和凤镇—晶桥镇—永阳镇挂钩项目区	东屏镇—洪蓝镇—石湫镇—柘塘镇挂钩示范区	合计
居民搬迁费用	834.58	537.40	1 371.98
农村建设用地复垦费用	401.38	285.28	686.66
耕地改良费用	74.35	46.05	120.40
新村基础设施配套费	812.04	339.84	1 151.88
新房建设费用	1 221.00	778.80	1 999.80
预算总投资	3 343.35	1 987.37	5 330.72

资料来源:《溧水县2008年度城乡建设用地增减挂钩实施规划》

表14.4 溧水县2008年增减挂钩项目投资估算

投资类型	具体类型	标准和额度	资金估算(万元)
社会资金	拆旧区农户个人复垦	解决10.2 hm² 拆旧地块的复垦资金	91.5
	其他社会资金	解决23.8 hm² 拆旧地块的复垦基金	214.14
财政垫付		预期通过土地出让收回,留新区面积44.0 hm²,其中工业用地37 hm²,按9.6万元/亩的出让价格计算;经营性开发用地7.1 hm²,按60万元/亩的招拍挂价格,并扣除成本	3 604.72

资料来源:《溧水县2008年度城乡建设用地增减挂钩实施规划》

资料:部分专项资金及税费返还

市级设立城乡统筹建设土地整治专项资金10亿元,主要用于扶持农用地整治和农村集体建设用地整治项目,其中50%用于农用地整治,50%用作农村集体建设用地整治、新市镇和新社区建设启动周转资金。对示范片区建设中行政事业性收费、政府基金,除按规定上缴省以上外,市和区县留成部分全额返还。

(资料来源:《南京市统筹城乡 发展试点镇街 农村综合整治示范片区建设实施意见》(2012))

资料:对政府过度融资的担忧

"从情感上来讲,绝对是对老百姓的掠夺,其实本来不想说的,农民'被上楼',和圈地运动一样。拿有限的一点钱,有的人拿去创业了,大部分人如果不拿房或置办固定资产的话以后就完了。政府的大规模农业项目最终资金不可能平衡!政府把资产打包融资,然后靠卖土地指标。而这么多人的就业、社保解决需要巨额投资。政府就靠融资,不可能不垮。现在成立的七大融资平台,政府的楼房、马路等都办了国有土地证,然后通过估价,估了1 000个亿,融资500个亿,想做什么就做什么,成堆的钱往外发,最后不可能不垮。"

(资料来源:镇管理人员采访笔录)

评估经济可行性还有些技术上的细节,统计表上的数据远远不能反映现实中操作的困难。举例来说，由于"国土二调"成果明显不符合实际，有时明明是三亩的村庄建设用地却只统计为半亩，造成要复垦的面积大，成本更高。这样一来，本地15万元/亩的村庄复垦的成本(包括安置费用等全部在内)肯定是不够的。

结合管理方面，经济性的评估也有些细节内容。溧水区通过增减挂钩等获得的建设用地指标，如果"统筹"给南京市使用，按照商业用地价格，可以达到60万元/亩，但在溧水本地由当地的城投公司、交通投资公司、储备中心等消化，价格只会是16万元/亩。能够跨多大的地域范畴进行调剂，关乎利益的最终兑现。上层政府在区域层面尝试指标调剂的方式，目的是为了在区域不均衡的前提下，使各地区都有足够的动力来进行土地整治，并达到最高的土地使用效率。如《南京市农村土地综合整治规划实施暂行办法》(2012)中提出不同区县间可以采取指标换指标的方法。

对村一级而言，在人工费用增加、耕种的比较收益降低的背景下，农业结构的调整具备相当的可行性。最微观的层面上可以证实土地整治和流转的经济可行性，定山湖村即有一例。

资料：定山湖村鱼塘案例

"因历史遗留问题，某鱼塘现在纳入土地整治项目，准备发包出去。某鱼塘原来是村里以100元/亩租用老百姓的承包土地，前两年因经营方面的问题，村里为该塘却贴钱到450元/亩，总面积约70亩，一年贴2万多，集体和农户双输。计划复垦后以700~800元/亩发包，村里收10%~15%的管理费。这一进一出，村民得利，集体也有净收入。"

(资料来源：镇管理人员访谈笔录)

2006年的大规模村庄布点规划到2013年左右大部分落空。涉及原来的宅基地怎么处理，新建房子的土地指标哪里来，资金如何落实等，因为没有配套的政策，实际上没法进行。不同阶段规划意图的频繁变更也带来执行效力的弱化。对农村居民来说，故土难离，一次性搬迁已是伤筋动骨，如果有二次迁居，简直就是灾难。东屏的农地和农民居住用地集约利用的政策，融合在土地整治、增减挂钩和其他如发展设施农业等项目中，方能形成一种有效的合力，带来了现实中的实效。

对土地复垦的难度不大，机械深翻只要3~5天，达到标准很快，如耕作层要达到多少厚度等，当然耕地的肥力尚待时日。在推进居住集中的过程中，需要协调住房的刚性需求与节约利用土地的目标。原则上，非保留村庄不允许新建房屋，仅允许原址原面积维修，但因涉及拆迁利益，老百姓拼命扩张房屋用地，而政府则努力管控。在选择拆迁点时，一般以行政村层面意愿为主，增加了操作的可行性。土地整治过程中，实施的困难主要在前期拆迁补偿上，南京市层面有《关于农村住宅置换安置房的实施意见》，对规范运作、设置补偿标准等做了基本的规定。在2008年的增减挂钩项目中，对农宅拆迁后，采取了政府给予补助、农户自拆自建的方式，之后多发展为住房统建的方式进行。对于土地集约利用而言，公寓式统建显然较独门独户的建造方式对于集约利用土地更加有效。

资料：村庄拆迁以行政村为直接操作主体

"对于偏远的村庄，矛盾集中，基础设施就不再进行配套。总体上，拆迁有利于生活水平改善。例如(定山湖村拆迁选点村庄)张家棚子，只有13户。虽然现在水电气等条件都满足，但不用再去维护它了，节省了很多维护成本。拆迁安置后，生活标准高了，确实可以改善老百姓的生活条件,至少提前5年。就算很普通的房子也能拆到2 600~2 700元/m²。老百姓其实还是愿意的,但100户中遇到一两个钉子户,就把人搞死了。(行政)村里对小村庄情况比较了解,其考核以投入和产出平衡为原则。以'二调'成果为依据,考虑到土地实际面积大小的出入与实际拆迁的难度,主要还是以村里的意见为主导。"

(资料来源:镇管理人员访谈笔录)

14.3 工业集中区发展政策评价

14.3.1 基本情况

在镇区的东屏工业园区自2002年开始建设,截至2013年5月,占地约5 000亩,实有企业60余家,全镇95%以上的工业产出集中在园区内。在老镇区以及散落在村里的工业均属历史遗留,且规模不大。草根企业的基础并不雄厚,村一级无权与外来企业签订项目,在本镇新落户的企业被要求一律进入园区,所以在全镇范围内工业的集中已是定局。村里的闲置厂房可以和业主协调进行租用。工业园区虽然由乡镇政府主导经营,但其和政府财政是独立核算的,建设投资来源也主要是基于土地出让费用,对园区自身发展的财政收入有直接依赖。

工业企业入园的门槛在逐年提高,以投资强度为标准,2012年以前是150万~200万元/亩,2012年为300万元/亩,2013年左右已结合南京市委市政府的文件要求进一步调整至400万元/亩。总投资低于6 000万、或占地少于20亩的工业项目,原则上不予单独供地,只能进入标准厂房。对东屏而言,400万元/亩的产出、不低于20万元/亩的税收只是作为一个指导性目标,并不对企业起到硬性的约束。根据调查,有关投资强度等上报统计部门和上级政府的报表数据很难确认其有效性。反过来说,实施投资强度控制的意图在现实中往往是落空的。

资料:南京市对产出强度的规定

栖霞区、雨花台区、江宁区范围内新增工业用地亩均产值不低于600万元或亩均税收不低于30万元,其他郊区县不低于400万元或20万元。

(资料来源:南京市国土资源局.南京市节地提效保发展实施方案,2012)

资料:数据上的出入

"报表上的数据有明显作假。投资额都是根据350万元/亩的标准推算出来的。实际上市(县)领导也清楚,按照(年度)投资和产出1:1的比例来算,如果投资高于产出的企业肯定都是亏的,从2002年累积下来,(从报表上看)东屏的投资总额将近100亿,但实际的工业产出不超过20亿。这个大家谁都不说。"

(资料来源:镇管理人员采访笔录)

本地工业用地出让价格是南京市内针对高淳和溧水规定的最低的16万元/亩。本地土地出让费一度从早期的3万~4万元/亩,2007年左右提升为6万~8万元/亩,同期溧水开发区的土地价格是9万~11万元/亩。除了土地出让的契税外,打包在内的程序性的费用一般也是由镇政府承担。不仅是由于上层政府的要求,随着办证和报批的规费增加,甚至超过了当时的土地出让价,镇政府被迫相应提高土地价格,否则因此产生的财政亏空日益增大。目前,可用的工业用地存量基本没有,空间拓展必须依靠增减挂钩增量指标。工作重心部分转移到闲置和低效土地的盘活上。

至2013年左右,入园企业的运营并不理想。早期的招商引资带有盲目性,因为上级政府考核地方的指标中突出固定资产投资与全社会投资额,而全社会投资额的绝大部分都是工业资产投资,所以招商在一定程度上为完成刚性的带有政治色彩的任务而进行,招商对象企业只要与环保和产业政策不冲突就可以。从管理机制上看,地方上并不会对其资格进行深入充分的审查。事实上,2012年东屏园区的亩均工业增值税产出不到1万元。发展到一定阶段,当新的企业因为土地指标受限而难以进入,进行用地置换的现实需求就凸现出来。对于东屏来说,企业用地需求增长主要有两个源头,一个是企业产能扩大,需要新的增长空间,二是南京、浙江、苏锡常等地中心城区"退二进三"过程中企业需要另行择址。

在成立了县低效利用、闲置土地处置领导小组后,溧水县在2012年上半年对全县工业用地进行了摸底调查,区分闲置和低效土地分别进行清理,东屏镇列入其清理范畴的土地面积约为350亩。在工业用地拓展的过程中,因为历史遗留问题,过半的企业还没有办理土地使用权证。在低效土地的清理过程中,虽然对走正式程序的闲置土地可以根据相应法律规定强行收回,但实际上地方政府也本着人道主义的精神,往往给予一定补偿后收回。而对于手续不完全的入驻企业,因土地的低效使用而进行清退缺乏相应的法律依据,在操作上步履维艰。拟清理的350亩土地,约有50亩是有土地证的,其余300亩则是没有土地证的。需要补充说明的是,在镇一级的工业集中区初始的快速拓展时期,采取违背国家政策的"以租代征"是非常普遍的做法。2011—2012年,为彻底解决历史遗留问题,并杜绝其后续的影响,在上级政府的允许和支持下,地方上采取了"认产补偿"的做法,在属于政策二类区的东屏镇解决了近7 000亩的集体土地征用问题及相应的失地农民进保工作。

资料:2013年溧水低效闲置土地清理的进展

目前,县低效利用、闲置土地处置领导小组办公室完成了对全县一区七镇所有低效利用、闲置土地的摸底调查工作,全县上报低效利用土地53宗,面积2 741.69亩,闲置土地16宗,面积825.20亩。工作小组通过查找土地批文、证书、合同等文件,明确土地权利人及土地闲置时间,并按照"一企一策"的要求,建立了专门工作台账,对企业开展实地核查和约谈,了解低效利用、闲置原因及用地单位开发意向,细化每一宗地的面积、权属、期限及处置方式。截至目前,低效利用项目已处置到位9宗,面积287.75亩,闲置土地项目已处置到位5宗,面积279.35亩。全县低效利用、闲置土地盘活工作将于11月底结束。下一步,工作小组将对列入收回名单的闲置项目,开展与用地单位的约谈,研究收回土地方案,并报县政府批准,收回土地。对限期开工的闲置项目,通过启动行政处罚程序,向闲置企业征收闲置费,并重新限定开工时间,如到期仍不开工,则无偿收回土地。对低效利用土地企业按约谈要求该回购的回购,该追加投资的追加投资,该转让的转让,并启动相应的行政处罚程序。

(资料来源:政府网页,http://www.nanjing.gov.cn/zwgk/qxdj/201210/t20121023_373204.htm,2013-12-30摘录)

南京市层面对全市节地发展有系列要求,并提出相应的激励性政策。在规范工业及科研用地管理方面,各种手段也日臻成熟。

资料:南京市层面节地提效的具体举措(择选)

积极扶持科技研发用地。全力保障科技创业特别社区和各类科技创新创业载体用地,支持科技企业孵化器、加速器建设。科技创业特别社区内科技研发用地按基准地价的70%执行,科技企业孵化器、加速器项目土地价格可按基准地价的50%执行。

提高工业用地开发利用强度。鼓励工业用地提高容积率,除特殊行业外,工业用地容积率不低于1.0,原则上不得建设单层厂房。已经出让的工业用地可不受原规划条件限制,重新提高容积率,容积率提高部分不收地价。鼓励园区规划建设标准厂房,标准厂房用地可按最低保护价确定出让起始价,项目容积率不低于1.2,对容积率1.5以上的建筑部分,园区可给予一定补贴或奖励。

明确工业项目供地标准。栖霞、雨花台、江宁区总投资低于1亿元人民币,浦口、六合两区低于8 000万元人民币,溧水、高淳两县低于6 000万元人民币的工业项目,原则上不予单独供地。栖霞、雨花台、江宁区新增工业用地亩均投资强度不低于550万元,其他郊区县不低于350万元,低于标准的项目核减用地规模或进入标准厂房。对科技(文化)含量高、成长性高的创业项目,可适当降低标准。

统一土地出让最低价。除经市政府批准的特殊情况,土地出让底价原则上不得低于成本。工业用地出让最低价标准在现有基础上提高30%以上,雨花台区、栖霞区、江宁区、浦口区、六合区、溧水县、高淳县工业用地出让最低价标准,分别提高至每亩42万元、40万元、38万元、23万元、23万元、16万元、16万元,除经市政府批准的特殊情况和科技(文化)含量高、成长性高的创业型项目外,不得给予地价优惠。经营性用地最低出让价标准分别提高至江南九区每亩120万元、江北两区每亩90万元、两县每亩60万元。以上标准根据实际情况适时调整。禁止以任何形式返还土地出让金。

发挥税收调节作用。报经省政府批准,适时提高现行土地使用税标准,并根据项目综合评价验收情况和亩均税收贡献实行奖励。鼓励企业退出空余土地,对已按投资协议和土地出让合同约定建设后空余产业用地、多余厂房,经园区主管部门同意,可对外转让或由园区回购。

综合开发城市地下空间。加快编制地下空间开发利用专项规划。大型绿地等功能型项目,要结合规划和实际需求,开发建设地下商业、娱乐、人防、停车等功能于一体的综合型公共活动空间,经营性项目免收基础设施配套费。单独出让地下空间的,土地出让价格适当下浮。

(资料来源:南京市国土局.南京市节地提效保发展实施方案,2012)

资料:南京市规范工业及科技研发用地的政策(择选)

提高土地利用强度:新出让工业用地的容积率一般不得低于1.0,标准厂房不低于1.2,鼓励建设四层及以上的标准厂房。科技研发用地根据区位条件和规划要求,尽可能提高容积率。严格控制工业用地中非生产性用地(含行政管理、生活服务、研发设施等)规模,其占地比例不得高于项目用地的7%,建筑面积比例不得高于总建筑面积的15%。新增科技研发用地中原则上不再配建职工宿舍、培训中心等生活服务类项目,由园区集中统一配建。

鼓励存量土地转型：企业利用自有存量工业用地建设科技研发项目，符合以下全部条件的（略），可以通过补交土地出让金的方式将土地用途调整为科技研发用地。

加强土地供后管理：工业及科技研发用地应严格执行出让合同约定的投资强度等指标，区县政府及开发园区、紫金特区管理单位负责进行监管，对于达不到要求的低效利用土地，应要求企业限期追加投资，或通过转让、政府收回等方式进行处置，以进一步提高土地利用效益，促进节约集约用地。工业用地出让后，经批准提高容积率，增加建筑面积为生产厂房的不需补交土地出让金，增加建筑面积为科研办公楼的应按规定补交土地出让金。科技研发用地出让后，经批准提高容积率的，应按规定补交土地出让金。

（资料来源：南京市人民政府．进一步规范工业及科技研发用地管理意见，2013）

14.3.2 政策评价

东屏的工业区发展经过了初始较为粗放的阶段，随着溧水的知名度和交通区位提升，对本地的用地需求旺盛，地方政府更有资格对企业进行选择。提升地价，不仅是满足上级政府的统一要求，也确实是硬性成本升高后，乡镇政府不得已而为之。实施以控制投资强度和产出强度的集约化政策，对区和乡镇政府应该有直接利益关联。但事实中的操作不力、台账上的虚假问题使得政策的效力大大降低。

低效闲置土地的清理工作，由上而下地进行。虽然没有真实的系统数据支撑，在基层政府的配合下，对企业"在矮子里挑出最矮的来"也可以操作，无形中相当于有关投资或产出强度标准的降低。历史过程中土地的非正规使用形成了一些干扰因素，如果没有企业进入时的约定条件，后阶段以一事一议的方式通过协商对低效企业进行清理，仍然具备现实可行性和合理性。在对企业进行清退的过程中，标准厂房还可以继续维护使用，减少了物质性的损耗。工业区发展成熟后，在企业进入时就已有约定的前提下，进行规范化管理，属于合法合理的范畴。从溧水全区层面，采取了多种举措推进闲置土地盘活。政策有操作层面的指导，也就易于推行。

资料：溧水县多措并举推进低效利用及闲置土地盘活工作（2012年）

一是强化组织领导。成立了由县常务副县长任组长，国土、发改、工信、环保、法制办等部门为成员的县低效利用、闲置土地处置领导小组，负责指导和组织全县低效利用、闲置土地处置工作。二是制定追加投资、政府回购、对外转让、强制分割、闲置收回、征地拆迁、增加税收等7种处置方案及相关规范协议、文本、操作细则。三是建立一企一策制度。对照土地出让合同条款，结合企业的发展规模前景、生产经营情况等拟定处置方案。四是明确目标任务。将年度目标任务分解至各镇（区）的同时，要求各镇（区）将目标任务落实到每一个具体地块上。

（资料来源：南京市国土资源局网站，http://www.njgt.gov.cn/default.php? mod=article&do=detail&tid=214112,2014-8-15摘录）

从发展阶段上看，农业的规模化、企业化经营在东屏仅处在初级阶段，总体上顺应发展的大趋势，但受盈利空间有限的影响，经营主体的活力、市场的成熟度还远远不够。东屏镇在推进农民居住用地集约方面，虽然有系列城乡规划支持，但难以产生独立的行动。和增减挂钩、土地整治等项目结合后，农民居住用地集约与农地集约合并推进富有实效，总的特征是项目空间分散,规模较小。东屏工业区建设在镇一级颇具规模,占地饱和,并有部分企业面临被清退的压力。在推进土地集约利用方面,难以看到镇一级的创新,多是在全县(区)的总体部署和计划安排下进行。因邻近南京主城区的区位优势,其进行用地改造的潜力大,对接市场较为容易,所以从外部环境和发展阶段方面,较大力度地进行项目推进具备可行性。但在落实全市的标准方面,有明显差距,与其说地方执行不力,不如说标准过高,有水土不服的症状。部分项目政策执行后的风险或负面效应,在现阶段还未有足够呈现。

特别感谢:东屏案例的研究过程中,陈雨露同学加入了访谈并整理了录音资料。东屏镇政府相关部门给予了极大的工作支持。

15　溧水区白马镇案例

白马镇位于溧水区东南,其地形属于低山丘陵地区。《溧水县总体规划(2010—2030)》对其的定位是"全国现代农业科技示范基地,农业观光和生态旅游休闲基地"。白马镇特色农业具有相当的基础。较同属溧水的东屏镇而言,两者发展的外部环境相似,工业集中区建设、增减挂钩项目的开展没有太大区别,但白马现代农业科技园及与其相关的万顷良田建设项目(溧水区开展的首个、截至2013年中期也是唯一一个万顷良田项目)对本地的建设发展有突出的影响。白马现代农业科技园区是江苏省内第二个国家级农业科技园区,成为带动本地空间调整的重要源头。白马镇还有"生物农业谷"、"农业硅谷"等很多光环,是南京市统筹城乡先导试点镇,在推进"六位一体"(土地综合整理、村庄环境整治、新社区建设、农业"1115"工程、农田水利农路建设、农村生态循环和生态保护建设)的过程中,承载了相当多的期待。

15.1　与农地和农民居住用地集约相关的政策

15.1.1　城乡规划体系中的调整

《白马镇总体规划(2011—2030)》中,规划在全镇范围内形成"镇区——一级社区—二级社区"的三级镇村布局体系。一级社区是功能更为完善、基本公共服务设施配套更为齐全的农村居民点,人口规模2 000人左右;二级社区是配置最基本公共服务设施项目的农村居民点,人口规模在300～800人左右。规划共确定29个社区,其中一级社区2个,二级社区27个,共容纳居民约2万人。规划期内,现状农村人口中约1.4万人将集中到镇区居住。同时,对农业科技园与镇区一体化发展的空间组织、交通联系、公共设施安排等有进一步的控制和引导(图15.1),表达了将二者在空间上整合的意图。

《白马现代农业高新技术产业园规划》(2010)中,规划确定其功能定位为"集科研、实验、示范、推广、培训、旅游观光、新农村建设示范于一体的、国内一流的农业高新技术成果转化和产业基地、新农村建设示范基地和农业观光旅游新景点"。规划范围为整个一体化地区,约48.8 km^2,规划城镇人口为6万人,常驻科研工作人员0.5万人,农村人口0.7万,高校参与实验的学生0.6万～0.7万人。

15.1.2　白马科技园建设

白马现代农业科技园区于2009年3月开始规划建设;2009年5月被南京市委、市政府列为国家科技体制综合改革试点城市建设内容;2009年6月被省科技厅认定为省级现代农

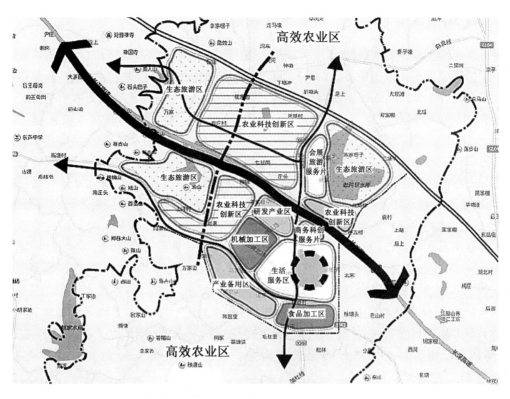

图 15.1　园镇一体化示意图

业科技园区;2009 年 7 月被省政府批准建立现代农业高新技术产业园区;2010 年 12 月被科技部批准为国家农业科技园区。

园区总面积约 40 km^2,和前述的现代农业高新技术产业园交叠。截至 2013 年上半年,江苏省农科院、南京农业大学、农业部南京机械化研究所、江苏省农机局农机装备中心和南京林业大学已签约入园,中科院植物所、中国农科院和农机试验鉴定站等一批高校和农业科研机构也拟入园建设。同时,企业孵化器、农业技术服务等园区公共服务机构也在逐步建立。园区内主导功能及其空间分布对应着约 20 km^2 的科技创新研发区、约 4 km^2 的产业集聚区、约 10 km^2 的农业示范区和约 10 km^2 的综合配套区。截至2013 年中期,农业示范区和产业集聚区聚集了农业企业 34 家,其中龙头企业 15 家。农业企业主要实施有机农业种植,农产品精深加工、生物饲料、生物投入用品、保健品开发、种子种苗等产业化开发。龙头企业对农民合作社发展也有一定的促进作用。园区内的农民专业合作社 92 个,其中种植业 79 个,养殖业 5 个,农地股份合作社 8 个,农民参合率达 85% 以上。实际完成土地流转 5 万亩,占耕地面积 75% 以上。科研单位进入及产业化项目的开展,提供了一定的就业岗位。

园区组织架构的行政级别高,管委会为正区级设置,以管委会领导下的公司形式运作,即所谓的"一套班子、两块牌子",成立了开发总公司,省、市、县投资和成员单位投资结合。高校和科研单位买地入驻,无使用年限,通过征用,土地性质属于国有农用地,其中有一部分建设用地的配比指标(约 3%~8%)。农业企业拿地,则通过向农村集体租赁的方式,有年限约定。

15.1.3 万顷良田项目建设

溧水县国土资源局的《溧水县"万顷良田"过程情况汇报》(2012)资料显示,与农业科技园匹配的万顷良田建设工程涉及白马村、革新村、朱家边村3个行政村和县茶场,总面积为879.97 hm²,除209.17 hm² 县茶场用地属于国有用地,其他均属于农村集体所有。工程区涉及农户1 103户,人口数2 918人,涉及工矿企业6家。计划复垦工程区农民居民点约63 hm²,其中新增耕地面积60 hm²。

万顷良田项目内,截至2013年中期,实现征地1万亩,拆迁1 039户,已配套建设一期12万 m² 金谷佳苑小区的1 020套安置房交付使用,并正在建设5万 m² 450套安置房。安置时,有些老百姓不要房子,只要货币安置,选择拿钱走人。被征地农民进入社会保障体系,被拆迁的行政村保留村的建制和实体,相应可以主张村民和村集体的利益。居民安置标准依据原住房面积和人口,最高限为220 m²,多余的面积以货币形式补偿。补偿时可能得到两套房子,供选择的套型包括60、90、120 m² 三种。对被补偿对象设有最低保护,最低可以补足到45 m² 的安置房份额。

包括万顷良田所在的中部片区,整个白马镇共有北、中、南3个城乡统筹建设片区。中部片区(农业科技园所在地)农民的土地多被征用,其他两个片区农地还在农民手上,可以自己继续耕种或者流转出去拿租金。总体上,土地流转出去的比例较高,达70%左右。

白马镇的万顷良田项目是通过土地增减挂钩、土地整理、土地复垦等子项目实现的,共有约11个各种类型的子项目,但有标准依据能组织验收的项目目前只有上述3类。验收批复后,就可以使用腾挪出来的建设用地指标,或者自用,或者在溧水区内调剂使用。白马镇的增减挂钩项目,每年约形成200亩的建设用地指标,镇里得到其中的30%,即60亩。

15.2 与农地和农民居住用地集约相关的政策评价

15.2.1 价值分析

区别于东屏镇所做的增减挂钩、土地整治等项目,白马镇有建设高级别农业科技园的标杆,其在价值形成和转换过程中有不同的格局。全局的土地利用效果方面,从分散的、传统的农业类型,升级为带有研发性质、包含更多科技含量的产业用地,其地均投入和产出必然会大大提升,符合土地集约利用的基本内涵。

农业科技园发展的未来,对地方政府而言,是跨越式地提升其产业结构的重大抉择。虽然农业企业交税很低,很多初级农产品加工甚至都不用交税,但根据地方政府的设想,园区的核心区规划公共服务的用地,以后可以引进一些总部经济,则可以按照商业用地提供税收,还可以依赖高新技术企业集聚区的税收贡献。科研单位未来不仅是搞科研实验,还可能走多种产业化的道路,也会带动经济的发展。

因项目区内的集体用地多以"只征不转"为原则,对农民而言,为建设农业科技园被征地,其利益有一定的不确定性,需要考察几个方面:一是征地补偿标准的合理程度;二是被征地后的社会保障福利;三是科技园建设能否对其就业有带动作用。就前两方面,溧水在2011年前后出台了密集的政策,前面已提及的64、66、76、77号文等在征地补偿、安置、社会保障方面做了规定。即使无法判断其最终的合理性,至少表达了地方政府的积极态度以及政策正在向保证民生的方向进化。对于就业的带动作用,实际调研反映出有部分效应。对农业科技研发单位或企业而言,在此优越区位有条件成批量购入实验基地,获得这种选择本身就是极大的机会。

15.2.2 质量分析

政治可行性方面,和东屏镇相似,虽然乡镇和村都充分认识到进入实施层面的难度,但有从上而下的政治要求,有严格的政治体制保证,能够在现实中富有实效地推进。

万项良田项目的投资主体是区政府,南京市层面对万项良田项目有一定的扶持力度。如在对资金使用方面有要求的前提下,鼓励同时申报省级和市级项目,同时对试点项目区经过验收确认由建设用地复垦形成的新增耕地面积,给予3万元/亩的补助等①。在土地整治方面,南京市政府设立农村土地整治专项资金10亿元,对省市级万项良田建设工程项目区,经过验收确认由建设用地复垦形成的新增耕地、城乡建设用地增减挂钩复垦项目形成的新增耕地,市财政分别预支5万元/亩和1万元/亩用于复垦,待经营性用地出让后,归还50%用于再周转,以项目为单位,滚动发展。上述资金,在工程项目按程序立项批准后,先按项目区内待复垦的建设用地面积拨付30%,项目区内由建设用地复垦形成的新增耕地经验收确认后再按实际复垦面积和标准拨付余款②。作为农业硅谷进行建设,在资金方面,白马镇可以享受包括财政返还、规费返还、专项资金支持、土地财政支持等。有效吸收农业科技企业的投入资金,是白马镇的最大特色。本地还可以借助设施农业等项目,获得其他专项配套资金藉以发展。

整个万项良田项目投资估算如表15.1所示。资金筹措原计划主要依赖土地整理工程建设专项资金和增减挂钩指标出让金纯收益,前一项预计3 200万元左右,后一项依赖净余的指标678亩,相应需要较高的土地出让价格方能平衡。但最终区里经过权衡利弊,没有争取省投资金项目。因为进行项目操作是非常实际的,镇里通过核算,如果申请省里投资的土地整理项目,资金规模过大,镇一级层面担心自己的操作能力,又考虑到大型研发企业进场占用土地后,规模化的土地整理难以进行,所以干脆回避了省投项目。如在建设农业硅谷的过程中,南京农业大学进场后在预计14 000亩的总盘子中就消化了8 000亩,能够提交验收并达省级标准的数量就非常有限。这样一来,除了市级资金的救济,对后期的土地出让有了更高的期待,也给区级财政带来压力。

总的来说,项目是嵌套的,管理是交叠的,政策可行性最终体现在资金充分的基础上多部门的高效合作。

---

① 参考:《南京市人民政府关于推进"万项良田"建设工程的意见》宁政发〔2009〕304号
② 参考:《南京市人民政府关于规范推进农村土地综合整治工程的实施意见》宁政发〔2011〕1号

表 15.1　白马镇万顷良田项目投资估算

类型	金额(万元)	来源
土地整理	3 186.8	申请省以上投资土地开发整理项目专项资金
拆迁补偿	36 000	启动资金由溧水区政府财政支付,不足部分融资信贷;中后期建立土地整理专项资金;通过增减挂钩指标出让金形成的收入返还
安置区配套设施		
农民生活保障		
其他费用(贷款利息等)	5 000	

资料来源:根据白马镇万顷良田工程情况汇报资料整理。

资料:溧水区土地复垦资金运作

"主要由溧水地方层面自己运作,所以资金压力大。区里成立了三农土地复垦发展有限公司,注册资金5 000万,用土地抵押,向银行贷款约10亿,期待用土地置换指标兑现。总体上运用市场化运作模式来做,有较高的预期,虽然截至访谈之时,资金没有平衡。"

(资料来源:溧水区国土局管理人员访谈摘录)

资料:对白马镇农业规划建设的政策扶持

财政方面:以2012年为基数,到2015年底白马镇财政收入增量部分区留存部分全额返还,用于园区发展。

规费方面:到2015年底,白马镇(园区)各项规费区留存部分全额返还,其中人防、墙改、散装水泥等规费区留存部分实行先征后补。

专项资金方面:2013—2015年,区财政每年安排1 000万元专项资金支持白马园区建设。

土地方面:白马镇(园区)土地增减挂钩新增建设用地指标,区里以40万元/亩的价格优先回购,经营性土地出让金扣除刚性计提后全额返还,同时白马园区加强与入园单位沟通协调,争取土地点供指标。

(资料来源:中共南京市溧水区委,南京市溧水区人民政府.关于支持江苏南京白马国家农业科技园区打造全国一流"农业硅谷"的若干政策意见,2013)

资料:企业投资的可能性

"譬如南京农业大学,可能从其中拿出500亩地,进行产业化,现在正在谈的项目,有中化化肥有限公司打算和其共建。还有种业集团如"孟山都"也有可能在这里投资。依托高校招商,和地方自主招商的层次不同,他们本身有这个资源、技术、高端人脉等。高校也可以自己在这里注册企业,走向生产,带来税收。其产品定位不仅是农产品,甚至可能是基因产品等。现在已经有些企业注册了,这样产生的税收才能算到这边。"

(资料来源:白马镇管理人员访谈摘录)

资料:对设施农业的资金支持

以江苏白马镇现代农业高新技术示范区等市县的现代农业示范园区和各镇(区)设施农业示范园为重点,建设连片设施农业示范基地。对落实在市级现代农业示范区的设施农业重点项目,市县按1∶0.5资金配套。

(资料来源:溧水县农业局县财政局.关于2011年设施农业发展的实施意见,2011)

资料：对相关项目的管理

"说到底,即使是省投项目,也是万顷良田项目中的一部分。万顷良田是一个大的工程,是一个大筐,虽然有上级政府的批复,并没有直接的资金支持。其中土地整理可以申请省里等上级政府的资金、增减挂钩项目主要由地方政府筹资,两者都是具体立项项目。验收只验收具体立项项目。综合性的验收,目前省国土厅的办法还没有出,全省也没有一家万顷良田建设工程验收的。"

（资料来源：白马镇管理人员访谈摘录）

15.3 工业集中区发展政策评价

15.3.1 基本情况

在《白马镇总体规划(2011—2030)》中,工业用地在已占用的约 2.4 km² 的基础上,规划继续拓展至 3 km²。计划重点发展食品加工、农用机械装备、农用物资和与农业相关的高新技术产业。在东屏等地较突出的工业区中的土地使用权证问题,在白马则较少。大多在全国土地二次调查的时候消化了历史遗留问题,只有约 1/10～1/8 的企业没有土地证。且老企业没有证,多是因为未缴纳出让价款的补缴款,而不是因为指标没到位。因为白马是城乡统筹试点镇,用地指标对白马的倾斜力度也比较大一些,工业集中区建成的大多是合法用地。

资料："二调"（第二次土地调查）时地类的变更

"'二调'在确定地类时,把已经建成的地方,确认为建设用地。如果是只圈了院墙,没有搞建设,就不能确权或确认地类。二调的标准是必须地面上有建筑物,且实际建设的和圈地的不能相差太多。如果 10 亩地,只建设了 100 m²,那不可能确权 10 亩地的。乡镇用地管理,主要依靠规划指标和用地指标在进行调控。二调时,就突破了规划和用地指标。集体建设用地,转国有建设用地,只要征用就可以了。本来相当于分两步走:农用地转建设用地,以及集体建设用地转国有,现在直接省略了第一步。"

（资料来源：白马镇管理人员访谈摘录）

白马作为农业大镇,工业集中区中与农业配套、包括食品加工方面的产业发展有其相应地位。工业集中区的地价,2013 年前后按照最低保护价 16 万元/亩执行,而在 2012 年地价调整前,执行价是 9.6 万元/亩。地方认可的特别好的企业,在招商时会得到税费上的减免。与东屏镇相同,白马镇也被要求执行区里统一要求的关于工业企业投资强度和产出的相关标准。

白马镇对低效闲置土地的清理采取以下手段:要求企业增加投资,达到门槛规模;或者腾笼换鸟,政府收回,再出让。低效闲置用地的清理工作在 2012 年累计完成了 350 亩,其中闲置 50 亩,低效 300 亩;2013 年计划 370 亩,其中闲置 50 亩,低效 320 亩。区层面的低效闲置土地领导小组,每个季度都下来督查处理情况。处理闲置土地有法可依,原本可采取很生硬的方式,现在考虑实际情况,一般采用人性化的补偿方式。甚至对没有生产的企业,除了地面附着物等进行评估,在原地价的基础上,还支付一定的存款利息。总体来说,被纳入低效土地使用名单的企业,走的很少,多是被要求增加投资来解决问题。

15.3.2 政策评价

白马工业区发展除了与其他地区共性的方面,其典型特征至少有两处:一是其对优先发展的农产品加工等类型企业的特殊照顾,在地价和其他准入条件方面的优惠,体现了乡镇政府的选择性和自主性。还有就是在对低效土地清理的过程中,采取了非常柔和的手段,但小企业仍最先受到冲击。如果企业还期待投机式的滚动发展,现在是非常困难了。本地以满足投资强度等标准进行管理运作未必彻底,仍然体现了政策的初步效应。

抛开和东屏镇类似的方面,就白马镇的个案而言,以发展农业科技园区的方式,借助农业科研企业的力量,实现本地用地结构的调整,寻求更多的土地增值效益,是一条独特的路径。但土地征用毕竟与土地流转不同,其过程不可逆,影响更深远。土地利用面貌在短时间内改观的同时,在短期内对本地经济和就业的带动也有限,更依赖其长期发展后的联动效应。

特别感谢:白马镇案例的研究过程中,大学生村官许金香、镇国土所周兴等同志给予了极大的帮助。

16　南京市高淳区案例

高淳区位于南京市域南部,2013年撤县设区,区内包括1个省级经济开发区和8个乡镇。前面已经提及的在江苏省和南京市层面的相关政策都在此不同程度地得以落实。相关项目和政策的推进不同程度地改变了本地的乡村空间形态,并影响了人的行为特征。2013年,高淳区作为江苏省农村社区建设的示范区之一,组织编制了《农村新社区布点规划》①,本章着重结合这一轮规划展开,其中的现状调研内容可以反映本地区发展的特征及集约化政策的适应性,其中的规划思路重点呈现集约化的合理性,其中的实施策略方面表达了对相关政策的需求。在本章中,凡不特别声明,均来源于本次规划项目调研数据。

高淳区在美丽乡村和慢城建设方面的成就最为独特,其利用"丘陵+平原+水网"的丰富地形条件,保存了良好的乡村生态环境。在南京都市区内的高交通可达性保障了高淳将生态优势扩展为产业优势的可能性。自2010年在苏格兰举行的国际慢城会议上,高淳以桠溪镇的"生态之旅"获得"国际慢城"的名头,其发展立足于国际层面,选择了独特的发展路径,其中包含了更高要求的生态定位、产业定位和文化定位。挖掘出本地发展的潜力之后,在高淳实施的乡村空间政策,也都打上慢城发展和生态建设的印记,具有了特殊性。

16.1　乡村空间集约化建设的基础条件

16.1.1　经济基础

2012年,高淳的第一产业增加值占全区GDP的8.3%,和同期周边其他地区比较,绝对值和百分比都并不显著(表16.1)。"慢城"虽然名声在外,其带来的旅游经济的效益还未有直接体现。在农民的收入构成中,工资性收入和家庭经营收入为主要来源,集体经济不够发育。农业特色显著,以螃蟹为主的水产养殖,蔬菜、林果的高效种植农业和禽畜养殖业共同发展。农业科技园发展有一定基础。

表16.1　高淳与周边县市第一产业构成情况对比(2012年)

地区	南京		常州		镇江
	高淳	溧水	溧阳	金坛	句容
第一产业产值(亿元)	30.29	29.33	39.02	27.64	31.71
第一产业在GDP中的占比(%)	8.3	7.9	7.0	7.4	9.4

资料来源:江苏省统计局.江苏省统计年鉴,2013

---

① 本规划项目由东南大学王兴平教授牵头,李铁柱教授、陶岸君老师和笔者共同参与完成。

资料：武家嘴农业科技园

武家嘴农业科技园始建于2008年，预算总投资3亿元，规划建设面积50 000亩，核心区15 000亩，园区依托自然生态和人文资源，主要以现代农业科技示范为主体，兼顾农业旅游观光、农业科普教育。以茶叶、早园竹、蔬果类生鲜农产品规模化生产为产业核心，建立从蔬菜种植、畜牧养殖、种子开发、农业生态观光旅游，到农产品加工，以及连锁专卖、单位配送、市场批发和出口外销"四位一体"的现代农产品营销网络，构建形成上下游环节一体化、综合配套集群化的现代农业产业链。园区分为综合服务区、休闲旅游区、培训教育区、综合农业示范区4个功能区。园区依托江苏省农业技术科学院和江苏省园艺推广站，以"龙头企业＋科研单位＋种植农户"紧密相连的组织经营体系为形式，致力于打造集科技开发、良种繁育、智力教育、市场服务、示范带动为一体的综合性现代农业生产示范基地。

(资料来源：高淳农林网. 武家嘴农业科技园加速省级现代农业产业园创建步伐, http://www.gcagri.gov.cn/Article.asp？NewsID＝2254,2014-8-19摘录)

16.1.2 旅游发展

根据《高淳县旅游发展总体规划(2009—2020)》，高淳县旅游发展拟围绕"将高淳建设成为中国著名的乡村旅游目的地、江南优秀的历史文化名城"这一发展目标，努力将高淳县建设成为南京都市圈乃至长三角地区居民的"休闲胜地、度假天堂"。旅游发展战略的制定包括"利用其田园风光、果蔬林木、农事活动，做好旅游产业同生态农业的联动"。4个旅游区包括"以高淳老街和迎湖桃源为中心的固城湖滨水乡文化休闲旅游区，以游子山风景区和桠溪生态之旅风光带为中心的东部生态旅游度假区，以武家嘴村为中心的石臼湖滨乡村旅游度假区，以高墩水韵休闲农庄和沧溪民俗文化园为中心的西部水乡文化旅游区。"

16.1.3 村庄布局

2013年底，全区辖8个镇，包括10个居委会、134个行政村和1 012个自然村。项目组普查村庄实际居住人口约为34.6万，平均自然村人口为347人，人均村庄建设用地约200 m^2。

问卷反映出的农户住房情况中，单层住房占全部的近1/4。从住房建设年代看，1990年代以前建房数占38.6%，1990年代到2008年建房占比43.8%，2008年以来建房占比17.6%。住房空置率为3.2%，对应不同的建房年代，两端即最新和最旧的住房空置率略高，这也是可以解释的，最旧的房子客观上条件较差，而最新的房子往往是在外打工的青壮年积蓄的呈现，属于保留自用的范畴，其本人还在外面挣命。

16.1.4 人口与就业分布

在全国城市化的大潮中，高淳因其独特的涉农产业特色、优美的乡村环境，逆潮出现"逆城市化"的情形。2008年以来，在整个高淳区持续着迁入人口大于迁出人口的背景下，户籍"非转农"的人口数量明显大于"农转非"的人口数量。不论居民实际居住状况是否发生改变，统计数据已经释放出强烈的信号，对与身份相挂钩的利益的争夺导致了对农民身份的珍惜。

从第六次人口普查数据看,和南京市其他各区比较,高淳区外出半年以上人口占比较小,同时,接受外来人口也较少,区内人口流动反而较活跃,人口流动总体上对外封闭性较强,内部活动频繁。也说明区内经济较发育,能够留住本地人口。20余万的乡村劳动力中,纯农劳动力仅占1/10强,大部分农民就业已转移至建筑业和工业。

16.1.5 乡村持续发展的优势条件

"自然资源+慢城品牌+农业特色"是高淳乡村持续发展的优势条件。高淳区具备水乡、平原、丘陵等多样地形,风景秀丽、环境宜人,是苏南少数维持本真乡村特色的地区,能够为大城市提供乡村风光与旅游休闲等现代生活必需元素。高淳区桠溪镇的国际慢城小镇,是中国第一个国际慢城,享有全国声誉,对推广高淳乡、村、山、湖风光资源,宣传高淳乡村品牌具有重要的标杆作用。特色农业的发展基础,既是本地区农业竞争力的保障,也为乡村旅游奠定了基础。

16.2 与农地和农民居住用地集约相关的政策

16.2.1 城乡规划体系中的调整

《高淳县镇村布局规划(2005—2020)》中,规划将全县148个行政村、约1 000个自然村调整为134个行政村、385个居民点(包括村庄和社区),预计2020年乡村人口约为14万。估算能够节余2 581 hm² 建设用地,节余指标超半数将贡献给县城、新城和各镇的镇区建设(表16.2)。

表 16.2 2005 年《高淳县镇村布局规划》中的主要指标

	2005 年调研数据	2006 年规划数据
村庄总人口(万人)	28.5①	14.0
自然村(保留村)个数	989	385
每平方公里村庄个数	1.4	—
每个村庄人口数(人)	288	—
人均村庄建设用地面积(m²)	154	
50 人以下的村庄个数	69	小于 300 人村庄为 253 个
51~100 人的村庄个数	449	
101~300 人的村庄个数	322	
301~800 人的村庄个数	137	109
800~2 000 人的村庄个数	12	19
超过 2 000 人的村庄或社区	0	4

注:①其与前面 34.6 万人的差异,原因可能是有些邻近城镇区的村庄人口未统计在内。

《高淳县总体规划(2010—2030)》中,规划在整合保留农村居民点基础上建设205个农村新社区,容纳人口人约13.5万人。其中集镇型社区13个,人口规模控制在3 000人左右;一般社区 179 个,人口控制在 500~800 人;特色社区 13 个,规模不超过 400 人。

在《游子山国家森林公园总体规划》(2012)的方案中,涉及东坝、漆桥、固城 3 镇 5 个自然村,人口 2 044 人。对周边需要协调控制的村庄拟分为 4 类,分别是乡村餐饮农家乐型村庄、服务型村庄、生态新农庄和搬迁村庄,其建设用地的规模和建造方式有不同的引导要求。

16.2.2 土地整治规划

在整个高淳区层面,2011—2015 年,包括农用地整理、农村建设用地整理、城镇工矿建设用地整理、土地复垦、宜耕后备土地资源开发项目、土地综合整治项目等各类土地整治项目,粗略计算总投资约 23 亿元(表 16.3,表 16.4)。以高淳区东坝镇为例,根据土地整治对象的不同,拟采用农用地整理、未利用地开发、建设用地复垦整治 3 种方式实施。与各项目结合,农民居住已经有一定程度的集中安置,原则上是就近安置。东坝镇范围内,在镇区、傅家坛村、青枫村、青山农场、下坝村等多地设置了农民集中安置区,将包括因万顷良田项目、船闸拆迁、航道拓宽、道路建设等各种原因拆迁的农民统一安置。

表 16.3　高淳区 2011—2015 年计划土地整治项目

土地整治类型		项目数(个)	总规模	计划补充耕地(hm²)
农用地整理	农用地整理	69	20 890 hm²	451
	高标准农田	49	项目区 20 732 hm²,规划建设高标准农田 14 593 hm²	328
农村建设用地整理	城乡建设用地增减挂钩	104	整理农村建设用地 659 hm²	634
城镇工矿建设用地整理		50	整理规模 251 hm²	—
土地复垦	工矿废弃地复垦	28	整治面积 227 hm²	17
	损毁土地复垦	4	复垦规模 17 hm²	
宜耕后备土地资源开发项目		59	建设规模 299 hm²	284
土地综合整治项目(以万顷良田为载体)		4	总规模 2 453 hm²,其中农用地整理规模 2 338 hm²,建设用地整理规模 116 hm²	39

注:农地和农村建设用地整理项目中,均不含万顷良田项目。
资料来源:南京市国土资源局高淳分局.高淳区土地整治规划(2011—2015)

表 16.4　高淳区土地整治投资估算

资金使用类型	计算标准	金额
农用地整理	3 万元/hm²	69 726 万元
农村建设用地整理	农户搬迁安置补偿按 180 万元/hm² 计算,土地整治工程成本按 18 万元/hm² 计算	15 371 万元
土地复垦	15 万元/hm²	3 660 万元
宜耕后备土地资源	10.5 万元/hm²	3 141 万元

资料来源:南京市国土资源局高淳分局.高淳区土地整治规划(2011—2015)

资料：高淳区东坝镇土地综合整治路径

东坝镇土地综合整治拟采用农用地整理、未利用地开发、建设用地复垦整治3种方式实施，推进土地综合整治目标实现。其中规划近期农田整治分为3类，分别拟申报省级以上投资土地整治项目、南京市统筹城乡发展试点镇街农村综合整治示范项目和快速通道两旁农田整治扶持项目。其中省投项目5个，示范项目3个，快速通道项目2个。未利用地的开发依托专门的土地开发项目。建设用地复垦整理过程中，首先考虑能否融合在万顷良田建设工程项目中，然后考虑申请单独的城乡建设用地增减挂钩项目或者农村建设用地整治项目。

(资料来源：东坝镇人民政府.高淳区东坝镇土地综合整治规划(2012—2030)，经整理摘录)

16.3 农村社区规划调整方案

16.3.1 方案生成过程

除了结合地方政府的发展意愿，参考其他地区的发展案例，兼顾各类设施配套的要求等，由下而上寻找高淳农村社区发展的引导性方案，主要包括以下几个步骤：一，根据全区的地形、水文、交通条件等，大致进行村庄建设的适宜性评价，构画战略性的村庄引导策略和建设模式；二，在对现状村庄的人口、用地、住房建设、设施配套、特色资源、经济基础等条件充分调查的基础上，进行村庄发展潜力评价；三，根据区级政府愿意提供的财力和意向达致的总社会福利水平(包括农地规模化后的耕作半径、公共设施覆盖水平等)，测算村庄可能迁并的力度；四，在村庄现状基础上结合已执行的往届规划的内容，尊重并维护以往规划的效力，作出初步方案选择；五，以初步方案和各乡镇、各行政村进行反复磨合，确保现实可操作性，并修改完善方案；六，将村庄布局方案与其他配套系统，如交通、公共设施等进行匹配调整，与特定的农业科技园、休闲农业区、万顷良田项目区等进行衔接校核，进一步调整完善方案后提交。

实质上，有这样几种力会起作用，一个是农村自我发展的动力，即使没有外力，它依然存在且强劲。这种力也与村民的经济实力和对未来的意愿有密切的关系。二是政府的财力，以及与财力关联的政府意愿。政府意欲积极导控村庄的发展，必须在一定的时限内有足量的财政投入，通过各种项目的带动，才能盘活局面，并且产生实效。三是政府的管控力。政府通过在空间上设定鼓励、限制和禁止发展的地区，制定基本规则，并监督运行。四是市场力。进入到乡村地域发展的企业，对乡村土地流转、农业层次的提升、乡村旅游的推进至关重要。寻找村庄建设方案的过程，是落实政府对本地区发展意愿的过程，主要是考虑在资源合理利用、满足社会公平的前提下，引导政府投资，合理进行管控。

16.3.2 方案图景

规划城乡整体格局为"两廊三片区"，其中两廊为两条生态廊道，三片区分别考虑与中心城区和山水资源条件的关系，区分为中部平原地形的"都市化地区"、东部丘陵地形的"农野休闲慢乡村地区"和西部圩区的"宜居生态新水乡地区"。同时，对平原地区强调加大集聚力度，对丘陵地区着重空间优化、适度集聚，圩区则结合交通条件优化，推动村庄建设。

将规划新社区分为综合型、特色型和一般型,其设施配套水平和服务范围有差异。综合型社区一般规模为 1 000~3 000 人,以部分被撤并乡镇驻地及大型村为基础,通过功能提升,未来将具备较完善的公共服务功能,是农村一定范围内的公共服务中心。特色新社区是在具备省级以上历史文化资源、风景旅游资源、突出本地特点的特色农村居民点基础上,通过有计划地引导发展而成的农村新社区,人口规模较为弹性,除了满足对应人口的基本公共服务需要外,还具有旅游服务功能。一般型新社区规模为 300~1 000 人,是除综合型新社区与特色型新社区之外,主要为满足居民基本公共服务需要的农村新社区,以居住为主导职能。在现有基础上,每个村庄的未来有 4 种可能去向,一是继续保留并相对独立,二是保留并和邻近村庄联合建设,三是被城镇区扩大后直接"吃掉",四是迁并。具体到保留的两类村庄,极少数会扩大建设用地,主要发生在综合型村庄身上。其他村庄多随着农村人口迁移,建设用地缩减。

规划提出布点综合型社区 29 个,特色型社区 44 个,一般型社区 195 个。较初始的千余自然村来说,累计数量上减少了 3/4。在全部现状村庄中,属于单独保留的为 139 个,属于保留且联合建设的为 438 个(几个村庄联合建设后只在数目上计为 1 个),被"吃掉"的村庄为 224 个,包括被中心城区、镇区、开发区建设吞并的,迁并的村庄为 200 个。

如果能够按照较为理想的标准进行控制和引导建设,如对东部丘陵地区的综合型、一般型和特色型社区分别控制 120、130 和 180 m^2 的人均建设用地标准,西部圩区控制 100、110 和 130 m^2 的标准,则可以匡算出村庄建设用地的节约量。以东坝镇为例,村庄建设用地在规划前后,缩减了 76%(表 16.5)。

表 16.5　东坝镇村庄建设用地估算

		村庄/社区个数	人口	建设用地(hm^2)
规划前村庄建设用地		165	38 000	1 163.46
规划方案合计		52	20 800	277.18
其中:	综合型社区	6	7 570	90.84
	特色型社区	12	2 870	51.66
	一般型社区	34	10 360	134.68

16.4　农村社区规划方案评价

16.4.1　价值分析

按前面的估算,理论上通过农村社区的调整建设,可以节省的建设用地相当可观。居住集聚也为政府推动一产升级、农业规模化经营、生态旅游园区开发等助力。居住集中后,对于提升公共设施的配置效率等的正面效应,在第 10 章已经涉及,此处不再赘述。客观上,如果按规划进行控制和引导,经空间分析确认,能够达致公共设施服务水平的提高。

对本地村民而言,如果考察个体的意愿,可以最为贴切地反映出他们对居住调整的支持或反对。在高淳区全区各镇均匀发放的1 300份有效村民问卷的统计,提供了村民关于现有生活状态、未来居住意愿、面临的主要问题、对交通和公共设施的要求、对农业发展的要求等信息(表16.6)。设定村庄调整强度和方式时,结合了问卷信息后,在方案生成的过程中有村一级意愿的融入,保证了规划方案在定性的判断上不会产生大的偏差,也使方案操作具备可行性。问卷信息也为进一步的设施配套提供了依据。

表16.6 高淳区村民问卷调查统计分析结果

分析内容	问卷统计结果	结论
对乡村生活便捷度的笼统评价	很方便18%;方便40%;一般33%;不方便7%;非常不方便2%	生活便捷度已达到较高水平
村民未进城原因	没有条件56%;喜欢乡村环境24%;从事农业生产便捷9%;考虑亲戚邻里关系3%;不愿离开土地3%;没想过5%	多数农民有进城意愿,受条件约束
迁居理想居住地点	安置区37%;镇区自购房29%;高淳其他乡镇购房8%;淳溪街道(高淳城区)23%;南京市区3%	本镇区居住可以满足大部分农民的意愿
理想居住形式	独门独院74%;低层联排12%;多层6%;小高层8%	总体偏向更加独立和传统的居住方式
最希望增加的设施	文体活动设施34%;敬老院20%;日用商品店16%;农贸市场20%;物流快递收发点10%	各类设施配套还有较大的完善空间
对公共交通的现状评价	很方便17%;方便40%;一般29%;不方便13%,非常不方便1%	公交出行已经具备较好的条件,还可完善
对交通改善的首要要求	增加公路联系20%;开辟和优化公交线路61%;增加停车位19%	公交线路的覆盖率可以继续优化
其他迫切需要解决的问题	养老问题38%;就业问题16%;看病难和贵19%;孩子学费负担重9%;农产品销售7%;基本生活保障4%;其他7%	养老、医疗对农民来说依然是较大的担忧
对农业持续发展的主要判断	更多农民进城,少数农民从事规模化生产36%;发展特色农业37%;提高农业的科技含量17%;农业生产没有前景7%;其他2%	认为农业将会在规模化、科技化、特色化的道路上前行

16.4.2 质量分析

在政治可行性方面,住建系统的规划布局方案,需要和国土、农业、交通、水利、财政等各部门充分衔接和会商后,才能通过具体项目,筹措到启动资金,进入实质性的实施阶段。在此之前,住建系统能够单独完成的只是消极的建设用地控制。在这个层面上,前面规划方案中已经拟定为拆并村庄的,因得不到宅基地批准和建设许可,去其他地区开展农民自建又缺乏可操作性,在没有"碰"上万项良田项目或者增减挂钩项目时,矛盾已经非常突出。毕竟住房是农民生活的基本需求,所以规划方案如何执行,细化方案如何制定,对应项目如何衔接,都是非常急迫的事情,久拖则易产生矛盾。

村庄调整,必须和土地整治项目结合,同样需要借助包括新增建设用地土地有偿使用费、耕地开垦费、专项补助资金及其他涉农专项资金等多头资金来源(表16.7)。

资料：高淳区土地整治资金筹措计划

规划期内全区可筹集土地整治资金为 231 292 万元。其中，新增建设用地土地有偿使用费 11 616 万元；耕地开垦费 9 247 万元；农业重点开发建设资金 830 万元；用于农业土地开发的土地出让金收入 16 504 万元；城乡建设用地增减挂钩增值收益 136 794 万元；南京市城乡统筹试点街镇市、区两级专项补助资金 20 000 万元，其他涉农专项资金 11 300 万元；区土地整治专项资金 25 000 万元。

（资料来源：南京市国土资源局高淳分局.南京市高淳区土地整治规划(2011—2015)）

资料：高淳区东坝镇土地综合整治资金筹措计划

根据东坝镇规划期内建设用地布局以及可筹措资金渠道，拟定如下资金筹措源头：省级土地开发整理项目配套资金；耕地占补平衡项目库资金；市级、县级扶持资金；农业综合开发、农田水利和农业"1115"工程等相关专项资金；快速通道两旁农田整治扶持项目资金；新增挂钩周转指标相关规费等。需要说明的是，新增建设用地指标分为封闭指标和开放指标两类，封闭指标用于东坝镇内的新市镇、产业园区、旅游特色社区、基础设施、公用设施建设，开放指标调剂至高淳区内、东坝镇以外使用。

（资料来源：东坝镇人民政府.高淳区东坝镇土地综合整治规划(2012—2030)，经整理摘录）

表16.7 高淳区东坝镇土地综合整治资金平衡表

	资金估算(万元)			资金筹措(万元)	
1	农用地整治费	15 841	1	省级土地开发整理项目配套资金	9 528
			2	耕地占补平衡项目库资金	545
2	土地开发费	545	3	市级、县级扶持资金	20 000
3	村庄复垦费	7 461	4	相关部门配套资金	36 000
4	拆迁补偿费	115 917	5	快速通道两旁农田整治扶持资金	1 339
5	建新安置区征地补偿费	23 193	6	新增挂钩周转指标相关规费	37 831
6	安置房建设补助费	20 410	7	新增挂钩周转指标土地出让纯收益	41 910
7	贷款利息	13 600	8	开放新增挂钩指标费用	50 600
	合计	196 968		合计	197 754

资料来源：东坝镇人民政府，高淳区东坝镇土地综合整治规划(2012—2030)，经整理摘录

为鼓励居民动迁，高淳区于2013年曾出台《高淳新区规划范围内农村宅基地退出和提前安置补偿暂行办法》。在本次新社区规划一揽子方案中，也直接给出了与农村社区建设相关的农民建房管理政策建议(表16.8，表16.9)。其中可能涉及政府行政管理的主体及其程序，农民建房的资格、位置、住房形式等，农民住房的买卖与租赁的权利，农民将房产和宅基地置换为城镇住房的权利，以及引导农村居民进入新社区居住的激励性政策。在住房建设方式上，有农民自建和集中新建的不同方式；在村民建房的资格管理上，可包括农村居民本人及其因入学、入伍、服刑劳教等改变了身份的家庭成员，综合考虑其人均居住面积的现状水平；在具体的技术规定上，除了"一户一宅"的基本要求外，对于宅基地的标准、建筑密度、层高和建筑总高、单户住宅建筑面积、套型等均可以进行相关的要求；涉及跨行政村的安置，宜在乡镇层面进行协调，并综合考虑农地等权益。

资料：项目方案中给出的有关农房管理的政策导向

① 继续保障农民为保证基本生活生产需要而获取宅基地或集中住房的权利，保障农民对其房产进行租赁的权利。

② 以积极引导和消极控制两种途径同步对农村居民的住房建设进行管理。引导其进入新社区，并对非保留村庄用地进行严格控制。

③ 以创造宜居环境和集约利用土地为原则，完善新社区建设标准，以形成有效的拉力，促使农村居民进行主动选择。新社区建设，以统建方式为主，农民自建为辅。

④ 以农宅（包括宅基地）换安置房的方式，可以在规范的操作程序和执行标准下分地区、分阶段推进。

⑤ 新社区中的住房建设应对接市场体制，一方面，市场资金可产生有效的推动力，另一方面，农村住房适度进入市场后，市场的流通性也对住房的价值提供了保障，藉此可最大限度地调动居民迁居的积极性。

⑥ 建立居住集中的跨行政村协调机制，最大程度地减弱村级经济实体对迁居的约束。

⑦ 在集镇规划建设区外，理顺土地管理部门对集中住房安置的土地供应政策，在继续作为集体建设用地和转为国有建设用地之间寻找最有效的方式。同时，也需要理顺规划管理部门对项目建设规划许可的程序和相关制度。最终在土地管理系统和规划管理系统之间形成"两规合一"，实现规划和实施的统编、统审和统管。

表 16.8 依据三个维度对现有村庄的分类

	融合		保留/合并		迁移		
	近期	远期	扩大	仅保留	近期	中期	远期
城镇或开发区规划范围内的村庄	A	B	—	—	—	—	—
其他禁止建设范围内的村庄	—	—	—	—	—	C	—
其他重点地区内的村庄	—	—	D	E	F		G
一般地区内的村庄	—	—	H	I			

注：其他禁止建设范围包括文物保护单位和风景名胜区所划定的禁止建设范围、城市绿化用地、河湖保护用地、公路、铁路、车站、码头以及有关市政公用设施规划的禁止建设区。其他重点地区包括国家森林公园、风景区、慢城游览区域、农业示范区等。

表 16.9 分类村庄管理建议

村庄类型	新建农房	原地拆建	扩建	维修	其他说明
A	○	○	○	△	在鉴定为危房的情况下，对原住房的维修进行严格管理；鼓励进入安置区或采用货币补偿的方式进行安置
B	○	○	○	△	在满足一定的条件并经审查后，可对原住房进行适度的维修；鼓励提前进入安置区
C	○	○	○	△	适用拆迁安置办法对拆迁住户进行安置
D	√	√	√	√	满足特定地区统一规划，符合地区风貌建设要求，允许在划定范围内适度扩大建设，以提升特定地区的发展需要

续表 16.9

村庄类型	新建农房	原地拆建	扩建	维修	其 他 说 明
E	○	√	√	√	满足特定地区统一规划的前提下，符合地区风貌建设的要求
F	○	○	○	△	在鉴定为危房的情况下，对原住房的维修进行严格管理；引导其进入新社区或城镇安置区
G	○	○	○	√	在满足一定的条件并经审查后，可对原住房进行适度的维修；可以以现有宅基地和住房申请进入新社区或城镇安置区
H	√	√	√	√	受新社区规划指引，以安排本行政村的村民为主，跨行政村的村民也可经协调之后进入
I	△	√	√	√	允许符合村庄土地集约利用的填充式新建，严格控制外围扩展式的新建

注：√表示允许，△表示在严格限定下允许，○表示不允许。

16.4.3　与其他政策的兼容性分析

首先考虑与农民选择居住地密切关联的、与农地和农业相关的政策。上一个层次，已有《南京市农村土地综合整治规划实施暂行办法》(2012)和《南京市统筹城乡发展试点镇街农村综合整治示范片区建设实施意见》(2012)。包括南京市农业"1115"工程、"333"工程等在内的诸多农业项目，由政府投资对农地进行高标准建设，有效地提高了农业的生产条件和产出水平。在《高淳县"十二五"高效农业发展规划》中提出培育三大现代农业园区，其中对提升农业产业层级、加强农业科技研发、推广农业示范、带动旅游休闲产业等均有设想。各类农业园区的建设，在推动农业技术创新和示范方面，作用显著。农地流转的整体趋势也越来越活跃。高淳农村产权交易市场建设的推进，为促进土地流转直接发力，也减少了居住迁移的阻力。在农村社区布点规划中相应的建议政策导向包括资料所示内容。

资料：与农地和农业相关的政策建议导向

① 坚决保障农民承包土地的权利，保障村民分享乡村集体资产收益的权利。

② 政府继续推动能够为农民和乡村集体带来实际利益的土地整治项目，有效增加农地面积，提高土地使用潜力。综合协调宅基地退出、新住区建设、农地高标准和规模化建设等项目内容，更有效地将土地整治项目与增减挂钩项目和城乡规划结合，同步推进住房和农地的空间调整。

③ 为及时有效地对接市场，继续鼓励农地使用权的市场流转，以村集体、乡镇集体、股份合作社等作为直接的经营主体，以农民获得租金或者分红的方式进行。农民个人、家庭或者联合体可以租赁规模经营的土地。同时，鼓励社会资金进入乡村地域并投入农业生产。

④ 以农地承包权换社保的方式，因其有较多的政府角色融入，且效应是长期的，带有一定的不确定性，宜谨慎小规模尝试运用。

⑤ 更有挑战性的政策创新，可以借鉴国外关于购买土地发展权(PDR)和土地发展权转让(TDR)的手段，在本地区进行探索和尝试。通过细化农地中包含的权利束的内容，在有效保障耕地面积的同时，达致广泛的社会公平。在高淳地区，基于其特殊的资源条件和空间区位，农地的保持具有格外突出的价值。这一尝试符合国家强调农民财产权利的要求，同时，能有效维护本地区的乡村环境。前提是要求政府对农民充分让利。

资料:高淳区农村产权交易市场建设情况

自2012年,高淳区全面推动了农村产权交易市场建设,其中区设立农村产权交易市场,镇设立农村产权交易中心。前者统一发布全区产权交易信息,进行产权交易备案和信息汇总,对后者进行业务监督管理和技术指导,组织跨区域的农村产权交易。后者负责本镇区域范围内的农村产权交易。

交易市场成立之初,主要开展农村土地承包经营权、农村集体经济组织养殖水面承包经营权、农村集体经济组织集体资产所有权交易服务。农村集体土地使用权、农民宅基地使用权等其他农村产权交易根据需要和上级政策的明确适时开展。

关于网络建设,一方面,建立区、镇二级统一的农村产权交易平台,并预留接口与市、省农村产权交易系统对接。另一方面,同步建设区农村产权交易网站,对外公布全区、各镇农村产权交易信息。

(资料来源:中共南京市高淳区委农村工作委员会.南京市高淳区农村产权交易市场建设情况汇报资料,2014)

农民就业方面,高淳已有对新型农民的、有系统的技术培训。2011年县教育局、农业局、人社局、科技局的《高淳县新型农民培训"三项工程"实施意见》和2012年的《高淳县持证农民培训工作实施意见》对此均有体现。相应的可以在以下几方面继续推进:一,通过农业项目、财政支持等鼓励农业产业升级,鼓励高技术含量的农产品的生产和加工。二,由政府主持、出资,由政府或者社会中介组织为农民提供就业培训,宜在现有基础上增加针对原农民向工业和第三产业转化的就业培训。三,促使就业信息畅通,建立区、镇、村三级管理网络,摸清农民的就业意向,同时摸清企业的用工需求,建立横向信息交流网络,及时提供就业信息。四,结合其他经济政策适当鼓励提供高容量就业机会的企业发展。五,实行对进入乡村的社会资金带动乡村劳动力就业的激励性政策。

加强城乡居民社会保障,能使农民减轻对土地的依赖,也会使空间的调整变得更加容易。高淳区有《高淳县城乡居民社会养老保险办法》(2012)等与农民相关的社会保障制度。有关农民医疗保险、养老保险、低保等政策的总体发展趋势是与城镇接轨,并形成有助于农民居住和就业选择的政策支撑。继续完善农村居民社会保障,可以减少农民对土地的依赖,促使其具备更大的抗风险能力。

还可以实行针对特殊地区的空间管制制度。风景游览区等特殊地区,包括慢城、游子山、固城湖等,为有效协调农民居住与功能区整体开发建设的关系,需要实行特定的管制制度。同时,使村庄建设成为游览区内的有机组成部分,并促发村庄的活力。开发区和城镇规划建设区范围内的村庄调整,因与城镇建设直接对接,矛盾更加凸显,可以适当延续制定专门性的激励性政策,鼓励村民将农宅及时退出。但因地方政府投资带来的土地升值部分,应通过机制的改良,使其大部分被回收至地方财政,并用于造福当地全体人民和投入城镇建设的良性循环中。

在鼓励融资方面,重点是鼓励社会资金进入乡村地域,带动乡村社会经济的全面转变。需要调整税收和转移支付政策。在传统的资金项目如耕地开垦费、新增建设用地有偿使用费、土地复垦费之外,根据财政情况有条件地设置专项资金。优化地方政府性债务管理制度,建立健全地方债务发行管理制度。放宽市场准入,制定非公有制企业进入特许经营领域的办法,鼓励社会资金参与公用设施投资运营。

户籍政策的重点是顺利解决已经转移到城镇就业的农业人口的落户问题,使户籍回归管理和统计的原始目的,而不是人口迁移的羁绊。同时应保障农业转移人口享有城镇基本公共服务。基础设施和公共设施建设政策方面,结合《南京市农村地区基本公共服务设施配套标准规划指引(试行)》(2011)等政策文件和农村道路建设项目计划,争取基础设施和公共设施建设与新社区建设协同,对农村社区建设起到积极的引导作用。行政区划调整方面,可以适当对行政村的数量与范围进行调整,以便盘活土地权利和推动新社区建设。

高淳区乡村建设的独特性至少有两点,一是在已经掀起的"返乡潮"的背景下展开,返乡潮(至少在统计台面上)的高发,表明民众已经意识到发展涉农产业以及农民身份上附着的权益的潜力,其在提升了乡村发展活力的同时,也为乡村空间调整增加了阻力。二是涉农产业本身,特别是乡村生态旅游业的开展,与城市居民的现代消费行为对接,给予乡村空间发展更多的可能性,也大大拓展了乡村空间集约化的内涵。

从规划到实施还有很长的路要走,最终,技术上的细节或许才是影响农民决定的关键。对高淳区的农村社区规划,为全面研究高淳区乡村发展的现状、条件和未来发展选择提供了机遇。乡村空间的格局重塑,很大程度上是在调动民众积极性的前提下,由政府引导和促发。政府对农业、旅游业的定位、规划和建设,对农民完善的社会保障和引导就业,对农地的积极整理和促进流转与村庄布局形成了密不可分、环环相扣的组合政策,使高淳的未来发展有更广阔的前景。

17 无锡市惠山区案例

惠山区位于无锡市区北部,属于苏南经济的典型代表地区,乡镇经济实力强劲。2009年始推动惠山区万顷良田项目,其牵涉的用地和人口规模虽然和镇江新区无法比拟,但其推动模式、特别是乡镇一级在其中的作用,凸显了地域特色。截至2010年上半年,无锡市累计申报万顷良田项目6个,其中江阴、宜兴为省级项目,锡山、惠山、滨湖、新区为市级项目。2010年3月惠山区被江苏省列为"全省集聚资源统筹发展重点实验区",在推进"农地集中、居住集聚、用地集约、效益集显"的"双置换"的示范工作中态度积极。无锡市各级人民政府先后出台了一系列关于"组织实施农村住宅置换安置房 农村土地承包经营权置换城镇社会保障"的文件,其中惠山区辖区内的阳山镇、前洲镇、堰塘镇和洛社镇纷纷领头开始试点。

17.1 万顷良田项目规划和实施

17.1.1 项目规划

2009年11月批复的《无锡市惠山区万顷良田建设工程规划方案》,涉及前洲、洛社两镇(其中前洲镇于2010年改为街道),在惠山区已有的精细蔬菜产业园的基础上做起,希望通过项目形成无锡市重要的蔬菜和稻米生产基地。项目范围涉及9个行政村55个自然村。比较而言,在无锡市域范围内,属于村级经济较弱的地区。项目区总面积10 690亩,整理后预计新增耕地1 078亩。项目区内涉及搬迁农户782户、农民2 342人,拆迁农房面积121 718 m²,拆迁非住宅15户,建筑面积为17 200 m²。拆迁安置分别在两镇街各安排一块。在总数约3.73亿的拆迁费用估算中,住宅拆迁安置为2.19亿元,非住宅为0.28亿元,社保费用为1.26亿元。加上土地整理及农业设施投资约0.27亿元,整个项目投资费用约4.0亿元。

在2011年5月对原方案进行了调整,增加项目区面积1235亩,涉及412户、1 451人,需要拆迁建筑面积144 715 m²,全部为农民住宅房屋。和原方案比较,虽然增加的区域面积仅为原方案的11.5%,但涉及的人口数却有62%的增幅,新划入的地区属于原来认为属于"难啃"的范围,鉴于实际项目推行的情况,当条件较为成熟后,做了上述的推进。从图17.1也可以看出,原来被生硬地避开的地方,现在部分被纳入考虑的范畴了。

17.1.2 政策依据

无锡市层面,《无锡市市区农村住宅置换安置房实施意见(试行)》(2009)中提出:"农村住宅置换安置房,执行当地房屋拆迁补偿安置政策。安置主要形式有:到城镇居住集中区置

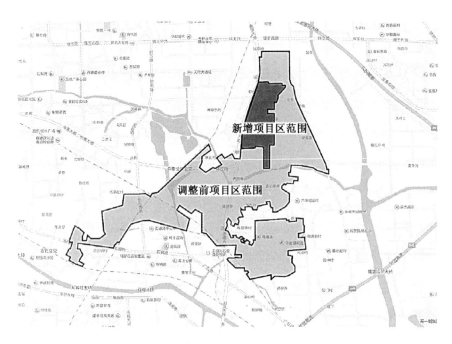

图 17.1 惠山区万顷良田项目区范围

换安置房、货币补偿到城镇购置商品房、部分或全部到工业园区置换标准厂房或折算成股份由公司经营"。"农村住宅置换取得的安置房,5年以后参照拆迁安置房规定可上市流通"。"农村居民点及其他建设用地整理后产生的城乡建设用地增减挂钩指标,土地所有权所在镇(街道)有优先使用权,用于城镇安置房建设。安置农户后有余的指标,可以挂钩到镇区用于镇(街道)所在地基础设施建设,也可以通过市场招拍挂,用于商业和房地产开发。挂钩指标镇(街道)内使用有余的,可以跨镇(街道)有偿调剂、易地使用,调剂价格每亩不少于10万元"。

《无锡市市区农村土地承包经营权置换城镇社会保障工作的实施意见(试行)》(2009)中提出在承包期内自愿将承包地全部交回村集体经济组织、村民委员会或村民小组等发包方,给予其家庭人员与城镇居民同等的社会保障待遇。

惠山区政府2009年出台一系列与相关项目配套的政策,其中规定了权利的转移和补偿等的内容、程序和责任主体等。《关于加快推进农村住宅及承包地置换工作实施意见(试行)》中提出:"成立'双置换'专项扶持基金,在每年新增财力中,区、镇(街道)按照一定比例集中,设立'双置换'基金,区镇各负担50%,专户储存、封闭运行、专款专用"。"用于农村住宅置换的安置房建设项目,减免相关前期建设规费"。"农村住宅置换中使用挂钩指标,按照政策规定留成到区的相关规费,专项用于农村住宅置换整理项目的实施"。"愿意将农村宅基地交由区级有偿代购的,经整理验收取得挂钩指标后,区级将从当年市下达我区的年度建设用地计划指标中划出奖励指标,按收购指标数的25%奖励给项目所在镇(街道)"。

《无锡市惠山区农村居民退出宅基地管理办法(试行)》中提出:"村委(社区)在宣传发动、现状调查、费用估算等工作后,将自愿率达80%以上自然村相关材料在村民代表大会审议通过后的5个工作日内上报镇政府(街道办事处)"。"镇(街道)内挂钩指标使用有余的,可以跨镇(街道)有偿调剂使用,调剂价格每亩不少于12万元"。

《惠山区农民土地承包权置换基本生活保障实施办法(试行)》中提出:"经区政府批准用于置换的土地,需安置的人员按本办法第二条规定确定名单,由区委农办移交给区劳动和社会保障部门,由区劳动和社会保障部门以区人民政府同意置换的时间为基准日,划分为以下三个年龄段,并按以下办法办理相关保障手续……"。"保障安置办法和就业安置办法、一次性安置补助办法不重复享受,经选择后,不得变更"。"被征地农民与'双置换'农民不可重复享受保障待遇,今后也不再重复享受待遇。涉及依法征用土地产生需安置的农民按被征地农民基本生活保障规定执行"。

17.1.3 项目实施

在(2013年9月)的《惠山区万顷良田建设工程情况汇报》资料中,展示了项目实施的部分图景:"共完成土地整理9 042亩,新增耕地1 393亩,共计已拆迁农户1 463户,安置人口5 261人"。"保证了农户的及时搬迁安置,做到了'零过渡'"。在前洲街道,城镇建成区内有5期安置房,不同程度地与商品房混合建设,其中1、2期安置片区内商品房约占50%,其余各期以安置房为主。按照"双置换"标准,对失地农户分三个年龄段进行了安置。

项目区内农业建设分为三块,分别为优质稻麦示范园区、精细蔬菜示范园区和阳山特色水蜜桃果品基地示范园区。每块又分为若干片区,共17个片区,每个片区不低于4 500亩。其中早于万顷良田建设工程,与其空间范围交叠,洛社镇于2007年已开始建设"惠山区精细蔬菜园区"。园区采取"龙头企业+农户+合作社"的模式,成为无锡市叶菜供应的重要基地。

资料:惠山区精细蔬菜园区的发展图景

万寿河蔬菜专业合作社实行订单农业,生产的莴苣通过飞机直销青岛、大连等城市,小番茄还走出国门远销日本;无锡益家康生态农业有限公司为易初爱莲、家乐福、必胜客、大娘水饺等大型餐饮企业实行蔬菜配供,公司配送的蔬菜还走上了无锡市举办的灵山世界佛教论坛的餐座。天蓝地绿生态农庄利用先进手段,实现网络蔬菜配送销售,现在已有2 000多家注册用户。园区的目标始终是在田园间建立一个高科技、高产出、高效益的"三高"农业。围绕高效农业目标,园区与省农科院、扬州大学、江南大学以及中国农科院蔬菜花卉研究所等院校合作建立了科技创新中心,外聘专家农医师,并培养了一支自己的研究员队伍。

(资料来源:江苏农业网,http://www.jsagri.gov.cn/gxnygmh/gxiaonydt/files/499001.asp,2011-8-10)

17.2 政策评价

17.2.1 价值分析

乡镇政府投资愿望最直接的反映还是建设用地指标。通过项目"找"出来的指标,基本在乡镇范围内平衡,少量在区层面里调剂或交易。在本地区,工业用地的地价已经达到每亩30余万元。

2005年笔者参与的无锡地区的安置区居民调研资料中,对原农村居民的诉求有所体现。另一份资料来自唐焱等2009年对惠山区的阳山镇、前洲镇、堰塘镇和洛社镇的居民问卷调查,其针对土地承包权换社会保障的农民意愿进行分析,结论包括:一,因为农民对土地的收入依赖低,客观具备了进一步推进"土地换社保"前提;二,大多数农民对于"土地换保"持积极态度;三,在愿意置换的农民中,仍有约20%不愿意支付社会保障的费用(居民需要自缴一定比例),从而会给政策执行带来困难。

资料:2005年对锡山区的安置区居民调研资料①

对锡山征地拆迁安置区内居民的问卷结果显示,有以下几个主要特征,体现了居民的利益得失。

① 就业问题突出。只有极个别居民工作由政府协助安排,绝大多数为自谋职业。这里包含很多人认为政府安排的工作不理想这一因素。仅半数以上适龄劳动力在职(58%),且就业层次普遍偏低,多为开小店和跑运输的就业方式,大多数人心态积极,但有少数人消极无为。

② 生活方式转变。在对城镇生活方式的认同度上,肯定与否定的比例约为3∶1。一方面,即使经济上对土地的依赖已经很少,但心理上还有很强的惯性;另一方面,从独门独院到公寓式楼房,收缩了的空间也带来了不适应。对迁居前后的生活水平的比较,39%的人感觉差不多,26%的人觉得生活水平有所提高,28%的人认为生活水平下降,另有7%的人认为不稳定。就生活便利程度而言,基本所有的居民都认为满意。

③ 邻里关系密切。农民安置区通常由一个或几个自然村拆并而成,在新的环境里,仍然保持了较高的交往频率,言谈中仍以"我们村"自居,对由村委会转变而成的物业管理委员会也相当信任,表现出一定的地域归属感和安全感。

④ 一定程度的居住混合。安置区开发过程中,往往还有一定比例的商品房对外销售,同时,部分村民补偿后可获得两套住房,会选择出租一套,这样,安置区在加大了对外的开放性的同时,也增加了社区的异质性。

17.2.2 质量分析

惠山区委区政府高度重视项目的建设,成立了由分管区长为组长,园土、财政、农林、水利、建设、社保等部门主要负责人组成的领导小组,并把此项工作纳入绩效考核。

唐焱等人在论证"土地换社保"的可行性时,提及"无锡地区农民兼业及非农就业现象较为普遍,而且非农工作稳定性较高,大多数人认为土地已不能满足其家庭日常生活开支,超过半数以上的人不愿意继续种地。所以,土地置换障碍大大降低"。

资料:无锡市2012年"两置换一转化"的成效

"两置换一转化"工作的3年目标为,自2010年至2012年,力争全市市区转化人数达到21万人,置换承包地面积达到8万亩,置换宅基地面积3.5万亩左右。其中:2010年的工作任务是,转化7万人,置换承包地面积3.2万亩,置换宅基地面积1.2万亩。2011年的工作任务是,转化7万人,置换承包地面积2.5万亩,置换宅基地面积1.3万亩。2012年的工作目标是,转化7万人,置换承包地面积2.3万亩,置换宅基地面积1万亩。

---

① 问卷资料由朱静怡整理,相关内容在《南方建筑》2006年第9期《无锡锡山区进城农民安置区规划建设评析》一文中发表。

2012年,是我市《关于更大力度加快推进"两置换一转化"工作三年行动计划》的收官之年。全年市区共置换社会保障17 163人、置换承包地面积15 644亩、置换农村住宅户数10 087户、腾出宅基地面积6 364亩。江阴、宜兴也圆满完成了市委市政府下达的年度目标任务。截止到2012年底,无锡市区共转化264 586人,置换社会保障191 396人、置换承包地面积128 687亩、置换农村住宅户数95 449户、腾出宅基地面积39 784亩,有力地推动了我市的城乡一体化进程。

(资料来源:无锡市政府《关于更大力度加快推进"两置换一转化"工作三年行动计划》,锡政办发〔2010〕190号,无锡市委农办网站资料,http://nb.wuxi.gov.cn/web101/tdwt/6257450.shtml,2012-12-12)

在经济和财政可行性方面,无锡市有规定,将土地出让金纯收益的15%部分、新增建设用地有偿使用费返市部分、使用城乡建设用地增减平衡指标减免的规费、万顷良田建设工程省市投资土地整理资金等经费列为专项资金。由市政府统一协调,将农业、水利专项资金作为配套资金,向万顷良田建设工程倾斜①。具体到惠山区万顷良田项目,预算资金筹措的渠道包括市、区级"以奖代补"资金补贴(政策规定市级财政对相关复垦耕地、经过验收合格的每亩奖励10万元,区级财政对于村庄企业等建设用地复垦成耕地的,经过验收合格对村庄或企业也有相应的奖励),市级土地整理专项基金,城乡建设用地增减挂钩指标收益,区级财政补贴,还有乡镇财政和自筹资金,最后一项约为1 000万元(图17.2)。

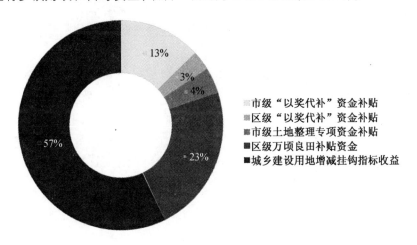

图17.2 资金筹措计划构成

资料来源:2010年《无锡市惠山区"万顷良田"建设工程实施方案》

锡山区万顷良田实施方案中的描述包括"预计项目实施后,可新增耕地面积1 078亩,按年亩净收益4 500元计算,新增耕地每年可净增效益485万元……通过项目的实施,改造原有中低农田6 952亩,调整农业种植结构,随着农田灌排系统和道路系统的改善,农作物产量有较大幅度的提高,按年亩净增效益1 500元计算,原有耕地每年可净增效益1 043万元"。上文中的4 500元和1 500元亩均产值的净值都属于相当高的水平,远远超出传统农

---

① 资料来源:无锡市三项举措确保万顷良田建设有序推进,http://www.jsmlr.gov.cn/xwzx/ztjc/mqltjsgc/gzdt/20111001/140300136849.html,2013-4-1摘录

业亩均净收益一般不大于1 000元的范畴,相应的对转换为高附加值的农业产业类型提出了相当高的要求。即便能达到这么高的收益,仅仅从经济效益的角度,结合建设用地指标效益的兑现,与投资4亿来平衡,需要的年份至少为30年。

技术可行性方面,居民访谈中普遍反映出对政策的不了解,对于社会保障、原来集体收益的分配情况、哪些是因为时滞带来的问题等均不甚了了。信息不透明会带来问题,既加大了工作的困难,也使农民无法实现对自身利益的充分保护。一些细节性、过渡性的安排,如进入安置区的居民不用交物业费,在一定程度上降低了项目推进的难度。

资料:居民对信息的掌握

其实说到老百姓对万顷良田的具体认识,他们根本就不知道,因为他们只知道良田是种田的,他们对这个良的认识是良好的良,这根本就不是那个意思,征收的良田以后能做别的用途,要种田就种田,要种树就种树,以后那边还有开发厂房的,这个具体我们也不清楚。

(资料来源:前洲街道安置区居委会管理人员访谈摘录)

惠山区乡镇经济基础强,对推动项目发展有利,特别是通过成立类似"双置换"的专项基金形式,给予了财力上的充分保障。但正因本地区发展早,乡村空间中沉淀的资产多,又对乡村空间调整形成一定的阻碍。和地区的经济基础及观念意识相关,与镇江、南京等地的案例相比,本地区项目的推动,对乡镇财政有一定的依赖。而项目带来的土地发展机会,也更多地直接赋予乡镇层面。在付出和汇报方面,实现了另外一种平衡。总体来说,调动的各级政府主体较之前案例,更为广泛和灵活,也更能激发乡镇层面的主动性,操作模式更为弹性。

特别感谢:惠山区案例的研究过程中,惠山区民防局蒋仁宝、国土资源局惠山分局许大伟等同志给予了极大的帮助。

本章参考文献

[1] 唐焱,刘子铭,李放,等.苏南地区农民土地承包经营权置换城镇保障的意愿研究——基于无锡市惠山区的农户调查.华中农业大学学报,2012(5):75-81

第五部分

乡村空间政策系统探索

18 集约化政策系统

18.1 手段

反映在最直观的层面上,推进乡村空间集约化的手段可以归纳如表 18.1 所示。部分手段在微观地块层面上能够带来空间集约化水平的提高,但对整个地区的集约化程度、乃至总的经济效果方面还存在着很大的不确定性。很多时候,具体手段的选择应用仍是在"头疼医头、脚痛医脚"的指导思想下进行的。分析每种手段在特定地区的适用性,核心需要处理两种关系,一种是微观地块的集约利用与整体的经济效率之间,能否有正相关关系;另一种是如果牺牲掉部分经济效率,能否在社会和环境效益方面找到足够的补偿。或者评估为了保障生态环境效益、提升社会效益,而值得舍弃哪些经济发展的机会。

表 18.1 集约化手段归纳

手段	示例	集约化效果
空间集中	居住集中、工业企业集中	规模化效应,集聚经济效益
提高建设强度	公寓式住宅替代独立式住宅;建设强度门槛的设定;鼓励二次开发等	人均居住用地减少;单位面积资产投入高
建设用地总量控制	严格控制农转非	减少土地供给,改变了市场均衡,能提高其他经济要素与土地的配比关系,但总体经济效果可能有负面影响
土地价格控制	设定最低地价	改变了市场均衡,缩减了土地使用者的集合,在地块层面,提高了用地集约水平,在园区层面,总体经济效果有不确定性
根据土地产出水平遴选土地使用者	设定产出门槛;严格闲置和低效土地处置	增加了对企业的约束条件,动态选择土地使用者,保障了微观层面的土地收益,总体经济效果有不确定性
促进土地经营方式变化	土地流转	以企业化、组织化的方式替代传统、分散的经营组织模式,期待土地生产率提高,产品附加值提高,从而提高土地集约度

18.2 反思[①]

围绕农地、农民居住用地、乡村工业用地的集约化,在实践中已有实质性的推进。各类

[①] 本章部分内容已在 2013 年第 12 期《规划师》中的《论英国的圈地运动与今日中国的土地整治》一文中以基金名义刊出。

项目广泛涉及土地和房产权利、集体资产的分配、公共福利（包括公共设施配套、社会保障等）、产业政策（鼓励农业发展、保护耕地、制定工业企业目录等）、生产组织模式（包括农业的规模化经营和工业园区的政府经营等）、财政政策等。内涵丰富的集约化政策就是通过这些具体政策组成的政策束得以实现。不同政策之间的组合关系，最终决定了集约的效应。而综合效应不局限在空间投入或者产出的提高，还有经济、社会和环境效应，其中最为核心的就是在个体与社会整体之间，以及不同的社会群体之间的利益调适。曾经出现过的一种判断，认为中国转型期的经济问题都是政治经济学问题，涉及大范围的产权重新界定和利益格局调整，此言不谬。

综合性的土地整治类项目把包括农地、农民居住用地和乡村工业用地的集约化直接串接了起来。当乡村空间调整轰轰烈烈进行之际，各种判断都会涌现。而在认知层面上多争论，对于引领和监督政策的出台与实施，能够有积极意义。以土地整治为主题，可以提出认知层面的"三大批判"。

批判之一，不应简单地对政府引领的土地整治运动给予对错的判断。政府的过度干预一直深被诟病，十二届全国人大后的新一届政府也已明确要向市场放权，发挥社会力量的作用，减少对微观事务的干预，激发经济社会的发展活力。在社会性组织不发育的背景中，强政府为了地区发展和公共利益，在同步完善农村居民的社会保障和集体资产利益的基础上，并在征得居民个体同意的前提下，进行较大范围的空间调整，合法性是成立的。需要加强的是两方面，一是在已普遍树立的经济转型增长的价值观指引下，究竟还需要多大程度地依赖建设用地的扩张，需要加强论证。二是在与居民协商过程中，程序上和补偿标准上，都应该再完善，在不损害农民基本权利的前提下，尽量保证协商结果的相对公平。说到底，能够在真实世界中实现的，永远都不是绝对的社会公平。即便很多人觉得政府强占了土地的部分增值利益，对政府和农民，依然可能是双赢的结果。同时，即便农民是欢欣鼓舞地"被市民"，也应记住，农民面对的是"有限选择"，因为缺乏有效的组织化，农民可能无法争得利益的最大化。土地权益的归属模糊，以及草根民主的不发育状况，带来历史遗留的缺憾。

批判之二，不应停留在笼统讨论土地整治的性质、影响、成效上，更应结合地区的经济社会发展水平进行评判。如挖掘土地的潜在价值是否能支付起有关土地整治的巨额投入，乡村剩余劳动力实际已流出程度是否能确保不会给城镇就业市场带来太大压力或大幅提高城镇的失业率，企业进入乡村的潜力是否能显著改变土地的规模化和产业化经营状态，城镇是否有足够的公共设施容量来接纳新市民，政策的配套和完善程度，有关政策文件和操作程序等是否透明且有助于协商等。各要素的综合情况最终决定了土地整治是否可行。

批判之三，在土地整治背后，不应忽略社会经济发展的大趋势及其联动效应，包括社会中各利益体的角力格局的动态变化以及乡村文化的转变。经济是发展的原动力，中国的城镇化以及农业的规模化和产业化符合历史发展规律的大趋势。各种力量的博弈，决定了以怎样的节奏和方式来推进这一过程。剧烈一点，还是渐进一些，与各方的实施力和承受力有关。空间资源的分配，依赖个体、组织和政府形成的网络。组织能否有效代表个体，政府是自治的还是强权的，国家与作为地方发展主体的政府间的体制关系等，都在动态进化中。

现有的认知大多缺乏文化层面的反思，而伴随着乡村空间改变的恰恰有乡村社会的文化生态。乡村空间形态和文化的延续性所受到的挑战，或许从来没有像今天这么剧烈且影响深远。乡村传统习俗和规范面临解体，乡村社区在向城市社区迁移过程中，其稳定性和同质性大大降低,乡村的小范围自治必须融入城市的多元化整合,被直接影响的一两代人的心理必将遭受到激烈的冲击,原来的集体记忆逐渐丧失了其赖以存在的空间基础。乡村文化所面对的是完全的重塑,以土地整治行动推进的城市化也是农村社会共同体瓦解的过程。在经济的世界里,当文化成为附属,传统文化的沦丧和新文化的形成,似乎是不可扭转的趋势。弗里德曼有关"经济空间"与"生活空间"的概念,生动描述了经济和生活的原动力造成现实中人无法做出两全的选择。在这样的动态过程中,不断进行着新旧空间和文化的交替,而新的文化景观也可能异彩纷呈。

18.3 未来

考虑其作用方式,目前所有的乡村集约化政策可以分为3类,一是修正历史过程中形成的不合理的制度环境,鼓励经济要素(土地、劳动力、资本等)更加灵活自由地流动,期待在这种要素的重新组合过程中,达致土地的高效利用;第二类是积极的激励性政策,通过大量财政投资,重塑较大尺度的区域空间结构,彻底改变土地利用方式;第三类是通过加强地价、建设强度等硬约束条件,直接调整市场中的土地要素价格,从而改变土地和其他经济要素的配比,起到提高土地集约度的效果。比较3类政策的效用和建议管控趋势,如表18.2所示。对第一类政策宜在面上广泛推广使用,第二类政策宜在少数地区实验性地采纳,第三类政策要在经过充分评估之后,慎重使用。评估重点放在土地资源的资产价值上,并且是在叠加了生态环境的价值维度之后,由地方政府做出。上层政府则应减少对基层政府的直接干预,寻找超脱于地价和建设强度控制以外的更适宜的宏观调控手段。

表18.2 基于作用方式的三类集约化政策

类别	主要特征	提高集约度的时效性	合理性评价	建议发展趋势
市场导向型	修正不合理制度,鼓励要素流动	较慢	与市场机制有效对接,经济效益高,较少负面影响	面上广泛使用
财政激励型	大量财政投资,从上而下改变区域空间格局	较快	部分利用市场机制,成本收益平衡需要较长时间,社会、环境、文化等影响面广	在少数具备条件的地区实验性地采纳
硬性约束型	加大地价、投资强度等硬约束,直接改变经济要素配比	较快	作为上层政府的选择,是用微观的手段来进行宏观调控,力有不逮。作为地方政府的选择,有政府经营的内在合理性	对土地资产价值和生态环境价值充分评估后,慎重使用

积极的城镇化政策,会引导更多农民居住集中,更多农地流转,并带来乡村非农产业空间结构的优化。在此过程中,乡村空间集约化将会走向何方,又会遇到哪些阻力?以阻力可能出现的方式可以换个角度看乡村空间调整。农村土地制度的完善甚至质的变化,是第一道坎,可能要分若干步、循序渐进地跨越。土地权利变更将极大改变乡村主体的行为模式,会从根本上改变乡村空间的利益格局,也是引发和缓解冲突的关键。居住集中后,能否实现原农民的充分非农就业是第二道坎,这与工业化推进的宏观环境和地方的产业战略选择有关。农地流转后,能否实现足量的农地规模经营效益是第二道坎,这是农民后续利益的基

础,其与农业发展的区域环境乃至国际环境有关,也与国家对农业的政策关联。社会保障资金平衡和政府提供的公共福利是第四道坎,如果不能对原来附着在土地上的农民的基础保障进行有效地替换和升级,反而可能造成人心不稳、社会动荡。乡镇空间中包括工业区在内的各种类型产业园区,园区生产组织方式从政府的大包大揽向更加企业化经营模式转变,将会是第五道坎。没有企业化的经营策略和决策程序,地方政府过于依从上级政府包括地价、建设强度等方面的指令,只会使园区丧失活力,也不能由下而上实现空间的集约化。这五道坎的排序不代表其重要性或者发生前后的顺序,却都是必须要面对、并以创新性的手段来跨越的。

18.4 建构

以空间集约化为入手点,协调土地资源和经济发展的问题,可以结合前面各章的分析,遵循以下思路推进:第一步,寻找政策需求或瞄准政策问题。通过收集空间和经济数据,计算用地结构、地均投入和产出等,展开本地区不同阶段发展的纵向对比,以及本地区与其他资源相似、发展阶段接近地区的横向对比,寻求影响集约化的因素,挖掘提升集约化水平的潜力。其中,特别强调必须与本地区的经济社会状况匹配,脱离了特定研究对象的空间集约化,也就失去了赖以评价的基础,更难以构想并落实方案。第二步,设计集约化政策或项目方案。在此过程中,必要的价值分析、政治可行性分析、经济可行性分析和技术细节的设置都必不可少,与其他政策的对接也是不可忽略的环节。第三步,政策实施及反馈。与现实遭遇时,更多的问题需要磨合,外部环境也在不断发生变化,为增强政策的适应性和有效性,需要持续的互动与反馈。

融合在整个乡村建设的过程中,在利益博弈背后,应该有协调利益的,包括利益表达、利益博弈和制度化解决利益冲突的机制等。其中,就利益表达机制而言,因为组织化程度低和表达渠道不健全,在很多决策之前,是听不到农民的声音的,只有极端事件事后有可能被媒体爆料;在利益博弈的过程中,政治权力结构、法规体系尚不能提供良好的平台;在化解利益冲突方面,往往也只有事后的上访。"治理结构不改变,城乡统筹的主体就还是强势政府,市场和农民就会逐渐丧失积极性"①。这些论调反映了政府、市场和农民目前在农村建设过程中的地位关系。从博弈的客观结果而言,常常也会带来耕地减少、跨地区区域协调困难、生态环境破坏、底层利益受损等。伴随着政治体制的变革,逐步在政策过程中真正地实现公共参与,特别是农民的有组织参与,是社会公平的起点。

本章参考文献

[1] 王海卉,张倩.论英国的圈地运动与今日中国的土地整治.规划师,2013,29(12):88-92
[2] 孙立平.博弈——断裂社会的利益冲突与和谐.北京:社会科学文献出版社,2006
[3] [加]弗里德曼.生活空间与经济空间.戈岳,译.国际城市规划,2005,20(5):5-10

---

① 资料来源:向郢,黄小伟."新特区"是否包括民主试验,南方周末,http://www.infzm.com/content/5801,2007-6-21新闻版

19 乡村空间政策系统

19.1 乡村发展的基本价值观念

19.1.1 关于正义

和一切社会行为一样,政策制定应该符合公平正义的基本原则。我们现在理解和运用的"公平正义"概念来自西方政治哲学语境,根据实践哲学的代表人物罗尔斯(John Rawls)的诠释,正义原则包括第一自由正义原则和差别原则,前者指个人基本自由优先和基本权利平等,后者指机会均等和改善最少数境况最差者的地位。"正义"意指在不伤害他人自由的前提下保证个人自由的原则,以及导向在社会中公平地分配机会的原则。以此延伸,如果没有正义原则的约束,按照传统功利主义的标准,推崇以牺牲少部分人的利益来换取更多人的幸福,所产生的分配结果不一定是公平的。

"正义"的概念可以基于其内在的逻辑,从过程和结果两方面来分析。就"实质正义"(结果正义)和"程序正义"(过程正义)而言,程序正义更加重要。尽管现实生活中,大多数人只关心自己究竟能不能得到一颗苹果,相对比较不注意这颗苹果是否通过一种公平合理的过程来分配。Young 把公平定义为"一种体制性条件,它使得所有人可能参与决策,表达自己的社会生活感受、经历和视角,并在这个过程中其他人能够倾听他们"。在此,民主过程既被看做社会公平的要素同时也是它的条件。

姚洋在借鉴和整合迄今为止西方出现过的古典自由主义、功利主义、平均主义和罗尔斯"正义论"的基础上,提出针对我国情况的公正理论,包括 4 个层次:一是人身权利的均等分配,二是与个人能力相关的基本物品的均等分配,三是对其他物品的依据功利主义的分配,四是国家基于社会和谐理念的对于弱势群体的关怀。其中前 3 个层次中,上一层次优先于下一层次,第四层次是对前三个层次的补充和完善。

在变革的背景下推动乡村地区空间政策合乎"公平正义"原则地运行,需要有更明确的认识。政策应该从"最大化"的目的还原到"公平性"的过程,实现从单一理性到"多元"理性的基本价值和路径扩展。对乡村空间的居民,应该同时保障其"机会正义"和"分配正义"。其中,对"机会正义"的理解包括保障其自由的空间选择能力。对"分配正义"的理解一方面在于现有的城乡利益悬殊的背景下,对乡村居民有一定层面上的国家补偿,如倾斜政策和财政转移支付。另一方面,在空间利益格局调整过程中,保障利益分配的合理性。从更普遍的意义上,乡村社会发展应该符合进化理性,运动式地推进乡村空间变革过程中体现出来的强制性和单一理性应该被否定。空间政策所起的作用,应该是引导的、非强制的。政策的作用范围应该被限定,政策也是以提供选择为基础的。

在对空间"选择"的层面上,也应更多实现"政府选择"向"社会选择"转型。在这个过程中,应该避免试图延续完全理性的综合决策的倾向。"不论多么聪明的学者,多么有能力的政治家,都没有能力去规划设计农村发展的方向和道路。或者说,探究和把握这种方向和道路,唯一正确的方法就是观察和追随农民的脚步。这个认识的应用意义在于,现在的农村政策制定和制度安排,必须以农民的选择和需要为基本标准(赵树凯,2006)"[①]。"最健康的制度,其公共决策建立在最广泛的参与之上,而非最专业的知识之上。知识可以为人们的参与提供参照,却不能代替参与本身"。"中国的传统中的价值系统不被宗教所界定,知识很容易被尊重为一种超越一切的价值,知识的权力也很容易践踏民主的权利。甚至这种知识权力凌驾于个人权利的现实,在传统中已经被制度化了(薛涌,2008)"[②]。这些观点证明精英决策存在着先天不足。

19.1.2　乡村空间政策的作用

乡村空间政策的基本作用之一是调适空间以适应社会经济发展。区域经济一体化、地区产业结构提升和产业组织模式变化、农村土地制度和乡镇管理制度变革、乡村自治发展等都成为空间决策的前提条件或者需要服务的对象。乡村空间的转型与产业结构转变、居民就业转化有着极大的关联性,没有非农就业的大比例提升,难以促进农业生产效率提高,农民就会牢牢地依附在土地上。因为乡镇企业的转型和环境的约束,费孝通的"乡村工业化"道路在今天的背景下需要修正。空间政策不是消极应对,而应该成为积极的力量。

乡村空间政策的基本作用之二是对乡村地区公共利益的满足。虽然存在对"公共利益"的许多误读,但其作为政策合理性的基础之一却是不动摇的。由于公共利益是国家和政府用以从上而下决策的直接依据,所以,对公共利益这一抽象概念进行剖析,即公共利益究竟是什么,由谁来维系,并对乡村空间产生了多大程度的影响是需要辨识的。因为公共利益往往由政府代言,这里可能存在两个陷阱:一、有些政策的实行,其背后的逻辑是虚拟的大多数,最后可能只是满足了部分人的利益,甚至助长了"赢者通吃";二、为了满足所谓的大多数,采取的手段甚至越过了底线,而这种底线往往是在宪法层面上包含的个人的最基本的财产权利,违背了起码的公平正义原则。所以,"公共利益"没有一个"正义"的社会基础,就容易被滥用,没有公平地确认"公共利益"的决策过程,就容易产生纷争。

在乡村空间中,空间的利益也是分层面的,从农户对土地的使用权利到村组集体的土地所有权利,到乡镇的地方利益,到上层政府管辖范围的地方利益,最终到更加广泛的国家利益。当国家考虑耕地保护、避免农地被占用时,是符合最高层面的公共利益。地方政府以发展经济进行建设用地拓展,在一定程度上是符合辖区居民的公共利益。所以说,不同层面的公共利益也是有矛盾的,只能在现实中寻求协调。

乡村空间政策在适应社会经济发展的同时,也能产生对社会的积极建构作用。社会发展与空间发展的互动作用,已被广泛的研究所证实。各种安置区的建设,起到了改变住区结构的作用。在经济较发达地区,不同的对待外来人口的政策,也决定了外来人口能否真正融

---

① 赵树凯. 制度安排应当追随农民的脚步. 南方周末,2006-8-8
② 薛涌. "反智主义"思潮的崛起. 南方周末,2008-3-13

入到当地的社区,而不是单纯地贡献劳动力。既然社会构成与人口的空间分布、就业形态、土地权利等相关,空间政策重构社会的能量是具备的。但是,在空间规划重构社会的路径里,会有着极大的差异,一端是把空间政策作为某种政治权力的工具,为特定利益强制型地推进,另一端是公平地、给予民众更多选择地、引导型地推进。价值观不同,政策能够发挥作用的作用就不同,其社会意义也会有天壤之别。

19.2 乡村治理的基础

19.2.1 治理的内涵

参考陆道平的总结,从西方语境里泊来的"治理"(Governance)概念,是与传统的"统治"和"管理"相区别而言的,指各种公共的或私人的机构和个人合作管理其共同事务的诸多方式的总和。所谓地方治理(Local Governance)指的是,在贴近公民生活的多层次的地域范围内,依托于政府组织、民营组织、社会组织等各种组织的网络体系,共同完成和实现公共服务和社会事务管理的过程,从而建立以公民发展为中心的、面向公民需要服务的、积极回应环境变化的、使地方富有发展活力的新型社会管理体系。从地方政府管理到地方治理,意味着地方政府的角色发生了重要的转变,地方政府不再是传统地方公共权力的唯一中心,组织结构不再是自上而下的威权体系,地方政府和地方中介组织、私人组织等构成一个网络和伙伴的关系,更加强调合作,地方权力结构从而从单中心转变为权力多元主义。对基层治理的功能方面的认识可以归纳如表 19.1 所示。

表 19.1 治理的功能结构

功能类型	主要内容
服务功能	提供各种公共服务
整合功能	通过治理的过程达到价值观、发展目标等方面的适度理解、交流和同质化
聚集功能	对分散的资源、各种相异的意识的集中
政治支持功能	凭借提供政治参与手段,增加了政治合法性的基础
发展功能	无论是政治层面、还是经济、社会层面,都能有效地推动合理前进的步伐

19.2.2 乡村治理特征

乡村中的社会网络关系的构成依赖正式制度与非正式制度[①],其中正式制度包括行政管理制度、农地产权制度等,非正式制度体现传统习俗、文化等的影响。正式制度也会影响到非正式制度的发育,譬如认为当前农村土地产权的不清晰已成了乡村治理危机的根本原因之所在[②]。

---

① 一般而言,合同、产权、宪法等经人为正式规定的制度称为"正式制度",文中主要指国家的法律、法规和政策规定。
② 参考:申端锋. 农村土地问题不只是农民权利问题, http://www.sociology.cass.cn/shxw/shgz/shgz33/t20070615_12345.htm,2008-3-5 摘录

乡村空间中最基层的、也最容易实现的是村级的自治，因其空间范围有限、共享资源氛围浓厚、涉及的人数较少而使集体行动成为可能。在村庄层面上探讨治理的可能性，人口和资源成为最重要的影响要素。土地权属是村集体得以成立的基础。由村民组成的村集体中，村民的个体要素反而较空间关系更加不稳定。毕竟村民存在上学、婚丧嫁娶等流动性变化。贺雪峰等指出：虽然有观点认为人口流入的村庄一般有较强的共同意识，容易建立对于未来的稳定预期，而人口流出的村庄则呈现出衰落的倾向，难以产生村庄的历史感，因此前者比后者有着更好的治理基础①。但仅仅以人口状况作为村庄特征的划分过于简单。比如由于优越的经济条件，近年来城郊各村庄的人口都有不断膨胀的趋势，但又由于其具有的过渡性，村民的预期恰恰是不稳定的，其协调行动的困难也在增加，这使以人口作为出发点的研究难以直接应用于对城郊农村治理的分析。

村庄人口存在流动性，村集体资源有丰歉的差别，集体经济对村庄治理也产生明显的影响，集体经济实力强弱在现状条件下甚至决定了组织的可能性。如华西等"超级村庄"的治理模式建立在充足的村级资源的基础上。贺雪峰等认为集体资源少的村庄倾向于动员型治理结构，而集体资源多的村庄倾向于支配型治理结构（贺雪峰、何包钢，2002）。

现实中，中国乡村自治还不具备条件。原因包括：一、具备较高文化素质和开放心态的农村青壮年流失，对民主的要求不够显化。二、传统生活方式遭受到现代城市生活方式的冲击，造成传统的习俗、规范逐渐解体，非正式制度发育程度较低。三、随着村一级的空心化，村落人口实际数量减少，自治的意义不显著。尤其是城郊地区的农村，既有劳动力流出，也吸引边远地区人口流入，人口的高流动性成为其重要特征，社会生活上的多元化和分散化使农村内部非正式制度发挥作用的空间非常狭小。四、继传统的农村家族血缘关系弱化后，如果村办企业促发的业缘关系也趋于弱化，农民容易陷入"原子化"的生存状态。曾有媒体报道，湖北某地理位置并不偏僻的村因道路条件不佳，二十几年几乎与外界断绝交往。如果农民有自治意识，自发地、克服眼前困难把路修好，完全可以长久地改变这种现状，这可以作为农村缺乏自治的反面典型案例。比较而言，苏南地区较浙江温州地区农民原子化生存的特征更加显著，更容易发展为政商寡头统治；后者通过宗族、亲戚和多种虚拟关系，如拜把兄弟，拥有更多的社会资源，易于通过集体行动维护自身利益（董磊明，2002）。

反观我国几十年的乡村发展，政府的力量充分渗透，并处于绝对优势，带来以下基本特征：政府借助国家权威从正式制度上保护个人的权利，并从整体上安排农民的政治、经济和文化生活。同时，农民在这样的秩序背景下生活，自主性空间变小了，个人的权利被正式制度划一了，村民的政治生活变得日益模式化。农民的组织化程度降低，基层民主自治动力不足。

在中国乡村特定的背景下，虽然曾出现过士绅等乡村精英成为精神领袖的情况，但如曹锦清认为："因为小农合作的本身特点，马克思早就提出了传统小农就是一个个的马铃薯，这种合作意愿就很低"，或者"中国村落村民，历来善分不善合"。从传统文化和意识形态方面揭示了一些深层次的东西。在此基础上，农民角色的转化还有一段较长的路要走。其中的关键不是恢复传统，而是如何利用现有资源寻找重新组织的能力。在国家强干预的背景下，进一步的制度改革过程中，农民依然会在一定程度上希望借助国家的权威来解决自身的问

---

① 贺雪峰. 农村公共服务市场化改革为什么错了. 南方周末，2008-1-24(C17)

题,仍然在意识形态上保留了较强的依赖性。从这个角度而言,对农民的社会动员就显得格外必要。

19.2.3 乡村社会资本

社会资本是治理的基础,治理的方式又对促发社会资本产生作用。一般来说,社会资本的构成有3个要素:一是行动者之间的义务、预期与依赖;二是群体中的信息渠道;三是惩罚的规范与效果。良好的社会资本能促进群体中行动者的某些行动。"社会资本"着重于文化价值和态度,促使公民有合作、信任、理解和彼此产生共鸣的倾向……它组成一种力量,这种力量能提高社会的凝聚力,把人们从缺少道德心或共同责任感的利己主义者和以自我为中心的算计者转变为利益共享、责任共担和有社会公益感的社会成员(纽顿,2000)。

钟涨宝等就农村社会资本的发展历程与发展趋势进行分析,认为从传统型社会走向未来的社会结构过程中,乡村社会资本呈现如表19.2所示的变化趋势。其中对未来发展趋势的判断是:乡村社会走向更具有积极意味的、多元的、不稳定的团体格局。

表 19.2 乡村社会资本变化特征

不同阶段	社会资本获得途径	运作主体	关系网络	主 要 特 征
传统型社会	先赋型	家庭	以血亲为主	礼制秩序的规范样本,体现了差序格局的特征,规模小、稳定性强
现代型社会	既有较多的先赋型社会资本,也有少量自致型社会资本	个人和家庭	姻亲、血亲、地缘关系并重	规模一般、同质性较高、稳定性较强,同时,现代型法人组织开始出现
未来的社会	自致型社会资本为主,具有短期性特征	个人和法人组织	人际关系体现出团体格局	规模大、同质性低、稳定性低

资料来源:本章参考文献[12],经整理。

19.3 乡村发展主体的重新定位

由于缺乏对于乡村空间利益主体及其利益关系的深刻认识,达不到对各种利益主体的充分尊重,也无法实现对乡村地区发展规律的充分理解,最终只能导致空间决策体现的仍然是较为单一的理性,而不是多元理性。乡村内部自主发展意识较弱,难以与其抗衡。而单一理性容易延续从上而下的大一统的控制性思维惯性,以追求形式上的利益最大化为目标。如果在利益主体地位出现显著失衡的背景下调整土地利用结构,会产生底线缺失、标准缺失的情况,也容易引发不公平的状况。

对乡村发展主体的深入认识,是为了明确主客体关系,及时把握其中的动态变化特征,特别是伴随着乡村空间决策将从线形向网络型转变,客观上对此提出了更高的要求。中国的现实背景显示,在乡村社会中政府、市场和社会力量的对比在持续变动,并对空间产生影响。在走向"公民社会"的大趋势下,由制度保障,社会力量在不断增强,多元主体在不断发育。

19.3.1 国家的角色

国家的主导职能是提供完善的法律和建构合理的行政管理体系,包括在改革继续推进的背景下去协调政策系统间的关系。区域空间形态的调整,必须有相应的制度环境配套,尤其是农村土地产权制度和管理体制变革等,否则激进的空间单系统的改良,可能会在社会综合系统的效果上适得其反。同时,建立健全的中央与地方的分配机制和地方官员考核监督机制是削弱地方与中央恶性竞争、减少地方政府敛财、官员寻租的唯一途径。国家层面分配体制的建立应该具有正义的意味。同时,"建设新农村"的转移支付也应该有更高效的消化渠道。譬如在农村建设道路基础设施,并不是建设资金投入下去就算任务完成,因为基础设施的维护需要健全的体制和长期的资金保障,否则很可能造成资金浪费,已投的资金不能发挥足够的效用,所以是否有资金投入和怎么投都同等重要,另外应避免被部门分肥。在此过程中,宜极力避免"投资冲动怪圈"。

19.3.2 各级政府的角色

地方政府的职能继续向着以公共管理和服务为核心的机制转变。对地方政府而言,提供公共福利、保障公平正义的环境,较促进地区经济增长即使不是更重要、至少也是同等重要的责任。就空间发展而言,借鉴西方的"增长管理"理念,政府不仅着眼于空间开发数量、开发时机、开发区位和开发性质的调控,在很大程度上,也有增长控制的责任。以空间换增长的手段无论如何是不可持续的,所以地方政府的利益表现方式会在现有基础上改观,至少不会再是通过"倒手"土地获得经济利益。

同时,地方政府应以积极的姿态推进居民自治组织和其他非政府组织的发育。应给予各种组织以足够的话语权,政府才有可能与社会的力量结合,有效地提供社会管理和服务,包括公共物品的供给。

乡镇政府权力和职能对应关系应早日调整到位,否则现有的乡镇管理体制本身就是不可持续的,势必会带来基层公共品供应不足、干涉基层自治、行政行为失当等问题。在地方层级的各类配套政策上,如户籍政策、各类社保政策、城市就业政策等方面,地方政府需要推动和空间相协调的"城乡一体化"的建设,减少歧视。只有开放的社会才能使目前城乡人口高流动的特征转化为一种有效的流动机制,使社会阶层不会及早地固化,否则农民将长久地沉淀在社会的底层。

19.3.3 农民的角色

"自主组织和自主治理的人们在试图处理现实场景中的问题时,可把不同层次的规则结合起来作为关键策略,而缺乏自主组织和自主能力的人会滞留在一个单一的层次上,他们最有可能做的是在既定的边界内选择策略"(埃莉诺·奥斯特罗姆,2000)。当下农民自组织能力低下,随着农民个体自觉意识的增强,对利益的诉求更加显性化,对应的在社会构成中,农民更多地应该以组织形态出现,而不仅是分散的个人。分解到对于空间政策形成过程中的利益表达、综合、制定、执行和反馈等各个环节,组织相对于个人,有着更强的实力和影响效果。其中特别是农民合作经济组织,能够更有效地代表农民的利益。

19.3.4　私营部门和社会组织

非政府组织的发育,能够加强公共服务与公民之间的联系,既是为了承担政府承担不了的责任,也能够促进政府责任的提升,是塑造公民社会的重要力量。同时,非政府组织的发育在政治生活中可以有效地抑制和平衡权力,发挥公共领域的潜力。

私营部门有着明确的利益取向,社会组织则有着明确的经济或非经济的价值取向。如果从公共物品的角度考察两者的作用,可以发现非营利部门在环境、卫生、教育等领域将发挥越来越大的作用。私营部门在追求效益最大化的个体行为同时,也可能和各种社会组织一起参与公共物品的供应过程。私营部门供应公共产品,更多是通过政府购买的形式实现,即在公共产品供给的中间环节上介入市场机制,而不是简单地将供给产品供应的责任推向市场。说到底,公共物品由谁"提供"和由谁来"生产"是两个完全不同的概念,作为"提供"的责任者可以借助市场上的力量来制造具体的产品,其自身起组织、购买者的作用,这与完全把责任交给市场,根据供需情况来进行调适,介入的主体是分散的、个体的消费者和生产者的过程不同,此类观点在戴维·奥斯本等的《改革政府》中表述鲜明。

从发展的方向看,如果我们的社会是一个权力分散的扁平化的社会,公共事务可以部分地由民间组织来承担。当公共产品来源更加多元化,其供应质量也有望进一步提高。在其中,需要界定政府和社会组织,包括农民自治组织之间的责任,也需要部分借助市场的力量实现。对此,贺雪峰认为明确公共物品和服务的供应主体至关重要,如果混淆供给源头的责任划定,把不该推向市场的交由市场,只会带来公共品供给乏力和质量低下。程又中则从可能性、必要性等方面提出中央政府对应资本密集产品、地方政府对应技术密集性产品、社区组织和农民对应劳动密集型产品的公共产品供应模式,属于以中央政府为主、地方政府为补充、社区组织和村民协作的多元供给模式,核心是划定权力和职能的边界①。

19.4　乡村空间决策的变革趋势

19.4.1　变革的总体特征

乡村空间可能面临着较大的变革,总的来说,构建中的决策模式与传统存在着显著的差异(表19.3)。从参与决策的主体、决策程序、决策的特征等方面分析,应该包括融入多元的决策主体、塑造公正开放的决策过程、立足渐进式的策略和利用信息技术优化决策过程。

---

① 程又中认为,在欧美和澳大利亚等发达国家,由于政府与市场和社会之间有较为明确的分工,国家和农民的经济实力较强,地方和基层社会具有长期自治的历史和文化传统,因而在城市化和农业现代化发展过程中,逐步形成了一个由政府、企业和社会团体多元参与并共同生产和提供产品的农村公共服务体系。而在经济同样发达、市场经济体制同样完善的日本和韩国(一定意义上还有法国),由于地方政府较多地从属于中央政府,基层社会自治的传统没有欧美大多数国家那么深厚,因此在农村公共服务的提供上存在着以中央政府为主导、由同政府关系紧密的各级农业合作组织参与实施的特点。至于像印度这样的发展中国家,则因为经济和社会欠发达,农村公共服务需求大,私人部门和社会团体或发育不全或能力有限,所以国家不得不集中有限的财力等资源,充分发挥各级政府组织的作用以保证最基本的农村公共产品供给,于是这些国家形成了由政府组织统筹和总揽的农村公共服务体系。

表 19.3　传统政策制定与构建中的决策方式比较

	目的	服务对象	价值来源	方法论	考虑层面
传统	经济社会发展	抽象主体	单一理性	整体主义	以经济发展为核心
构建中	在公平正义下的经济社会协调发展	具体利益对象、协调	多元理性	整体主义＋个人主义[①]	经济、政治、民主、自由、正义等

注①:这里的"个人主义"的概念在前言中已经做出解释。

19.4.2　融入多元的决策主体

融入多元的决策主体的要求对应着社会治理的发展趋势,从本质上提出了适度分权的诉求。其需求来源于 4 方面:城市内部利益多元化带来的压力、信息的压力、经济的压力、民主意识增长的要求(雷翔,2003)。为达到分权的目标,它的过程安排将是"人们的生活空间必须在政治意义上向外拓展,以获得对周围经济的控制权。而不仅仅是政府将权利分配下来,它会和个人能力发展和发挥、集体交往和合作的体制状况有关(Young,1990)"。如果说"公共参与"在已有实践中仅表达了对传统决策方式进行平衡的方法,即受到不公正对待的人能有申诉求助的权利。这里要求多元主体的融入是对现行"公共参与"过程质的提升。

广泛的公共参与不仅仅停留在民众个人参与的层次,其更高层次是组织化的参与方式。各种组织可能成为基层公共品的供应者,如对应居住地附近农田的基地化建设,道路、绿化、农田水利建设等事务的日常处理等。多元组织的出现,作为代理者,在代表不同利益群体竞争上级资源、协商共同事务时,能够反映出被代理者真实的意愿,也能够约束官员的行为,使其行为模式更加对地方居民负责。目前作为村集体的政体不发育。在一定的社会结构中,如果合理的政体不发育,意味着在政治社会中仅有国家、个人、厂商,以及强势群体联合,即使具备某些代表弱势群体的机构,也是外在的,非自下而上生成的,最终弱势群体的利益得不到保障。

操作的层面上,有很多可资借鉴的示例。联合国人居署 2005 年的报告中提到,除去传统的城市发展融资渠道例如利用公共财政、利用国外直接投资、政府直接贷款等,在发展中国家推动社区基金和小额贷款的基础设施和住区建设方式,能够帮助市民(特别是低收入人群)更加融入城市的发展。

例如,参与式预算是地方政府预算革新的一种,它是对市政预算和财政管理责任制和透明度的要求越来越高的一种反应,尤其是在地方稀缺资源分配和城市化的决策方面。参与式预算过程的 4 个关键点是:通过人民议会实现居民代表;官员问责制;透明公开投票;表决的客观性,比如通过生活质量指数表示。参与式预算将公民与地方政府之间的关系从对抗和腐败的政治谈判变为信任和建设性参与。然而,它的成功取决于有足够的资金,使参与到这一过程中的人们相信能够见证自己和他人的生活改善。参与式预算实施比较成功的例子是巴西。

19.4.3　塑造公正开放的决策过程

空间发展只存在一条现实的轨迹,所以我们往往缺乏清醒地进行比较的机会。当我们有所得到,同时也失去了一些东西。空间的变化带来的影响有其滞后效应,而且影响深远,所以充分而开放的讨论是极为必要的。新农村建设表现出强烈的时代特征,以雄厚的财政实力为基础。在运动式的浪潮背后,如何藉此建立起长效的机制是核心。

哈贝马斯的"交往理性"给出了理论基础,"这里我们面对的是一种主体间的、程序性的合理性;它是主体间的,因为讨论是关键之所在;特征是程序性的,因为'最后的落脚点'并不是特定命题或立场,而是程序本身……这种程序性的进路因而是根本性的"①。哈贝马斯主张通过对话、交往和沟通,人们之间相互理解、相互宽容就能达到思想和行动上的一致。虽然这种结果可能不是最优解,但因有广泛的社会基础因而是合理的,是社会理性而不是技术理性。哈贝马斯同时认为,公共话语机制起着民主的作用。

哈贝马斯曾提出现代化过程中的分化导致了经济领域、政治领域与生活领域之间的紧张,强调在日益增长的科学与技术的统治下,我们在生活世界里发展起来的能力的重要性,即交往合理性。如果从上述的观点里借用部分概念,面对具有经济和政治属性的乡村空间,在寻求与交往理性相关的能够缓解上述紧张关系的方法、并在追求经济空间与生活空间协调的道路上进行初步探索,意义深远。

在实践中涉及公共舆论和协商制的民主制度两方面。通俗点说,就是通过机制的建立,形成一个透明的、公开讨论的平台,在这个平台之上,能够听到各种声音。讨论的结果,能够融入到最终的决策之中。作为过程的乡村空间政策,因涉及的利益主体众多,需要通过协商来解决。不能因为村民民主意识发展尚不充分、利益表达渠道欠缺,而延续大一统的计划性。如果简单地以单一价值体系来判断和决策,只能是自说自话,也无法找到有效的途径来解决现实问题。在开放、交流的制度背景下做出的决策才具有更强的合理性。

另外,因为经济活动范围的大小与组织形成与实施影响有直接关系。经济生活方式越简单,经济活动范围越小,越容易实现组织控制;反之,当经济活动越来越丰富,范围越大,组织的可能性越低。就这一点而言,奥尔森(Mancur Lloyd Olson)所描述的"集体行动的困境"可以作为注解。而事实上,在乡村地域范围内融入越来越多的非农活动,越来越多的主体参与,经济外向性联系的强度越来越大,加大了组织的难度,也对于组织的开放性有了更高的要求。以进一步的逻辑推演,市场经济的转轨使经济活动方式越来越复杂,国家持续地对经济主体让权,经济生活结构出现了开放的态势,乡村呼唤着新的组织形态,也内在地寻求不同主体之间能够以各种形式进行合作和协商。

政府责权明晰,是其提高工作效率和改善工作效果的关键。一任政府官员有限的任期和评价体系的不全面,会使他们在估测市场需求和生产量时有着很大的不足,并且不会承担足够的风险。典型如提供工业用地,政府可能会低估自己的生产成本,只考虑一个远低于社会生产成本的私人生产成本,造成用地供应量偏多,带来市场均衡的偏移,最终带来用地效率不能达致理想的状态。所以合理的监督评价与问责是改进官员业绩评估机制的核心所在。

---

① 哈贝马斯其他重要的观点还包括:"对于自然,我们只能进行以因果说明为结果的假说——演绎研究。关于社会现象,我们既能进行假说—演绎的研究,也能进行诠释学的研究('理解的社会学')"。"规范性的问题是有普遍有效的答案的,而我们通过在商谈中运用理性,原则上是能够达到这样的答案的"。"我们需要一种多元主义的理性,不仅是理论理性,而且是规范理性,以便对既定的概念框架进行讨论,以便在不同论证之间达到平衡。"

19.4.4 立足渐进式的规划策略

空间政策方案即使具备很强的社会合理性,不同利益主体,尤其是乡村居民应该拥有主动选择的权利,而不是被动地接受。虽然控制的效果更快,更显著,却往往是以牺牲公平为代价的。所以从操作手段上,强制性的、限制性的手段不如诱导性的、渐进式的手段更显公平合理。如在村庄调整中,在民主决策的前提下进行公共设施布局,让居民自己去权衡利益得失,并做出迁居与否的决定。

渐进式的变革既表现了政策过程的特征,也是采用引导大于控制手段的必然结果。渐进式的变革就其内涵而言,表征了一种不断发现问题、解决问题、只针对有限的目标,提供有限的可选方案,通过协商做出决策,一点一点地改变现实的做法。渐进策略融合在中国渐进式变革的大背景里,具有特定的现实意义。中国改革过程中的制度设计有使交易成本最小化的特征。在政治体制改革走向不明确、利益格局调整未到位的前提下,贸然推进空间的大幅调整,其风险巨大,甚至空间政策可能沦为利益侵占的"帮凶"。即使是强制性的制度变迁,现实中也时常会采取渐进的、以"试点"或者"示范"的形式出现的政策尝试,已经体现了现行政策制定注重实效和反馈的特征。

渐进式的变革提供了反思的空隙。现实中每一次行政、经济体制的调整对乡村空间发展都不同程度地形成冲击,空间政策要保持一定的连续性,需要与其他政策更好地对接。因为空间具备的多重影响和强大惯性,还由于制度变迁中存在"路径依赖",某种机制一旦踏上某一路径,它的既定方向会在以后的发展中强化,既有可能走上良性循环的轨道,也有可能逐渐锁定在一种低效的状态中。所以,决策的容错范围应该适当控制,而宜于采用渐进式的发展策略。

19.4.5 充分利用信息技术优化决策过程

信息化提供了更为精确的、易与管理结合的用地和建设基础数据,能够动态追踪土地权利和空间使用状况的变化,并充分结合与产值、税收有关的经济数据以及与就业等有关的社会数据进行分析,还能收集居民、企业等的反馈,并进行政策的宣扬和相关技术的推广。在政策过程的每一个环节,信息化都有大展身手的机会,能够促使决策更加理性,也使整个政策过程更加透明,减少官僚制度的复杂性。信息化以较低的成本就可以提供大量的信息,就可以减少腐败,有助于为广大人民谋求更多福利,提高政策的公信度。信息化即使不能与公正合理画上直接的关联,但为此准备了充足的条件。

目前的大体制环境中,在不伤害个体利益、甚至能使个体获得改良的生产生活条件的前提下,在权衡了地区的具体条件,并遵循基本价值原则的前提下,适应经济大环境,由国家和地方政府引领经济发展,在较大的空间尺度内促动用地调整,是可行的。至于如何逐步放权于市场,如何对接草根社会的组织化进程,如何适度地融合市场力、社会力和政府力,如何追求更高层次上的公平公正,以及如何促使经济的发展与文化的自觉相适应,都应有更多关注和讨论。

本章参考文献

[1] 王海卉. 乡村地区利益博弈与空间重组——以苏南为例. 南京:东南大学,2009
[2] [挪]G 希尔贝克,N 伊耶,等. 西方哲学史——从古希腊到二十世纪. 童世骏,等,译. 上海:上海译文出版社,2004
[3] I Young. Justice and the Politics of Difference. Princeton, NJ：Princeton University Press, 1990
[4] 陈峰. 社会公平视角下的城市规划(2007城市规划年会专题发言). 城市规划,2007,31(11):40
[5] 周天玮. 法治理想国. 北京:商务印书馆,1999
[6] 姚洋. 土地、制度和农业发展. 北京:北京大学出版社,2004
[7] 陆道平. 乡镇治理模式研究. 北京:社会科学文献出版社,2006
[8] [美]曼瑟尔·奥尔森. 集体行动的逻辑. 陈郁,郭宇峰,李崇新,译. 上海:上海人民出版社,1995
[9] 董磊明. 传统与嬗变,集体企业改制后的苏南农村村级治理. 社会学研究,2002(1):10-16
[10] 吴新叶. 农村社会非政府公共组织研究. 北京:北京大学出版社,2006
[11] 曹锦清. 黄河边的中国. 上海:上海文艺出版社,2003
[12] 钟涨宝,黄甲寅,万江红. 社会资本理论对农村社会结构变迁的解释功能. 华中农业大学学报(社会科学版),2002(1):65-68
[13] [美]埃莉诺·奥斯特罗姆. 公共事物的治理之道. 余迅达,陈旭东,译. 上海:上海三联书店,2000
[14] [美]戴维·奥斯本,特德·盖布勒. 改革政府. 周敦仁,译. 上海:上海译文出版社,2006
[15] 程又中,陈伟东. 国家与农民:公共产品供给角色与功能定位. 华中师范大学学报,2006,45(2):2-7
[16] 雷翔. 走向制度化的城市规划决策. 北京:中国建筑工业出版社,2003
[17] United Nations Human Settlements Programme, Financing Urban Shelter, London：Earthscan, 2005
[18] [英]诺南·帕蒂森. 城市研究手册. 郭爱军,译. 上海:上海人民出版社,2009
[19] [加]弗里德曼. 生活空间与经济空间. 戈岳,译. 国际城市规划,2005,20(5):5-10
[20] 张庭伟. 社会资本 社区规划及公共参与. 城市规划,1999,23(10):23-30

结　　语

在正文中,已经花费了诸多笔墨讨论乡村空间集约化,在此还有两个观点要做最后的陈述。首先,乡村空间毕竟是一个整体,为了把具体问题分析到位,可以也必须用解构的方式进行,所以会有对农地、农民居住用地和乡村工业用地的分类,和对各种利益主体的价值影响界定,以及对经济可行性、政治可行性和技术可行性等的区别。但因为社会构成之间千丝万缕的联系,在微观层面的集约化效果的加和,却不能直接推出区域总体层面集约化的效果。反之,将集约化推动到极端,也只能是局部的集约。

另一方面,乡村社会空间的发展,在追求理性和效率与维持社会利益之间,时常会有冲突。集约化内含了对效率和社会总体利益的追求,但具体的政策以及与政策关联的项目在实施过程中,会对不同的利益体产生不均衡的效应,矛盾围绕着利益的分配产生。对利益结构的分析,是集约化政策的核心。说到底,所有的分析都是帮助理解,决策却必然要依赖讨论。空间决策多跨不同价值维度,单一理性难以支撑。

土地集约利用,应建立在成熟的产权基础上,所以土地制度的改变是前提,而厘清政府和市场的责任是根本。乡村空间政策调整应保持持续性,以确保利益主体的合理预期。同时,认识土地问题还得延伸到更广泛的社会经济背景,毕竟国内建设用地的过量使用,并不是单纯的土地政策不合理或约束不当造成的。在城市竞争方式和宏观经济政策不发生改变的前提下,土地市场自我约束和土地政策的出台也常常是治标不治本的。

就国家或政府层面看,强制性的制度变迁既是考虑到全盘的经济发展,也是政治社会稳定的需要。强制性制度变迁可以在较短的时间内推进,并可能以强制力降低制度变迁的成本。就诱致性制度变迁分析,经济发展的过程中伴随着社会阶层的分化,个体间的异质性加强更可能导致对制度的不同需求。土地制度面临的挑战,城乡人口迁移的压力、基层行政管理的困境等都会成为制度变迁的源头。就中国的现实而言,虽然在改革开放之初、甚至在相当长一段时间内都是以强制性制度变迁为主,但随着经济社会的进步、社会能力的增强,会出现越来越多的诱致性变迁。